中公新書 2669

柿沼陽平著

古代中国の24時間

秦漢時代の衣食住から性愛まで

中央公論新社刊

古代中国の24時間◉目　次

プロローグ――冒険の書を開く

ある朝の権力者

ある男が、寝ぼけまなこで書類に目をとおしている。男はだんだんいらだちはじめた。「いったい今何時だと思ってるんだ。平旦《へいたん》だぞ[*1]」。このころの「平旦」といえば、日の出より少しまえ、午前五、六時頃といったところか。徹夜したのかとおもいきや、そうではない。その男はしばしばこれよりも少しまえの時間帯に起き、漢字のならぶ書類を読みはじめるのが仕事である。一日に処理すべき文書の重さは約三〇キログラム（以下kg）に達することもある[*2]。かれが手にする書類は紙でなく、木簡《もっかん》や竹簡《ちっかん》のたぐいであるが（図P-1）、それでもかなりの分量である。

相手にすべきは書類だけではない。日によっては会議があり、そのあともおおぜいの人がやってきては、入れかわり立ちかわり、なにかを依頼してくる。少なくとも毎月一日と一五日に開催される大規模な会議や、五日に一度の定例会議に加え、臨時の会議もある。会議にはかれが出席しないこともあり、建前上は部下による自由な議論を重んじるかたちをとってはいるが、最終的にはかれがその議事をふまえて決定を下す[*3]。

その意味で、かれはたいへんエライ。ただしそのときに、さんざん美辞麗句《びじれいく》をならべ、さりげなく自分の利益になりそうなことを交え、決裁を依頼してくる部下もいる。「この野郎、おれをだれだと思ってやがる。そんなくだらないことをお願いするな。一族皆殺しにしてやろうか」。かれは寝不足で、内心煮えくりかえっていた。

図P–1●漢代の木簡（甘粛省文物工作隊・甘粛省博物館編『漢簡研究文集』〔甘粛人民出版社、1984 年〕所収）

じじつ、かれにはそれだけの権限があった。かれがこの仕事に就いてからというもの、丞相《じょうしょう》（総理大臣級）さえもかれの怒りをかい、任期中に更迭《こうてつ》されたことがある。この、驚くほど早起きな男は、当時世界最高峰の権力をもち、それゆえに多くの仕事をこなさねばならなかった。毎日仕事をしていたわけではないけれども、かれが休めば休むほど、社会には悪影響がでかねない。かれこそは、人口六〇〇〇万人をすべる漢帝国の皇帝にして、天子で

表 P-1●世界史関連年表

年代	北・東アジア	欧州・北アフリカ	その他
紀元前3世紀	前221 秦の六国統一	前221 カルタゴでハンニバルが将軍に	第3回仏典結集
	前206 秦滅亡	前218-201 第2次ポエニ戦争	スリランカに仏教布教
	前202 漢成立	前212 セレウコス朝の東方遠征	前232頃 マウリヤ朝アショーカ王没
紀元前2世紀～前1世紀	前195-180 呂太后専政	前183 ハンニバル、スキピオ没	前180頃 マウリヤ朝インド滅亡
	前154 呉楚七国の乱	前149-146 第3次ポエニ戦争	前140頃 大月氏国成立
	前133 馬邑の役、匈奴と関係悪化	前133-121 ローマでグラックス兄弟の改革	前129頃 大月氏のバクトリア侵入
	前87 武帝没、霍光台頭	前73-71 スパルタクスの乱	前99 李陵が匈奴に降服
	前51 石渠閣会議	前44 カエサル暗殺	前54 匈奴が分裂
	王氏台頭	前27 帝政ローマ開始	ヒンドゥー教成立
1～2世紀	8 王莽の新建国	14アウグストゥス没	ガンダーラ美術全盛
	25 後漢建国	30頃 イエス刑死	サータヴァーハナ朝全盛
	79 白虎観会議	79 ヴェスビオス火山噴火	130頃 カニシカ王即位
	184 黄巾の乱	ローマで天然痘流行	パルティア衰退
3世紀	208 赤壁の戦い	211-217 カラカラ帝	226 ササン朝成立
	220 後漢滅亡	235-284 軍人皇帝時代	クシャーナ朝滅亡

『詳説世界史研究』（山川出版社、2017年）を参考に作成。紀年には諸説あり、おおよその数値にすぎない。

ある。このころ西方の大国ローマで生を享《う》けたユリウス・カエサルさえ、かれを超える権力をもってはいまい（表P-1）。

こうした皇帝の姿は、まさに「早朝から政《まつりごと》につとめている」[*4]と歌われるとおりである。皇帝に拝謁《はいえつ》を求める者は数知れず、皇帝が女性を抱こうとしているときにさえ、決裁を求めてくる臣下がいるほどであった。[*5]朝廷だけでなく、皇帝のプライベート空間たる宮殿に立ち入れる家臣はごく少数であったが、それでも煩瑣《はんさ》であり、しばらくすると謁見は事前予約制に切り替えられている。[*6]

皇帝はさっそく側近官（郎中《ろうちゅう》）になにかを伝えようとしたが、起きたばかりで口が乾燥しており、うまくことばが出ない。少し咳《せき》こんだあとに、「かーっ、ぺっ」と痰《たん》を吐いた。その瞬間、おそばに控《ひか》えていたべつの側近官（侍中《じちゅう》）が唾壺《だこ》をかかげた。ほんらい侍中は虎子《しびん》や清器《おまる》を管理する係で、皇帝が尿意や便意をもよおしたら、それに対処する役目をもつ。だがその侍中は著名な学者でもあるということで、唾壺をもつ係とされ、ほかの官吏はそれを羨望《せんぼう》のまなざしで眺《なが》めていた。[*7]かりに大将軍であっても、侍中を兼任しているときには清器を管理し、皇帝は座って大便をしながら、かれとしゃべることさえあったようである。[*8]そうしたなか、唾壺係の侍中がどれほどの名誉かは推して知るべしである。

かりに遊牧民の首領や貴人であれば、そばに美少年をはべらせて唾壺のかわりとし、かれの口に痰を吐いて権力を誇示することもある。[*9] また貴族のなかには唾壺を使わず、使用人の衣服の袖《そで》に吐き、そのつど使用人に洗濯のための休暇をとらせた者もあった。[*10] 漢の皇帝がそこまでしたかは不明だが、ともかく皇帝ともなれば、技巧のほどこされた黄金の唾壺を使うのがふつうであり、それは臣下のもつ唾壺と比べ、はるかにゴージャスである（図P-2）。[*11] このように家臣が唾壺係か虎子係かを競っているところに、皇帝の超絶した権力と権威がかいまみえる。

図P-2 ●唾壺（国立故宮博物院所蔵）

皇帝がおもむろに起《た》ちあがると、家臣らはおもわず緊張する。いよいよ詔《みことのり》が発せられる。かれがひとたび詔を下せば、それはほとんど絶対的であり、反対するのは命がけである。詔は尚書《しょうしょ》とよばれる役所に保管され、それが臣下にたいする命令であれば、その臣下の家に副本が保管された。[*12] また詔文の一部は律《りつ》や令《れい》として法律となり、つみかさねられてゆく。臣下は詔をうけたまわると、審議して答申することもあるが、ともかく最終的な意思決定者は皇帝である。命令を聞いた家臣らは、そそくさと小走りで朝廷をあとにする。

未来からきた男

このとき皇帝のそばにひとりの老臣が駆けよった。「陛下。天下は太平でございます。民はみな幸せに暮らしております」。おべっかもここにきわまれり。それにだまされるほど、皇帝もバカではない。だがこの老臣は、礼儀作法も言葉づかいも丁寧で、口からはブレスケア（鶏舌香《けいぜつこう》）の香りまでしている。*13 皇帝はその香りのおかげで、徐々に機嫌《きげん》を直し、老臣に「なにかいいたいことがあるのか」とたずねた。

老臣はこう答えた。「おっしゃるとおりにございます。このたび夜中に不審者を捕らえたところ、「私は未来の国からやってきた者で、柿沼陽平という。気づいたらこの世界にいた。未来には漢帝国など存在しない」などとのべております。目には〝めがね〟なる奇妙な道具をつけており、毛先が出たザンバラ髪（被髪《ひはつ》）で、ズボン（胡服《こふく》）をはいています。みすぼらしい男で、ヒゲもありません。言語も不明瞭で、とうてい本物とは思えません。いずれにせよ妖言《ようげん》をふりかざし、永久《とこしえ》なる漢の御代《みよ》を愚弄《ぐろう》した不届き者として大逆《たいぎゃく》とし、腰斬《ようざん》にすべきでございます。ほんらい司法の手に委ねるべきことですが、類例のないことゆえ、まずは陛下にご報告する次第です。頓首死罪《とんしゅ》」。

ここでいう「頓首死罪」は、皇帝との会話につける決まり文句で、「私ごときが皇帝陛下に愚見《ぐけん》をのべ、まことに申し訳ございません」程度の意味である。

あとでのべるように、当時の官吏はルックス採用が多く[14]、美男子の要素のひとつはヒゲであった[15]。筆者のようにヒゲを剃っていて風采《ふうさい》のあがらぬ者は、宦官《かんがん》（男根を切除して宮廷に仕える者）や、犯罪者とみなされてもやむをえない。じっさいに当時は、ヒゲを剃る刑罰（耐《たい》刑）があり、ほかの刑罰とセットで加えられるものであった[16]。もちろん、生来ヒゲが薄い者もおり、『三国志』の英雄劉備《りゅうび》などがそうであるが、かれはそれをコンプレックスに感じており、そのことを揶揄《やゆ》した家臣をのちに殺している[17]。

ここでいう「大逆」とは国家反逆罪のことであり、妖言をふりかざして皇帝や政府を愚弄することもふくまれる[18]。こまかくいうと、漢代には妖言をきびしくとりしまっている時期と、そうでない時期があり、妖言がどの刑罰にあたるのかも場合によって異なるが、ここでは深入りしないでおく。「腰斬」とは、数ある死刑のなかでも最高の刑で、「大逆」は腰斬になると決まっており、もれなく父母・妻子・兄弟姉妹皆殺しのオマケもついてくる[19]。当時国使《こくし》を騙《かた》る民間人は少なくなく、国内をうろつく外国人もいたので[20]、かれがそうした不審な外国人のひとりとみなされる可能性は十分にあった。

幸いに皇帝の機嫌はなおっており、その未来人にいささか興味をひかれたようであるが、どこの馬の骨ともわからぬ者にいきなり会うわけにもいかない。「ひとまず殺さずともよいが、朕《ちん》が会うまでもない。滞在を許可したうえで、しばらく様子見にほうっておくがよい」。

かくして未来人を名乗るその男は、漢帝国を散策することとなった。今からお話しするのは、その男が経験したある一日二四時間のできごとである。

本書はこのように、架空《かくう》のロールプレイングゲームのような体裁《ていさい》をとって、中国古代帝国の一日二四時間を描くものである。右の物語は、その導入として筆者が創作したものである。だがひとつひとつの文章は、じつは古代中国の史料にもとづいている。つまり右の物語は、それ自体としては架空であるが、中国古代日常史の一コマとしては、十分にありうるものなのである。これからはじまる物語もそうである。読者の皆さんには、ぜひこの冒険にご同行いただきたい。

日常史への道

さて、古代中国の人びとは二四時間をとおして、いったいどのような暮らしをしていたのであろうか。たとえば、城壁に囲まれた都市や、周辺の農村には、いかなる生活風景がひろがっていたのか。人びとはどこにすみ、朝何時に起床し、なにを食べ、何回食事をとり、どのように歩き、いかにトイレで用を足したのか。人びとが歩く道には名前がついているのか。商店は看板をかかげているか。物価はいくらか。だれとどうやって恋に落ち、結婚し、セックスし、子育てをしたのか。子どもはいかに遊び、学び、大人になっていくのか。人びとはどれほど酒を飲み、飲み会にはいかなるルールがあったのか。二日酔いの経験はあったのか。歯みがきはしたのか。頭髪の薄い男性はどのような存在とみなされていたのか。夜にはどのような夢をみていたのか……。

このように、人びとの暮らしに焦点をあてる歴史学は、ふつう「日常史」とよばれる。本書では古代中国、とりわけ秦漢時代の日常史の大まかなありように焦点をあてる。そのさいに適宜、前後の時代（戦国時代と三国時代。紀元前四世紀中頃〜紀元後三世紀中頃）の史料も射《しゃ》程《てい》に入れる。というのも、戦国時代から三国時代にいたる人びとの日常生活には、じつはあまり大きな変化がなく、一緒くたに論じうる事象が多いからである。また春秋時代や南北朝時代の史料も、もし両者の内容が同じであれば、そのあいだにはさまれる秦漢時代の日常を知るよすがとみなしうる。本書はこれらの史料を駆使して日常史に迫るものである。かりに読者の皆さんが古代中国の世界にタイムスリップし、ロールプレイングゲームのようにその時代を生きていかねばならないことになったら、皆さんは古代中国の一日二四時間をぶじに過ごせるであろうか。本書はそのガイドブックとなる。

ところで、日本のサブカルチャー分野では数十年まえから、古代中国を主題とした作品が人気を維持しつづけている。たとえば漫画界では、横山光輝《よこやまみつてる》の漫画『三国志』をはじめ、王欣太《きんぐごんた》（李学仁《イハギン》原案）『蒼天航路《そうてんこうろ》』や原泰久『キングダム』といった作品があり、映画界でも『始皇帝《しこうてい》暗殺』(一九九八年)や『レッドクリフ』(二〇〇八、二〇〇九年)などがある。では、これらの作品はどのくらい時代背景を忠実に描写しているのか。フィクションにはそれ相応の楽しみ方があるが、時代背景がわかると、もっとおもしろい。またサブカル制作者にとっても、時代背景の理解はたいせつであろう。だが意外にも、中国古代一日二四時間史を細かく平易につづった新書は、従来刊行されたことがない。

中国古代日常史を調べることには、ほかにも意義がある。清末~中華民国初期の思想家梁啓超《りょうけいちょう》は、かつて西洋哲学者の格言として「時勢は英雄をつくり、英雄もまた時勢をつくる」の一句を引用したことがある。[*21] この言い得て妙な表現は、現在も中国語の俗語として語りつがれている。なるほど、古代中国には数々の英雄があらわれ、時代を牽引《けんいん》した。ふつう中国古代史といえば、皆さんの脳裡《のうり》にはまっさきに秦の始皇帝、項羽《こうう》と劉邦《りゅうほう》、漢の武帝、曹操《そうそう》、劉備、孫権《そんけん》、諸葛亮《しょかつりょう》などの「英雄」の名前が浮かぶのではないか。ここでいう「英雄」とは「能力が高く、強く勇ましい点で常人よりも優れている者」(『現代漢語詞典(第六版)』)程度の意味である。

だがよく考えればわかるように、時代は「英雄」だけを生むのではなく、「英雄」だけが時代をつくりだすわけでもない。「英雄」の活躍のうらには、つねに無名の民の支えがある。無名の民のなかには、「英雄」とまったくかかわることなく生涯を終える者も少なくない。

そうした人びとこそが、じっさいには各時代・各地域の社会を下支えしている。[*22] よって、無名の民の日常生活を明らかにすることもまた、歴史研究の課題のひとつになりうるといえよう。その意味で、無名の民の「日常史」はたいへん重要な歴史学のテーマなのである。本書においても、書き出しこそ皇帝にかんするものであったが、これからはもっぱら無名の民に焦点をあててゆくつもりである。

使えるものはすべて使う

もっとも、ここでひとくちに「無名の民」といっても、その実態は千差万別であり、厳密に定義づけることはむずかしい。これは現代日本にもあてはまる。ためしに、読者の皆さんが学生ならクラスを、会社員なら部署をみわたしていただきたい。かぎられた空間のなかにさえ、じつにさまざまな「民」がいることに気づかれよう。かれらは、おそらく歴史にその名を残すことがないという意味で「無名」であり、国家に統治されているという意味でその国の「民」である。かれらはひとしく「無名の民」でありながら、その生《お》いたちや性格はじつに多様である。これと同じことが、古代中国の「無名の民」にもあてはまる。

古代中国の「無名の民」は、日常生活の面においても千差万別である。その実態をまんべんなく描写するのはむずかしい。これまでにも、欧米や中国の研究者のなかには、日常史研究を試みた者もいるけれども、[*23]まだまだ初歩的な描写にとどまっている。かつて民俗学者や民衆史家が「庶民《しょみん》」や「常民《じょうみん》」といったことばの定義に悩んだのと同じように、千差万別の民をひとくくりにするのは至難なのである。じっさいに秦漢帝国の版図《はんと》はきわめて広大で、各地に暮らす人びとのライフスタイルはいろいろである。たとえば、食生活や趣味ひとつをとっても、男性と女性、金もちと貧乏人のあいだには大きな違いがある。また、たとえば「斉《せい》人（山東半島）はおだやか、秦《しん》人（西安《せいあん》方面）はおっとり、楚《そ》人（長江《ちょうこう》流域）はせっかち、燕《えん》人（北京《ペキン》方面）はバカ正直」などといわれるように、[*24]地域ごとに人びとの気質も異なっていた。

しかし幸か不幸か、中国古代史の史料はそれほど多くなく、主要なものはせいぜい一五〇〇万字程度である。それは本書一〇〇冊ぶんくらいの漢文であり、逐字《ちくじ》的な精読はムリにしても、まともな研究者なら一〇年間もかければ読みとおせる量である。そこに描かれている日常生活に焦点をしぼるかぎり、議論が際限なく拡散してゆく恐れは減らせよう。そしてどこかでふんぎりをつけ、民の日常生活を大まかにまとめて説明することは、歴史学の研究として許容されるべきことではあるまいか。

そこで筆者は、じっさいに一〇年間ほどにわたって、漢文を毎日少しずつ読み、日常史にかんする記述をみつけては、そこに付箋《ふせん》をつけてゆく作業をつづけた。民の日常生活にかんする記載はバラバラにちらばっており、しかもなにか特定の単語とヒモづけられている現象ばかりではないため、史料データベースで単語検索をするという最近の手法は使えない。むしろ、頭から史料を読み、日常史にかかわる部分に網羅的に検討を加えてゆくほかはない。それに加えて、あたうかぎり最新の学説をフォローしてみた。

ほかにも使えるものはすべて使った。たとえば近年、中国ではつぎつぎに遺跡が出土し、建築遺構や遺体（白骨・ミイラ）、石器、土器、石像などがみつかっている。木簡・竹簡・帛《はく》書《しょ》などの文字資料もある。古代の墓の壁には壁画のほかに、石製レリーフ（画像石《がぞうせき》）や、レンガ製レリーフ（画像磚《がぞうせん》）があり、やはり当時の生活風景を伝えてくれる。さらに明器《めいき》にも注目される。

明器とは副葬品の一種である。古代中国の人びとは、死後の世界を信じ、それは生前に似た世界で、副葬品をもってゆけると考えていた。かりに大昔の君主ならば、亡くなるときに本物の奴隷《どれい》やウマなどを殺し、さらには身のまわりの品々をすべて墓に入れることもありえたが、ふつうはムリである。そこで秦漢時代の人びとは、まるでシルバニアファミリーやレゴのおもちゃのごとく、人間・動植物・家屋・調度品などのミニチュアをつくって副葬した。これを明器という。日常生活の復元にさいしては、これらもたいへん重要な史料となる。

このように、従来は博物館などに陳列されて好事家《こうずか》の関心をひきおこしてきたにすぎない資料《マテリアル》も、使い方によっては歴史学の史料《テクスト》となる。これを「資料の史料化」とよぶ。その過程をたいせつにすれば、これから描かれる日常史の内容も、より実りゆたかなものになるであろう。

かくしてその作業にとりくんでみたところ、それでもなお民の日常生活をすべて描写するのは困難であった。しかし執拗《しつよう》に史料収集にこだわった結果、最近ようやく古代中国の二四時間の生活風景が大まかにわかってきた。本書では、そのおもしろさを読者の皆さんにお伝えしたい。そのさいに、たんに細かい史料をならべるのではなく、かりに読者が秦漢時代の世界にワープしたらどうなるかを考え、ロールプレイングゲームの体裁をなるべく崩さないようにしながら、当時の日常生活について描写することとした。願わくは之を語りて現代人を戦慄《せんりつ》せしめよ。

序章　古代中国を歩くまえに

姓氏と名を決める

古代中国の世界へと足をふみだすまえに、まずはあらためて主人公の名前を決めよう。おそらく「柿沼陽平」のままではだれの共感も得られず、秦漢時代の人びとにとけこむこともできまい。ここでは秦漢時代のルールにしたがって、名前を決めることにする。

秦漢時代の人びとの名前は、ふつう姓・名・字《あざな》よりなる。

姓は、太古の昔より存在する種族名のことで、少なくともその一部は種族の居住地名に由来するともいわれている。やがて何百年もたつと、ひとつひとつの姓の集団は大きくなり、それを細かく区別するための新たな族名がつくりだされ、これがやがて「氏」となる。

紀元前十世紀頃に殷を倒した西周王朝は、各地に家臣を封建《ほうけん》（土地を委ねること）し、一定の自治権を与える一方で、あらためて彼らに姓を与えなおし、彼らとの関係を強化・整備していった。被封建者のほうでも、政治的に好ましい姓をみずから選んでいった。しかし、しばらくするとこうしたややこしい経緯は忘れられ、姓は共通の祖先をもつ人びとの名称とみなされるようになってゆく。

一方、氏は支配階級がもち、やはり姓と同じように封建をきっかけとして、君主から与えられることがあった。たとえば古《いにしえ》の周王朝の王族は姫《き》姓で、そのメンバーが各地に封建されると、周王から新たに氏を賜《たま》わるというわけである。じっさいにはそのほかのパターンもありうるが、いずれにせよかれらは異なる氏をもつことによって、ほかの姫姓との差異化を図れることになる。その意味で、氏は便利であった。

だが戦国時代頃からは支配階級以外も氏をもつようになる。しかも人びとは「姓は〇〇」や「姓は〇〇氏」などと名乗りはじめる。もはや由来はわからなくなり、姓と氏がごちゃまぜになってゆく。

漢代の姓氏にはすでに偏《かたよ》りがあって、張・王が多く、李・趙《ちょう》も少なくない。これらの姓氏は、戸籍がはじめてつくられた戦国時代に、全国一律に国家から付与されたものともいわれるが、庶民の多くが氏をもつようになるのは両漢交替期（つまり紀元前後）にくだるとの説もある。[*1] ともあれしばらくすると、姓氏は、ばくぜんと単一家族名をさすようになる。姓氏は途中で変更することもでき、たとえば前漢初期に倉庫の管理人になった者は、姓を倉氏や庫《こ》氏に変更し、子孫に継承させている。[*2] ただし奴隷は姓氏をもたず、功績次第で皇帝や王から姓氏を授かり、そこではじめて所帯（戸《こ》）をもつことが許される。

姓氏とはべつに、人びとは名をもつ。たとえば劉邦の邦や、劉備の備である。亡くなった者の名は諱《いみな》ともよばれる。当時の常識としては、親が子の、君主が配下の名をよぶのはよいが、民同士が名をよびあうのは失礼であった。だから、たとえば三国時代の英雄劉備を「劉備」や「備」とよびすてにできるのは、時の皇帝や両親にかぎられる。

君の字は

では、ふつうの人同士はどのようによびあっていたのか。そこで重要なのが字《あざな》である。字は成人につけられるのがふつうだが、未成年がもつこともある。女性も字をもち、たとえば三国時代の張夫人《ちょうふじん》（鍾会《しょうかい》の母）の字は昌蒲《しょうぶ》といい、一方、歩夫人《ほふじん》の娘魯班《ろはん》は大虎《だいこ》、魯育《ろいく》は小虎《しょうこ》という勇ましい字をもつ。友人同士は、字や「姓＋字」でよびあう。

たとえば秦代末期に王となった陳勝《ちんしょう》（字は渉《しょう》）は、若いころともに働いた人と再会したさい、「渉」とよびかけられている。[*3] また後漢末に曹操が名将文聘《ぶんぺい》を味方にしたとき、曹操はあえて親しみをこめて文聘の字をよんでいる。[*4] 曹操はまた、命令に背いた脂習《ししゅう》を許したときも、あえて親しげに字でよびかけている。

名や字のつけ方はさまざまである。名はだいたい親がつける。字は親・親族・近親者、もしくは自分がつける。出自の卑《いや》しい者が、みずからの特徴をふまえて呼称をつけあうこともあり、白馬にまたがる張白騎《ちょうはくき》、すばしっこい張飛燕《ちょうひえん》、声の大きな張雷公《ちょうらいこう》、目の大きな李大《りだい》目《もく》といったぐあいである。[*5] こうした呼称は字に近い性質をもつ。現代と同じく、命名者にはネーミングのセンスと教養があったほうがよい。

たとえば三国時代の天才軍師諸葛亮孔明《こうめい》は、諸葛が姓氏、亮が名、孔明が字である。「亮」は「あかるい」、「孔明」は「大いにあかるい」の意で、じつはよい意味で究極のキラキラした名前である。孔明の君主の劉備玄徳《げんとく》も、劉が姓氏、備が名、玄徳が字で、「備」は用意周到、「玄徳」は奥深い徳を意味し、命名者の教養の高さをうかがわせる。逆に、無学な田舎《いなか》出身の劉邦（前漢初代皇帝）は、両親も無学であったらしく、かれの字は「季《き》」（末っ子の意）で、まったくひねりがない。かといって、名や字の漢字があまりにもよい意味だと、逆に名前負けをしていると嗤《わら》われることになるので、[*6] 命名もほどほどが一番である。

名や字には、時代によって流行《はや》り廃《すた》りがあり、『三国志』を例にとると、字は千例ほど確認でき、字にふくまれる漢字は子《し》が最多で、だいたい一字目にくる。つぎに文《ぶん》・伯《はく》・公《こう》・元《げん》が多く、仲《ちゅう》・叔《しゅく》・季《き》・徳《とく》も少なくない。これらも一字目につけられやすく、ゆえに一字目の漢字はだいたいパターンが決まっている。一方、二字目の漢字は、よりヴァリエーションに富んでいる。他人と重複する字をもつ者もおり、子遠《しえん》、子正《しせい》、子明《しめい》などが人気である。

三国時代とは対照的に、春秋戦国時代には蟣蝨《しらみ》・犬子《いぬ》・狗子《いぬ》といった名の者もおり、当時はそれでよかったのだが、のちの時代の人はそのネーミングセンスに驚いている。[*7]意図的に悪い字をもつことが破邪《はじゃ》につながるとの思想でもあったのであろうか。かつて待望の子どもに「棄《すて》」と名づけた日本の豊臣秀吉を彷彿《ほうふつ》とさせる例である。

いったんつけられた名や字は、のちに改めることもできる。たとえば鄧艾《とうがい》は一二歳のとき、ある碑文を読んで影響を受け、みずからの名を範《はん》、字を士則《しそく》と決め、のちに同族の者がかれと同じ名をつけると、こんどはみずからの名を艾へと改めている。また後漢末の英雄関羽《かんう》は、もとの字を長生《ちょうせい》といい、悪事を働いて亡命したのち、字を雲長《うんちょう》に改めている。諸葛喬《しょかつきょう》はもとの字を仲慎《ちゅうしん》（仲は次男の意）といい、諸葛瑾《しょかつきん》の次男であったが、のちにオジの諸葛亮の養子となって長男として迎えられたので、字を伯松《はくしょう》（伯は長男の意）に改めている。

このように、古代中国の人びととはわりあいすぐに名や字を改めることがあり、現代人にはなかなか理解のしにくいところがある。とはいえ、いつでも名前を変えられるということは、本書の主人公の名前もかなり自由に変えてよいということでもある。その命名は読者の皆さんにそれぞれお任せすることにしたい。

字をよぶにも注意が必要

ここでまわりの人びとに声をかけて、冒険仲間を募ってみよう。古代中国の世界にはどのような危険がひろがっているのかわからないので、せめて二、三人の仲間は連れていきたいところである。

そこで相手によびかけるときに注意すべきことがある。それは前にも述べたように、古代中国の人びとの多くは名と字をもつとはいえ、他人を名でよんではならなかったということである。皇帝が家臣に、両親が子によびかけるときだけでなく、親しい官吏同士が名でよびあうこともあったようであるが、原則的には許されない。[*8] とくに皇帝の実名は口にした時点でアウト、その漢字を使って文章を書いてもアウトで、そのルールを避諱《ひき》とよんだ。じつは名だけでなく、皇帝の字も口にするのはタブーであった可能性がある。

たとえば前漢宣帝《せんてい》の名は病已《へいい》で、いっさいの公文書で「病」「已」の二文字が使用禁止であった。さすがに不便と考えた宣帝は、みずからの名を「詢《じゅん》」に改め、「病」「已」の二文字の使用許可をわざわざ臣下に与えている。[*9] 三国時代の皇帝曹奐《そうかん》も、もとの名と字が当時の常用字にあたっていたらしく、臣下が避けにくいとの理由で、即位後にみずからの名と字を改めている。もし家臣の名や字が皇帝のそれと重複するようなことがあれば、家臣はみずからの名や字を改めるにこしたことはない。たとえば孫呉《そんご》の孟仁《もうじん》は、もとの名を孟宗《もうそう》といい、孫《そん》皓《こう》（字は晧宗《こうそう》、のち元宗《げんそう》）が皇帝に即位すると、孫晧の字を避け、みずからの名を仁に改めている。

こうした事情があるからこそ、前漢の劉邦はかつて政敵項羽（姓は項、羽は字、名は籍《せき》）を倒したのち、項羽の旧臣に「籍」と発音させたのであり、[*10]それは一種の踏み絵であった。このような皇帝の名や字にかかわる観念は、現代人にはなかなか理解のしにくいものであろう。では、皇帝以外の者をよぶときには、名でなく字なら口にしてかまわないかというと、これまたつねにそうともかぎらない。友人同士ならともかく、目上の人によびかけるときは、字も避けたほうがよい。目下の者によびかけるときも、仕事の関係者同士なら多少敬意が必要である。とりわけ皇帝の面前では、家臣同士といえども、字でよびあうべきではない。[*11]

たとえば、劉備に帰順した馬超《ばちょう》が劉備を字でよぶや、それを聞きつけた周囲の者は激怒した。[*12]南北朝時代には皇帝の幼少時の名（小名《しょうめい》）さえ軽々しく口にできず、梁《りょう》の武帝の小名は「阿練《あれん》」ゆえ、子孫は「練」（絹織物）をさすときにかわりに「絹」字を用いたという。[*13]

失礼のないよび方

それでは、名も字もダメとなると、私たちはいったいどうやって目上の人によびかければよいのか。

結論からいえば、かりに相手が皇帝なら「陛下」、同僚や部下なら「君」や「卿《けい》」などとよぶべきである。厳密には、官吏の役職ごとに卿と君のあいだにも使い分けがあったようであるが、[*14]ここでは深入りしないでおこう。大まかなルールとしては、官吏によびかけるときには「姓＋官職名」としておけばよく、「姓＋閣下《こうか》」や「姓＋執事《しつじ》」でもよい。[*15]現代日本で学生が私のことを「柿沼先生」とか「柿沼教授」とよぶのと同様である（カッキーとよぶ学生もいるが……）。高位の者には「足下《そっか》」とよびかけてもよい。[*16]

ほかにも漢代には、祖父を「家公《かこう》」、父を「家父《かふ》」、母を「家母《かぼ》」とよぶこともあった。家族同士のよび方は少々面倒くさい。たとえば、他家に嫁いだ女性は実家の氏でよばれつづける。今でいう夫婦別姓である。兄をよぶときには「大兄」でよい。

このほかに罵倒・侮蔑の意をこめたよび方や、愛情をこめたよび方もある。たとえば奴隷は、漢代には「畜産《きゅうさん》」、南北朝時代には「豚《とん》」「犢《とく》」などとよばれた。[*17]それは、「ブタ野郎」「ウシ野郎」的な意味である。相手を罵倒するときには、孺子《じゅし》（こぞう）、禿翁《とくおう》（ハゲじじい）、貉奴《らくど》（ムジナ野郎）などとよびかける。恋人同士は相手の名をよんでもよいが、江南《こうなん》地方では「歓《かん》」とよぶのも手である。[*18]「歓」は現代英語の「Sweetie」や「My sweet heart」にあたる。ちなみに妻が夫を「卿」とよぶ例もあるが、そのときの「卿」はややなれなれしく、「あんた」程度のニュアンスである。[*19]

会話をするときには、一人称代名詞にも気をつけねばならない。皇帝は「朕《ちん》」、王侯は時代や地域におうじて「孤《こ》」「寡《か》」「寡人《かじん》」「不穀《ふこく》」と自称する。[*20]皇帝の面前では、男性なら「臣＋名」、女性なら「妾《しょう》＋名」と自称する。一例として、三国時代に諸葛亮が皇帝に奉った有名な「出師表《すいしのひょう》」（『文選』所収）という文章は、「臣亮言《もう》す」から書き出されている。庶民同士は「僕」と自称することもあった。[*21]

こうしたルールは一見くだらないのであるが、日常を生きぬくには必須である。現代日本でも、たとえば落第生が筆者のところにやってきて、「おい陽平。僕ちゃんは貴様から単位が欲しい」という者はいない。ネイティブの日本人ならば、この言葉づかいに不自然なところがいくつもあることに気づくであろう。まともな日常生活を送りたければ、言葉づかいに気をつけるべきなのは、今も昔も変わらない（言葉づかいを訂正しても単位は与えないが）。ともかくこれによって、皆さんも安心して他人に声をかけることができよう。仲間を募るかどうかは各自にお任せする。

地図を眺める――郡県郷里の構造

冒険に出るには、前もって地図も必要であろう。つぎに地図をひろげながら、大まかな行き先を確認することにする。当時の地図は、北が下、南が上に書かれることが多く[*22]、今とは上下が正反対なので、混乱しないようにしよう。最古の地図として戦国時代の関中《かんちゅう》方面のものがあるが[*23]、少々曖昧《あいまい》である。ここでは参考までに、前漢初期の長江中流域のくわしい地図をみてみよう（図0-1[*24]）。地図上にポツポツと「里《り》」がある。丸い囲みのなかに漢字が書かれているのがそれである。里とは一種の行政区画である。

当時人びとが暮らしていた住居は、行政管理上いずれかの里に属していた。里には土壁に囲まれたものと、そうでないものがある。大きな城（後述する郡城や県城）のなかにはいくつもの里がふくまれ、それらは整然とならび、たがいに隣接しており、里と里のあいだには土壁（院《いん》）がある[*25]。それらの土壁や役所の壁（墻垣《しょうえん》）は官吏が管理すべきもので、建造後一年以内に壊れたら担当官吏は処罰された[*26]。里には門があり、監門《かんもん》とよばれる門番がおり、希望者はその職務を担うことができ、そのかわりに最低限の食事にありつけた[*27]。業務内容はシンプルで、身体障害者がその仕事を担うことが多かった[*28]。

一方、田舎《いなか》にはムラがポツポツと点在しており、それは必ずしも里と同じではない。ふたつのムラでひとつの里を構成することもあれば、ふたつの里がひとつのムラに混在している

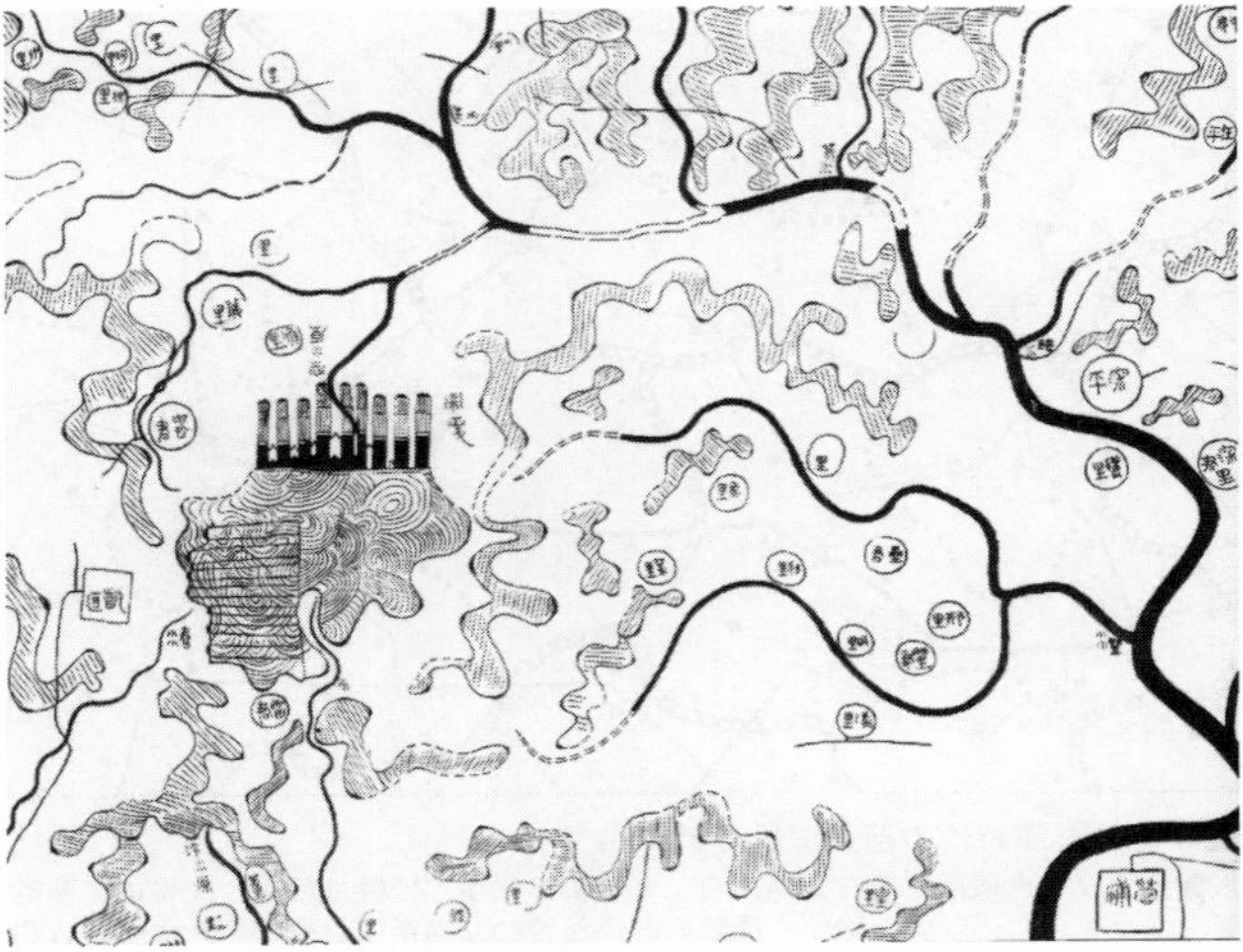

図 0-1 ●馬王堆漢墓「駐軍図」（湖南省博物館所蔵。模写）

こともある。図0-1をみると、いちおう概念として「里」が点在しているかたちになっているが、じっさいには人びとは里ごとにきれいに分かれて暮らしているわけではない。里とは一種の行政区分であって、それと自然発生したムラとは、必ずしもイコールの関係にないのである。[*29]

むしろ農民はじっさいには、農閑期にムラで暮らし、農繁期に田畑近くに小屋を建てて暮らすこともあったとおもわれ、それとはべつに戸籍のうえで、「〇〇里」に登録されていた。農村部では、田畑付近にポツンと家を建てて一〇人くらいで暮らす例もあり（後述）、かれらも戸籍上はどこかの里に属していた（図0-2）。[*30]

ひとつひとつのムラの大きさはバラバラ

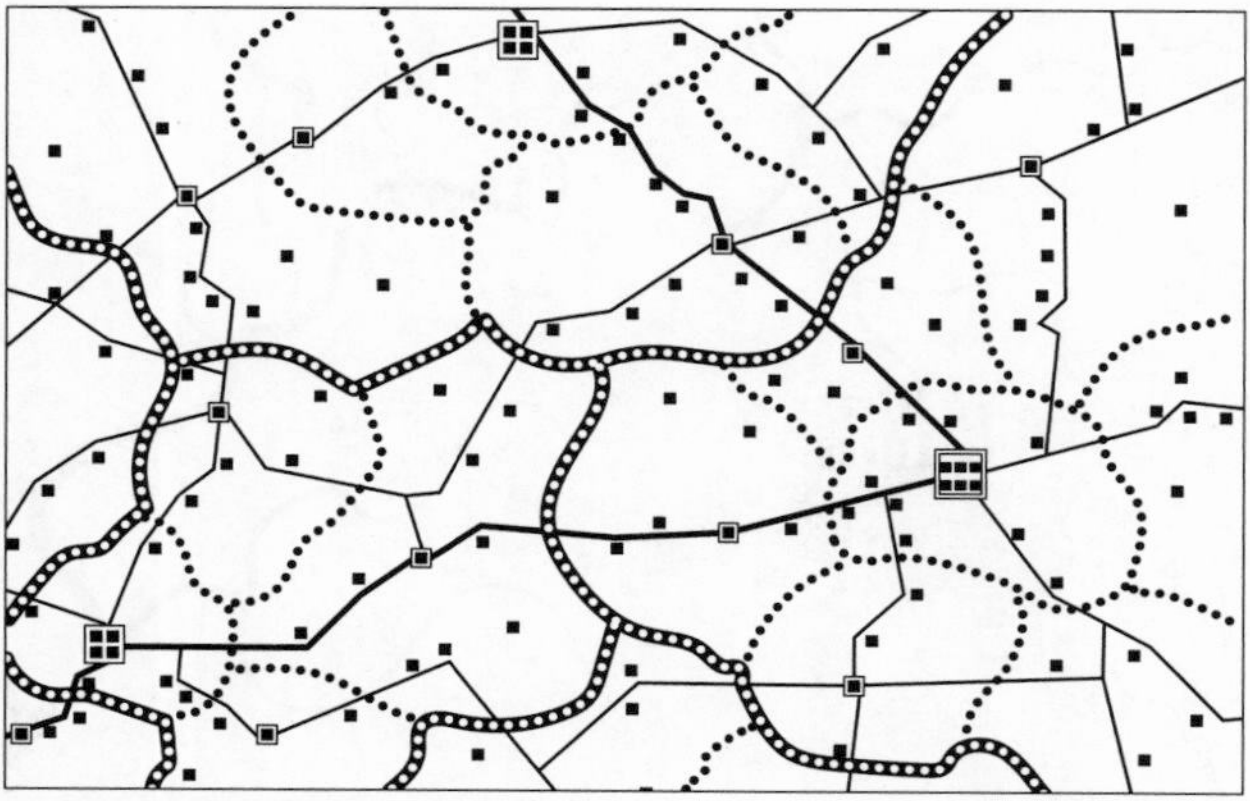

図 0-2 ●秦漢時代の郡県郷里モデル

※■はムラ、点線は郷境、太線に白い丸の線は県境、細線は幹線、太線は主要幹線、ムラを含む□は郷の治所、複数のムラを含む□は県城、複数のムラを含む回は郡城。

だが、おおよそ数十人〜数百人が暮らしている。里を複数たばねたものを郷《きょう》、郷を複数たばねたものを県《けん》、県を複数たばねたものを郡《ぐん》といい、市場は郷にひとつ備わっていればよいほうである。[*31] この点はあとでくわしくのべる。

郡・県の役所は、いずれかの里に設置された。それは、現代日本で東京都新宿区役所が新宿区歌舞伎町に、東京都庁が新宿区西新宿に設置されているのと似ている。そして、県の役所が置かれている郷を都《と》郷《きょう》、それ以外の郷を離郷《りきょう》といった。都郷一帯はだいたい高めの城壁に囲まれ、県《けん》城《じょう》とよばれた。そこに郡の役所も併設されていれば、郡城《ぐんじょう》とよばれた。県城内には複数の里があり、城外にも複数の里が散在していた。よって、あなたが漢帝国の住人ならば、戸籍上の住所は「漢帝国〇〇郡〇〇県〇〇郷〇〇里」となる。

郡城と県城

郡県郷里の人口規模は、時代と地域によってさまざまである。とくに前漢から後漢にかけて、郡県郷里の数は減少し、亭《てい》（警察署）[32]も大きく減少した。その理由には諸説あるが、ここでは措《お》いておく。[33]また北中国と南中国とでは、都市の分布に大きな格差があり、北中国は人口密集地帯で、南中国は人もまばらである（図0-3）。大まかに平均値をとると、いちおう一里は一〇〇戸以下、郷は平均約一五〇〇〜二〇〇〇戸、県は平均約七〇〇〇〜一万戸くらいとなる。[34]

郡城の大きさは、黄河《こうが》中下流域を例にとると、臨淄《りんし》（二三〇〇万平方メートル〔以下㎡〕）・洛陽《らくよう》（一三五〇万㎡）・即墨《そくぼく》（一二五〇万㎡）・邯鄲《かんたん》（一一七八万㎡）・商丘《しょうきゅう》（一〇二〇万㎡）が目立つほか、五〇〇万㎡前後の中型の郡城がまばらに点在しており、残りの多くは三〇〇万㎡前後のものである。県城は、約八〇〇万㎡の曲沃《きょくよく》などの例外をのぞくと、圧倒的多数が一〇〇万㎡以下である。もっとも、なかには郡城より大きい県城もある。[35]ほんらい郡は、いくつかの県をつかさどる単位であるが、田舎の郡と都心の県とでは、人口規模が逆転するので

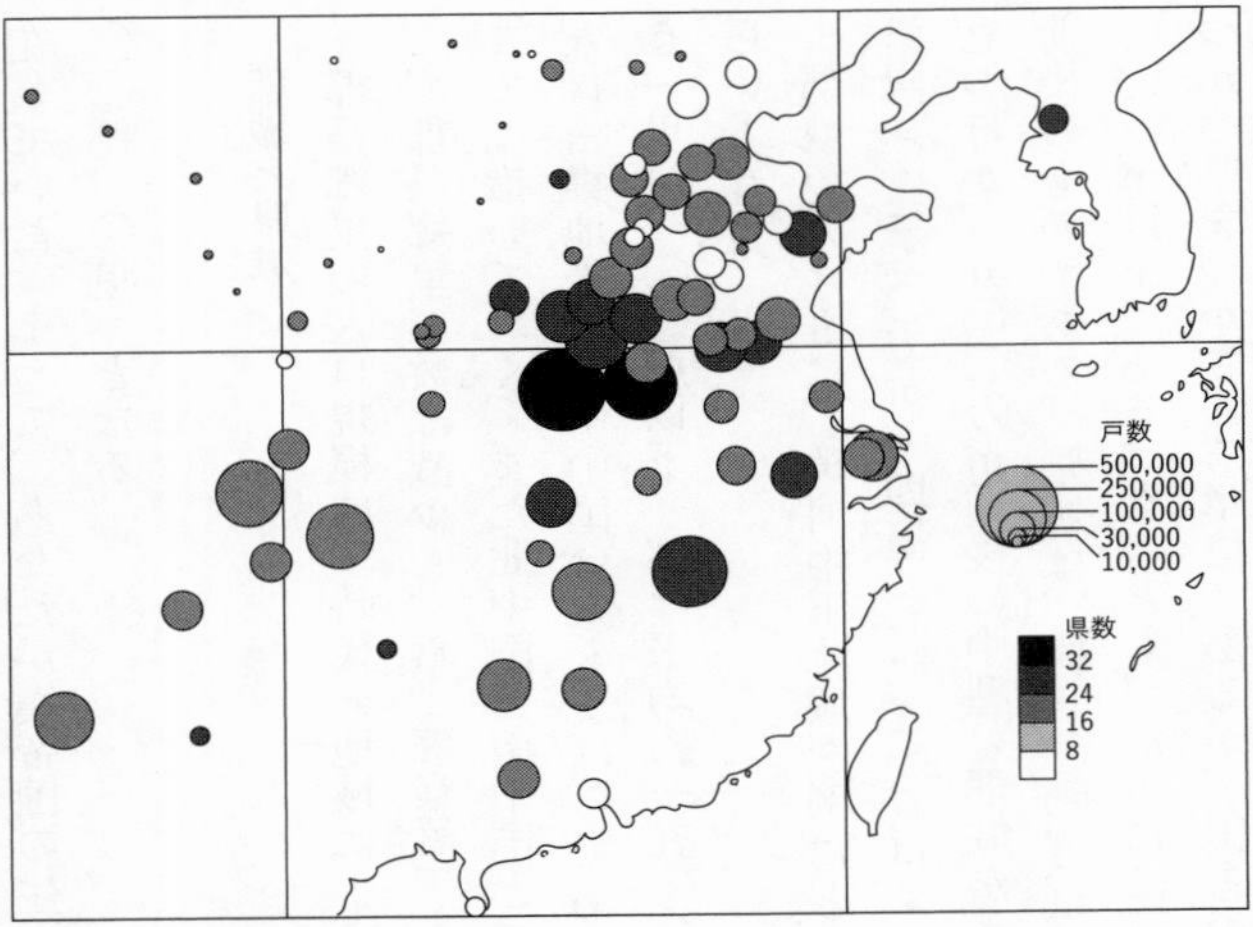

図 0-3 ●前漢時代の人口分布

ある。これは、現代日本において、東京都世田谷区の人口が鳥取県よりも多いのと似ている。

郡城や県城をみると、長官とその属吏《ぞくり》が勤める区画と、平民がすむ区画に分けられ、両者が土壁で区分けされていることがある。前者は城、後者は郭《かく》とよばれ、前者は内壁、後者は外壁をなし、まとめて城郭とよぶ。県城の門は夜になると閉じられ、むやみに城壁を越えると処罰される。[*36]これは昼間であっても同様で、里・役所・市場の壁をかってに壊すのはダメである。[*37]

ここで、前漢時代の首都長安のようすをみてみよう。前漢末の長安県には、八万八〇〇戸、二四万六二〇〇人がすんでいた。[*38]それは長安県全体の人口であり、全員が長安城内で暮らしていたわけではない。むしろその一部が城郭内に居住していたにすぎず、大半は城郭外にちらばって暮らしていた。そして城郭内には約一六〇里があったとされているので、一里＝一〇〇戸とすれば、城郭内には約一万六〇〇〇戸がすんでいた計算になる。城郭内には、皇帝の居住区域のほかに、そこかしこに巨大な官庁・宿舎がたちならび、約一万六〇〇〇戸の人びと（民間人をふくむ）はそこに暮らしていた。

方言の問題

以上で冒険の準備がととのった。最後に、ことばの問題にも注意しておこう。当時は普通《プートン》語《ホア》や共通語の概念がないので、それぞれのムラにおいて話されている口語は大きく異なっていた。口語はもちろん、文字の使い方にもじつは違いがあった。秦の始皇帝による天下統一（紀元前二二一年）以降も、ことばの統一はなかなかすすまず、漢代にはわざわざ『方言《ほうげん》』という書物も編まれ、各地の方言が紹介されているほどである。

始皇帝のときにはフォントの統一も図られたが、漢代になってもその作業はあまり円滑にはすすまなかった。一昔まえの日本でも、東京出身の筆者が地方にゆくと、まったく言葉がつうじないケースがあった。その何倍もの面積をもつ中国にいろいろな方言（もはやひとつの言語としてまとめてよいかも感覚的には疑問）があるのはとうぜんであり、現代中国でさえ、農村にフィールドワークにゆくとしばしば会話にこまるほどである。そこで以下では、読者の皆さんが『ドラえもん』に登場する道具の「翻訳こんにゃく」（ことばの壁を越えられる食物）を食べたと仮定して、話をすすめてゆく。

第1章　夜明けの風景——午前四〜五時頃

曙光に照らされる版図

ある平凡な一日がはじまろうとしている。東の空がゆっくり明るくなってきた。内陸部の大都市である雒陽《らくよう》（以下、洛陽）[*1]のあたりは、古くから中原《ちゅうげん》とよばれている。周辺一帯は平坦で、太陽をさえぎるものは多くない。しかし帝国の版図はきわめて広いので、この時間帯になっても太陽光が届かないところはある。版図をみわたすと、北には黄河が、中央にはやや短めの淮水《わいすい》が、南には長江が、いずれも西から東へと流れている。それは大陸全体が西高東低であるためで、漢代の人びともそのことに気づいていた。[*2]

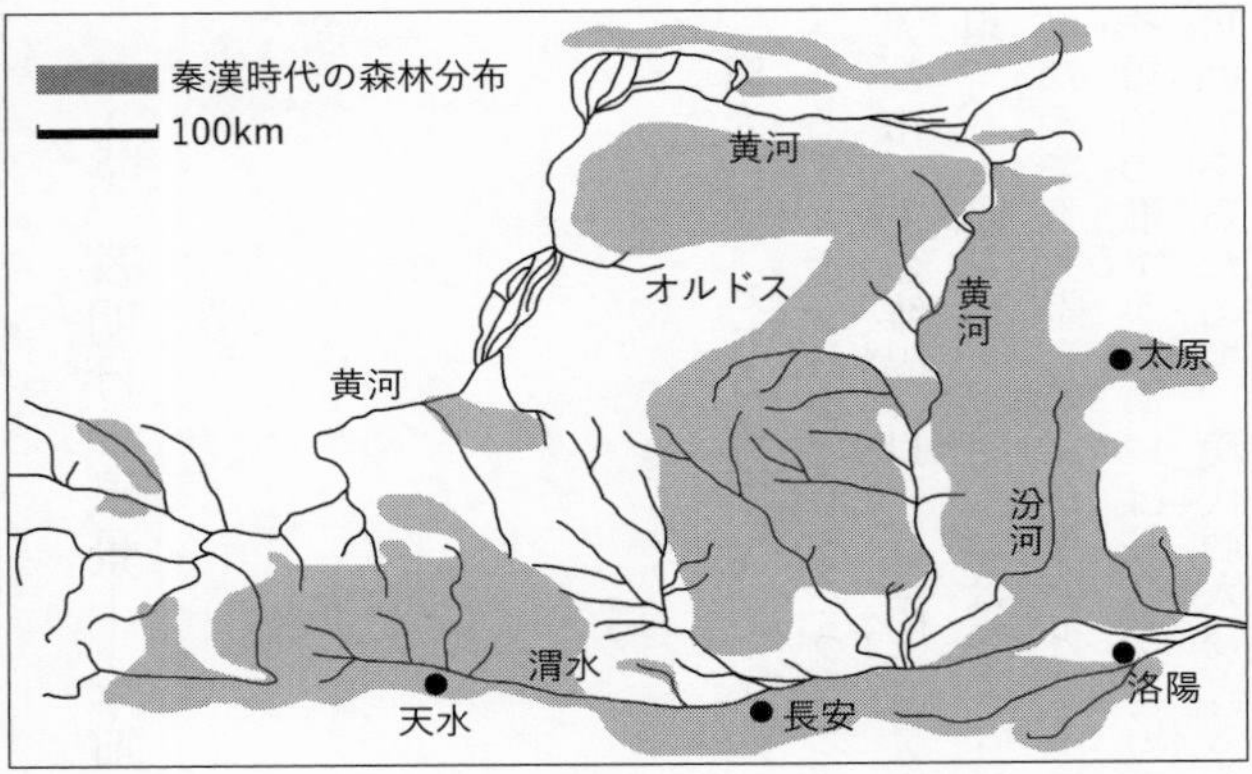

図 1-1 ●黄河中流域における秦漢時代の森林分布（現存する森林地帯をふくむ。史念海『史念海全集』第 3 巻〔人民出版社、2013 年〕にもとづく）

黄河流域には荒涼《こうりょう》とした黄色の台地がひろがり、森林や草原も点在している。[*3] 黄河の水はもともと澄《す》んでおり、そのため古代において黄河はたんに「河《か》」とよばれ、その流域には森林もひろがっていた。だが秦漢時代までには、黄河の水はすでに周囲の土砂をまきこんで、かなり黄色く濁っている。しかも田舎《いなか》に比べ、都会の近くを流れる河川は、生活排水によって汚染され、さらに汚れていた。[*4]

それでも、華北全体をみわたすと、まだ森林や草原も残ってはいる（図1-1）。景観の歴史的変化が自然によるか人為によるかは判断のむずかしいところであり、[*5] 現代の自然景観との違いを強調しすぎるのも問題であるが、後述するように、動植物の生態系に多少とも時代差があったことはたしかである。

さまざまな森林のひろがり

朝鮮半島や黄河中下流域には落葉樹《らくようじゅ》が点在している。それは夏緑林《かりょくりん》ともよばれ、夏に青々とした葉をしげらせる。多くがモンゴリナラやリョウトウナラで、秋には紅葉する。冬には落葉するので、太陽光が射しこみやすい。冬に幹《みき》だけが残る景観は少々寒々しい。

図 1-2 ●ナラ林帯と照葉樹林帯（佐々木高明『照葉樹林文化とは何か』〔中央公論新社、2007 年〕にもとづく）

こうした落葉樹林帯では、たんに四季折々の景色を楽しめるだけでなく、デンプン源のクリを入手しやすいなどの利点もある。サポニンやタンニンなどの毒をふくむ樹木もあるが、それらもアク抜きをすれば食べられる。このように落葉樹林帯は古来、四季を感じることのできる、美しく便利な森林であった。ただしくりかえすように、落葉樹林帯はあくまでも華北に点在しているにすぎず、ほかには草原や、荒涼とした黄《こう》

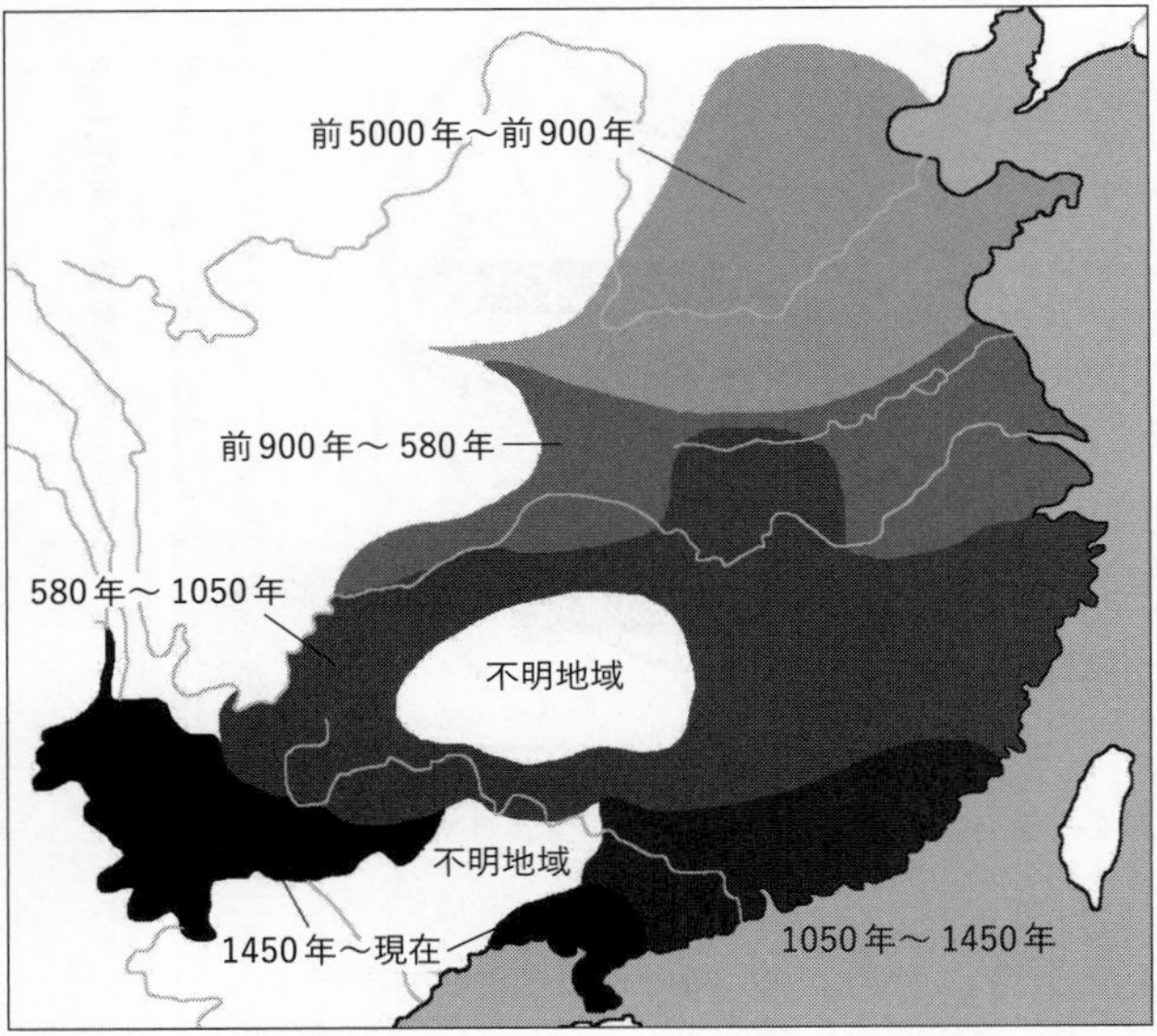

図 1-3 ●ゾウの南漸（Mark Elvin, "*The Retreat of the Elephants：An Environmental History of China*"（Yale：Yale University Press, 2004）にもとづく）

土《ど》の台地がひろがっていた。

一方、長江流域はさらにうっそうとした森林に覆われている。木々の多くはカシ・クス・シイ・ツバキなどの照《しょう》葉樹《ようじゅ》である（図1-2）[*6]。それは常緑の広葉樹で、光沢がある葉が特徴的である。まるでスタジオジブリの映画『もののけ姫』（宮崎駿《はやお》監督）にみえる景色のようである[*7]。常緑ゆえ、その森林地帯には季節を問わず、太陽光が射しこみにくい。よって照葉樹林帯は古来、人ならぬ者のすむ領域とされ、旅人が神や妖怪に遭《そう》遇《ぐう》したとの伝説も多い。あたかも『もののけ姫』に登場するシシ神、モロ、乙事主《おっことぬし》のごとくである。

じっさいに長江流域には、漢代になってもなおゾウが生息しており、現代中国とはかなり異なる生態系がひろがっていた（図1-3）。[*8]また、ひとたび罪人や、地方政府の圧政に苦しむ民がそこに逃げこめば、捕らえるのは至難であった。かれらは山越《さんえつ》や夷《い》などとよばれ、長きにわたって平地民と接点をもたない者もいる。四世紀末～五世紀初の詩人陶淵明《とうえんめい》は『桃花《とうか》源記《げんき》』を書き、山川をさまよった主人公がモモの咲きほこる仙人境に迷いこんでしまったようすを描いたが、これも平地民と山地民とが分かれてすんでいた当時の実情をふまえた文学作品である。[*9]

うっそうとした森林地帯や山奥に暮らす人びとのなかには、独特な思想や宗教をもつ者もいる。たとえば四川省の山奥には、聖王禹《う》の宗教的聖域とされるところがあり、ひとたびそこに逃げこんだ者は、捕まえてはならないことになっていた。[*10]西洋史でいうアジールにあたる。まことに『もののけ姫』に登場する「シシ神の森」のようなイメージであるといってよい。

東西の時差

このように、黄河流域と長江流域とでは、夜明けの景色さえ大きく異なっていた。もちろん、東と西でも眺めは異なる。それは時差があるからである。東海岸に曙光《しょこう》が射《さ》すころになっても、洛陽の西の大都市長安や、さらに西北の敦煌《とんこう》といった都市は、なお夜の闇《やみ》につつまれている。かつて漢王朝がシルクロードを治めていたときには、版図全体が東西に長くのびているため、こうした東西の時差はさらに大きく、三時間にもおよんだ。

たとえば、同じ午前四時頃であっても、東海岸の人びとと、敦煌の人びととでは、その場の景色について異なる印象を抱いていたわけである。じっさいに当時の人びとのなかには、時差による風景の違いに気づいていた者もいた。*11 漢の西には中央アジアがひろがり、さいはてのタリム盆地（タクラマカン砂漠）にも兵士が駐屯していた。夜勤の兵士以外はなお熟睡中である。真夏であれば、帝国全体が夜の闇に覆われるのは数時間で、それ以外の時間には帝国の東か西のどこかで太陽がみえる。また日没後もすべての人びとが寝静まったわけではない。その意味で、秦漢帝国は「あまり眠らぬ帝国」であった。

古代人の季節感覚

当時はまだグリニッジ標準時刻がなく、人びとは現在のように、厳密に時計にしたがって生活をしていたわけではない。万里の長城より北では、西暦一〇〇〇年頃になってもなお、月や日にちの概念さえ希薄であった。[*12] 帝国の片隅に暮らす人びとが月・日・時刻にどれほどこだわっていたかは疑問で、秒・分のレベルで時間を気にするような者はほとんどいなかった。つぎにこのことを説明しておきたい。

まずは古代人の季節感覚を理解すべく、当時使われていた漢字に注目してみよう。そもそも「日」字は大陽、「月」「夕」は月、「朝」は月光のもとで太陽が草むらからのぼるさま、「年」は穀物が実るさまの象形文字である。また一般に、「春」は草木が芽吹くさま、「秋」はコオロギのような昆虫の象形文字であるといわれている。つまり太古の人びとは、天文・穀物・生物のようすから、いちおう時刻や季節を感じとっていたことがわかる。

とくに農作業や商業に従事する者は鋭敏な季節感覚をもっていた。さもなくば、みずからの生業《なりわい》に影響が出る。そのため、かれらにとって暦《こよみ》は重要であった。各時代の君主はそうした民の生活を守るため、そしてなによりも天の意思を把握するというみずからの祭祀《さいし》的役割を果たすために、天体観測にもとづいて暦を定めることを重視した。それは観象授時《かんしょうじゅじ》とよばれる。

そうしたなかで、一年を四季に分ける認識もはぐくまれていった。「夏」字と「冬」字は、殷《いん》代（紀元前一一世紀に滅亡）にはまだない。けれども、冬至《とうじ》・春分《しゅんぶん》・夏至《げし》・秋分《しゅうぶん》にかんする認識や、日の出・日の入を観測するシステムは、殷代よりもまえに、早々に整備されていた。[13] このように古代中国の人びとにとっても、大まかに季節と暦をつかむことはたいせつであった。

時間をつかさどる

秦漢時代の君主と官吏は、季節だけでなく、時刻にかんしても一定の把握を試みた。それが、水時計（漏刻《ろうこく》）によって一日を百分割する百漏刻制《ひゃくろうこくせい》である（図1-4）。水時計の目盛りはほんらい昼夜百刻で、一刻の時間は均等である。それは日の出を基準に数える決まりで、季節ごとに昼と夜の長さが変化する。

たとえば前漢時代には、冬至のときに昼漏《ちゅうろう》四〇刻・夜漏《やろう》六〇刻、夏至のときに昼漏六〇刻、夜漏四〇刻とされ、九日間に一刻ずつ、昼と夜の長さが変化するしくみであった。また水時計は、途中で一二〇刻に変更されるなどのマイナーチェンジもしている。[14] 水時計は、当時の最高技術によってつくられた精密機器で、[15] 一家に一台あるようなものではなく、せいぜい都市やムラに一台あればよいほうである。地方行政府の県や郷には時計をチェックする役人がおり、日の出には太鼓をたたいて朝を告げ、日没時には鐘《かね》を鳴らして夜を告げた。[16]『周礼《しゅらい》』には、軍隊に随行して水時計をつかさどる「挈壺氏《けつこし》」や、国家祭祀などがおこなわれる早朝に大声で時刻を告げる「鶏人《けいじん》」といった官職がみえる。『周礼』は前漢末に著名となる史料で、それよりもまえの時代に、すでに時間をつかさどる官吏がいたことをうかがわせる。また南北朝時代（四三九～五八九年）の詩歌には暁鐘《ぎょうしょう》（明け方の鐘）の語があり、どうやら明け方には太鼓だけでなく、鐘を鳴らすところもあったらしい。

　このように秦漢時代の官吏は、季節、月日、そして一日の時間にいたるまで、細かく把握しようとしていた。その意味で、月・日・時刻にこだわる人びとは、秦漢帝国にも皆無ではなかった。だがすでにのべたように、平凡な暮らしをしている民までもがつねにそうであったわけではない。むしろ民の多くは、水時計になど配慮せず、それとはべつに、一日をもう少し大ざっぱに分割し、そのなかでおおらかに生活を送っていたようである（後述）。

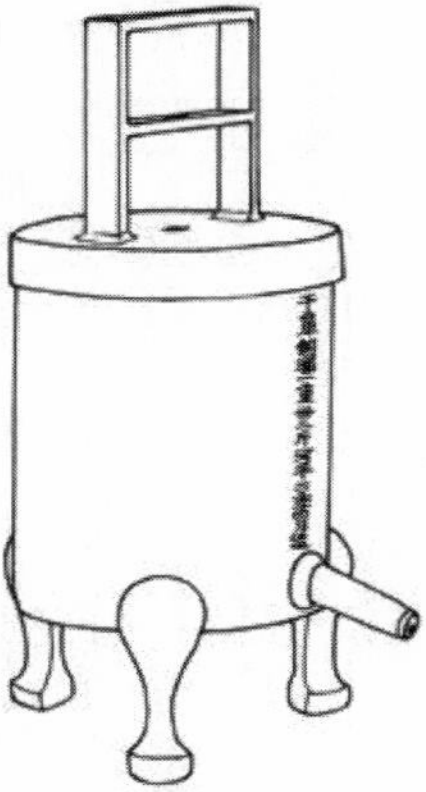

図1-4●漢代の銅製漏刻（内モンゴル自治区伊克昭盟出土。模写）

時刻の名前

　ところで、今の私たちは、一日を二四時間に分けているが、このやり方は古代中国にはない。その一方で、中国には歴史上、だいたい現在の午後一一時～午前一時を「子《ね》」、午前一時～午前三時を「午《うし》」、午前三時～午前五時を「寅《とら》」とし、子《ね》・丑《うし》・寅《とら》・卯《う》・辰《たつ》・巳《み》・午《うま》・未《ひつじ》・申《さる》・酉《とり》・戌《いぬ》・亥《い》の順番に、一日を一二等分する十二時辰《じゅうにじしん》制があった。だが、その起源もじつは古くなく、南北朝期に制度化し、唐宋時代以降に普及したもののようである。つまり漢代には、二四時間制どころか、一日をきれいに一二等分するしくみもまだ確立されていなかったといわれている。[*17]この点には異論もあるが、ここでは十二時辰制の成立時期についてこれ以上議論するつもりはない。

　それよりもここで注目したいのは、漢代の人びとが適宜、時刻を大まかに区分けして名前をつけていたことである。時刻名にはさまざまなヴァリエーションがあり、一日を一六分割する史料や、二八分割する史料もある。そのどれが正式な制度かはいまいち判然《はんぜん》とせず、地域や時代によって異なるのかも議論の余地がある。

　ここで文献や簡牘《かんとく》にみえる時刻名を確認してみよう。戦国時代の睡虎地秦簡《すいこちしんかん》には一二、放《ほう》馬灘《ばたん》秦簡には一六、秦帝国期の周家台《しゅうかだい》秦簡には二八、前漢前期の孔家坡《こうかは》漢簡には一〇、『淮《え》南子《なんじ》』には一三、前漢後期～後漢前期の懸泉《けんせん》漢簡には三二、居延旧簡《きょえんきゅうかん》には二七、後漢時代の『論衡《ろんこう》』には一二の時刻名がみえる（表1-1）。

　なお、これら簡牘の名前は、じつは現代の研究者たちが命名したものであり、昔の人びとがそうよんでいたわけではない。その命名のルールは簡単。だいたいは「出土地の名前＋時代十簡」で、たとえば「湖北省雲夢《うんぼう》県睡虎地にある戦国時代の秦の遺跡から出土した簡牘」は「睡虎地秦簡」と名づけられている。また居延地方からは簡牘がなんども出土しているので、例外的に、一九三〇年代に出土した簡牘を「居延旧簡」とよび、一九七〇年代に出土した「居延新簡」と区別するのがふつうである（最近さらに新しく簡牘が発見されたので、新・旧の区別では足りず、研究者の悩みのタネとなっている）。このほかにも、岳麓書院《がくろくしょいん》という研究機関が骨董《こっとう》市場で購入した秦代の簡牘は、岳麓書院蔵秦簡とよばれている。

ともかくこの**表1-1**をみればわかるように、諸史料中の時刻名はたがいに似ているけれども、完璧に一致しているわけではない。どうやら各時刻名のなかには、日本の「明け方」や「たそがれ」のように、相対的で曖昧な区分がふくまれているようである。

それらをみると、一日の時刻名はもっとも多く見積もっても三〇種強におさまるようで、その順番もおおよそわかっている。なかでも字面《じづら》からみて、だいたい「平旦」（「旦」字は太陽が地平からのぼる象形）や「日出」は日の出、「日中」は正午、「日入」や「黄昏」（空が黄色く昏《くら》くなる意）は日没、「夜中」は深夜にかかわることはまちがいなく、現在の二四時間制との大ざっぱな対応関係をさぐる手がかりになる。

たとえば洛陽の日の出は、だいたい午前五時台から七時台である。すると「平旦」や「日出」はそのころとみてよかろう。それを基準とすれば、「鶏鳴《けいめい》」は午前四時頃、「食時《しょくじ》」は

	懸泉漢簡	居延旧簡	論衡	淮南子
	平旦	平旦	平旦	旦明
	日出	日出	日出	
	二干			
	蚤食	蚤食		蚤食
	食時	食時	食時	
	食坐	食坐		
		禺中・東中・日東中	隅中	
	日未中			
	日中	日中	日中	正中
		日西中・西中・昳中		
		日過中		
	日失		日昳	
	蚤餔			小還
	餔時	餔時	餔時	餔時
	餔坐			大還
	下餔	下餔		高舂
	夕時			下舂
	日未入			懸車
	日入	日入	日入	
	昏時	黄昏	黄昏	黄昏
		夜昏		
	定昏	昏時		定昏
	夜食	夜食		
	人定	人定	人定	
	幾少半			
	夜少半			
	夜過少半			
	夜幾半			
	夜半	夜半	夜半	
	夜過半	夜過半		
	夜大半			
	大晨			
	鶏前鳴	鶏前鳴		
	中鳴	鶏鳴・鶏中鳴	鶏鳴	
	後鳴	鶏後鳴		晨明
	幾旦			朏明

表 1-1 ●諸史料よりみた秦漢時代の時刻名

時刻	放馬灘秦簡	睡虎地秦簡	周家台秦簡	孔家坡漢簡
6時頃	平旦	平旦	平旦	平旦
	日出	日出	日出	日出
			日出時	
	夙食		蚤食	蚤食
9時頃		食時	食時	
	莫食	莫食	食坐	莫食
			廷食	
			日未中	
正午頃	日中	日中	日中	
	日西中			
			日過中	
		日失	日失	日失
	昏則	下市		□市（□は欠字）
		春日	餔時	暮市
		牛羊入		
15時頃			下餔	
	日下則		夕時	
	日未入		日毚入	
	日入		日入	
18時頃		黄昏	黄昏	黄昏
	昏		定昏	
			夕食	
21時頃		人定	人鄭	人鄭
	夜莫		夜三分之一	
	夜未中		夜未半	
0時頃	夜中		夜半	
	夜過中		夜過半	
3時頃			鶏未鳴	
			前鳴	
	鶏鳴	鶏鳴		鶏鳴
			鶏後鳴	
			毚旦	

午前九時頃をふくむ時間帯となろう。もちろん上述したように、漢代と現代の時刻をきれいに対応させるのはムリであるが、漢代の各時刻名がおおよそ現在の何時にあたるかは推測できるわけである。そして各時刻名は、表1-1にみられるとおり、人びとがその時間帯になにをしていたかをうかがわせる格好の史料になる。

夜明けまえのひととき

今は午前四時から五時といったところで、おおよそ「鶏鳴」の時刻である。おりしも後宮《こうきゅう》ではヒマをもてあましている女性がおり、気分がすぐれず、熟睡もできずに、早朝を迎えている。なかには、時刻を告げる鐘《かね》の音に飽き、ゆっくり動く水時計の針の音にさえウンザリしている者もいる。[18] 子どもができなかったために離縁された女性のひとりは、「鶏鳴」の時刻になっても寝られずにため息をつき、庭を歩いている。[19]

古来、「志士は日の短きを惜しみ、愁《うれ》う人は夜の長きを知る」などといわれるように、[20] 時の流れをどう感じとるかは人それぞれである。たとえば、牢獄に閉じこめられている人にとっては、一日は長く感じられるであろう。その逆に、本日処刑される者にとっては、一日は短く感じられるかもしれない。[21] こうして人それぞれの一日がはじまる。

日の出までにはまだ時間があり、多くは寝静まっている。しかしあと少しで「平旦」の時刻となり、それは朝廷における政治（聴朝《ちょうちょう》）の開始でもある。それゆえ会議日ともなれば、すでに宮城《きゅうじょう》の門のまえに官吏がつどい、開門をまっている。[*22] じっさいに前漢の武帝は、平旦に詔を下し、官吏はそれをふまえて「食時」（朝九時頃）に答申している。[*23] 私たち未来人のことが皇帝の耳に入ったのも、べつの日のこの時間帯である。

皇帝との会議は必ずしも毎日開かれていたわけではなく、皇帝本人は五日に一度くらい政務をとればマジメなほうである。[*24] 毎月一日と一五日には政策決定会議（公卿議《こうけいぎ》）も開かれ、一部の政府高官だけでなく、皇帝も早朝から列席することになっていた。[*25] 三世紀末の詩に「明け方から文書を整理し、夕方になっても眠るヒマさえない」と歌われているように、繁忙期の官吏は会議日でなくとも、この時間帯にすでにピリピリしはじめている。[*26] 朝廷の関係者がこれほど朝早く起床できるのは、そのぶん夜に寝るのが早いからであろう。

明け方のサウンドスケープ

一部の政府関係者以外は、いまだにまどろんでいる。そうした者をあざ笑うかのごとく、けたたましくニワトリが鳴きはじめた。

そもそもニワトリは、みずからの体内時計に沿って行動し、ふつうは朝日ののぼる約二時間まえに鳴くものである。[*27] 現在の洛陽を例にとると、毎年四月には午前五時一五分頃に大陽がのぼりはじめるので、ニワトリは午前三時一五分前後に鳴きはじめる計算になる。だが揚《よう》州《しゅう》（上海《シャンハイ》付近）滞在中の仏僧円仁《えんにん》は、開成《かいせい》三年（八三八年）七月一九日の卯《う》の刻《こく》（午前六時頃）にニワトリが鳴くのを耳にしている。[*28] すると、ニワトリの鳴く時刻はかなり曖昧《あいまい》で、大まかに午前三時頃〜六時頃であるといったほうがよさそうである。漢代の時刻名をみると、ちょうどその時間帯は「鶏未鳴《けいみめい》」「鶏鳴」「鶏後鳴《けいこうめい》」などとよばれている。なお、ニワトリは鳴き交わしをする鳥である。鳴き交わしとは、一羽のオヤブン格の雄鶏《おんどり》が鳴くと、近くの雄鶏もつられていっせいに鳴く現象である。これが夜の静けさをかき乱すことになる。

ニワトリの鳴き声とともに、多くの者は目を覚ます。とくに農作業のため、田畑のそばに小屋を建てて暮らしている民は、鐘や太鼓の音を耳にすることができないので、朝日とニワトリを頼りに起床する。[*29]

家々では、だれがはじめに動きだすのであろうか。当時の人びとにとって重要な行動指針のひとつに、儒学《じゅがく》がある。周知のとおり、儒学とは春秋時代に孔子がつくり、その弟子が伝承・発展させた学問である。前漢後期になると、儒学思想は官学《かんがく》の中心となり、[*30] 上流階級の生活の指針になってゆく。

それによれば、子どもは父母や祖父母に孝《こう》を尽くさねばならない。男性の子孫を残し、祖先祭祀を代々絶やさずにおこなうことが孝であるが、それだけでなく、父母・祖父母を尊敬し、奉り、思いやり、ニワトリが鳴くとともに起床し、父母・祖父母の面倒をみることも孝である。すると、コケコッコーの響く時刻に、一部の孝行者はすばやく起床し、朝の準備をはじめたであろう。

ただし儒家の経典には、「礼は庶人《しょじん》に下らず」[*31]（庶民は儒学のマナーを守らずともよい）ともある。つまり現実的には、多くの民は礼儀作法にしばられなかった。ましてすべての子が親孝行ともかぎらない。ある父親などは、ドラ息子に困りはて、とうとう息子を殺してほしいと役所に届け出ているほどである。[*32]家族の内情はさまざまであり、じっさいには家内奴隷や、朝食をつくる母親がまずはじめに起床することが多かったようである。

ようやく洛陽城の東側の城壁にまんべんなく朝日があたりはじめる。あたりのムラをうっすらと覆っていた朝霧《あさぎり》も晴れてきた。ムラのまわりにひろがる森林にも日光が射しこみ、獣《けもの》たちも目を覚ましつつある。宮殿内では、すでに宮女《きゅうじょ》や宦官《かんがん》が忙しく歩き回っている。

田舎のムラで耳をそばだてると、不思議なほど静かな朝である。ムラや市場の門はいまだに閉じられており、商品搬入は不可能である。注意深く耳をすますと、かすかにウマのいななきが聞こえる。ブタやウシの鳴き声も響く。辺境地帯も静かであり、早朝に物音を立てようものなら、狼火台《のろしだい》で寝ずの番をする兵士ににらまれるであろう。チョロチョロと排水路を流れる水の音はあるが、[*33]気になるほどのものではない。

さらに耳をすますと、蛾《が》やハエの羽音《はおと》がする。[*34] 季節や地域によっては蚊《か》や虻《あぶ》が発生し、一晩中寝られないこともあり、蚊帳《かや》があったほうがよい。[*35] 一部の家々からは幼子《おさなご》の泣き声も聞こえる。およそ幼子というものは生物学的に、昼寝しすぎると夜寝なくなる傾向があり、そうして夜泣きをすることになる。[*36] これは古代中国の幼子にもとうぜんあてはまる。またこの時間帯に、オムツにおもらしをして泣きだす幼子もいたであろう。幼子用のオムツは古代にもあり、襁褓《きょうほ》とよばれ、幼子の代名詞であった。[*37] 子どもについてはのちにくわしくのべる。幼子の泣き声以外に、寝言も聞こえてくる。たとえば戦国時代の韓《かん》の昭公《しょうこう》は、はっきり寝言をいうタイプで、国家機密を妻妾《さいしょう》にもらす危険があった。そこでかれはひとりで寝ることにしたという。[*38]

路地裏の酔っ払い

ここでふたたび都市部に目を転じると、路地裏でブツブツつぶやき、ヨロヨロ民家の壁によりかかっている男がいる。この時間帯に道をゆく者や、寝つけぬ者もいたくらいであるから、[*39] 小道に酔っ払いがいても不思議はない。

漢代の法律では、三人以上がいっしょに酒を飲むことは群飲《ぐんいん》とよばれ、禁止されていた。[*40] それは、酔っ払ったかれらが意気投合し、もしくは飲酒を名目として集合し、謀反《むほん》を計画しないともかぎらないからである。だが、この法律がいつ発効し、どういう限定条件がついていたかはよくわかっていない。なぜなら、じっさいには官吏が群飲している例が史料中に散見するからである。[*41]

また、居酒屋も客でごったがえしているのが常であった。たとえば前漢の高祖劉邦には行きつけの居酒屋が二軒あり、劉邦が来店するたびに客であふれた。[*42]夕方になると市場は閉まり、都市の大通りも通行規制がなされるので、[*43]市の居酒屋で飲みあかしたり、大通りで寝そべることはできないが、市の外でひっそり営む居酒屋などでは、飲みあかすこともできた（後述）。目のまえで酔いつぶれているかれも、それが原因でこのザマになったのであろう。

酔っ払いはかれだけでなく、となりの路地裏にもいた。かわいそうに、夜盗《やとう》によって身ぐるみはがされている。この酔っ払いは数時間後に、手もちのわずかな銭などがなくなっていることに気づき、愕然《がくぜん》とするはずである。窃盗《せっとう》の証拠でもみつかればよいが、この状況ではそれもむずかしい。監視カメラも指紋解析の技術もないこの時代に、目撃者なき犯罪の証拠はつかみにくい。手がかりは人間関係くらいである。周辺のゴロツキをしらみつぶしに調査すれば、手がかりがみつかるかもしれない。

じっさいに秦代には、里のなかで強盗事件があり、官吏が市場のゴロツキを捜査した例がある。[*44]そうした捜査は、令史《れいし》や獄史《ごくし》とよばれる役人が担当していた。もしすでに被疑者がしぼられているようであれば、その追捕《ついぶ》は、警官役の尉《い》・士吏《しり》・街卒《がいそつ》などとよばれる役人が担当することになるであろう。[45] かれらは赤い布きれ（赤幘《せきさく》）を頭にまいているので、[46] かなり目立ったはずである。ともかくかれは殺されなかっただけマシである。当時道ばたには、ドクロがあるのも不思議ではなく、[47] 死体が積みかさなっていることもあり、[48] 城外はさらに危険だったのであるから。

第2章　口をすすぎ、髪をととのえる――午前六時頃

起床

朝日が窓枠（牖《ゆう》）から部屋に射しこむ。上流階級の屋敷の門は閂《かんぬき》でかたく締められている。官府の門にも鑰《かぎ》がかけられている。[*1] 牖《ゆう》は木枠でできており、なかには木製の扉がついているものもある。夜のあいだは閉められているが、たてつけがしっかりしていないので、スキマから朝日が入ってきている。ときおり風が吹くと、木戸がガタガタと音を鳴らす。

辺境地帯に駐屯している兵士のなかには、ワラ葺《ぶ》きの兵舎に宿泊している者もおり、ワラのスキマから射しこむ日光に辟易《へきえき》している。夏の夜は蒸し暑く、掛け布団なしで寝ている者

もいれば、夏用のひとえの布団（夏衾《かきん》）をかけている者もいる。一方、冬は寒いので、ぶ厚い綿《わた》入り布団（重纊《じゅうこう》）をかけたいところであるが、貧乏人であれば、せいぜい麻《あさ》の布団があればよいほうである。[*2] 夫婦のなかには、愛ゆえか、それともべつべつの布団を購入する余裕がないからかはともかく、ふたりでひとつの布団にくるまっている者もいる。[*3]

前章で少しのべたとおり、県や郷には時計をチェックする役人がおり、日出時刻に太鼓や鐘をたたいて朝を告げる。そうした朝の合図を待ちかねたかのように、関所や都市の門がつぎつぎに開けはなたれ、大きな都市は騒音にみちあふれる。[*4] 南北朝時代も同様で、詩歌には「朝早くに宮殿の門が開き、皇帝専用の道路には鳳凰《ほうおう》の鳴き声が響きわたる」と歌われている。[*5]

朝からせわしい郵便

首都へつづく大道では、速達用の早馬が往来している。なかには野球バットに似た多面体の木の棒をかかげて疾走する使者もいる。その棒は檄《げき》といい、おもてに指令がしるされている（図2-1）。使者は檄をかかげながら騎乗し、一見すると、道ゆく人に内容をみせながら各地をめぐるかのようである。しかしじっさいには、疾走する者のかかげている文章など、道ゆく人が読めるはずもなく、それはその内容を周知徹底するというポーズにすぎない。む

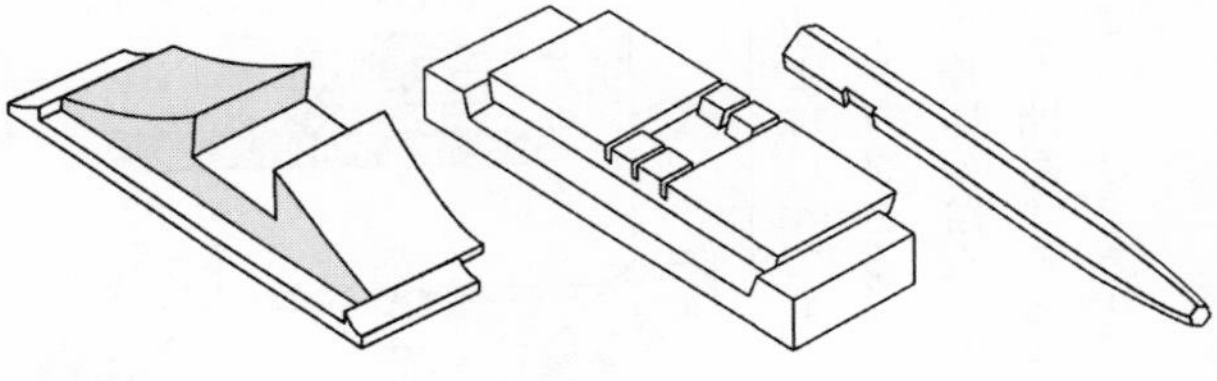

図 2-1 ●木簡のかたち（左・中央は封緘用、右は檄）

しろ檄は、いくつかの役所をへてゴールの役所に届けられ、その途中で各役所の関係者に内容を開示・周知したり、ゴールの役所でヒモでつるされ、改めて多くの人びとに閲覧させたりするしくみであったといわれている。[*6] どうやらこのたびの檄は、西方の異民族が反乱したという知らせのようである。

ほかにも多くの行政文書が木簡や竹簡にしるされ、ヒモでしばられ、郵便施設をつうじて運ばれている。街道沿いには数キロごとに郵便施設があり、人とウマが置かれていた。行政文書には、街道上に点在する郵便施設を利用しながらリレー方式によって運ばれる普通郵便のほかに、県と県を直接つないで運ぶ制度などもあった。[*7] いずれも配達人やその馬をかえてゆくことによって、速度を落とすことなく郵便物を遠くに運ぶことになる。

ここでちょっと郵便配達されている文書の中身をのぞいてみよう。ある文書は、郵便配達記録を確認したもののようで、人定（午後九時頃）、夜大半（午前二時頃）、鶏鳴（午前四時頃）にそれぞれ配達人を替えていることがわかる。[*8] これはつまり、本文書が夜通し運ばれていたということである。配達人は馬を使わないこともあり、そのときはけんめいに走ることになる。いくつかの配送所で運送人を替えている点は、現代の郵便システムとほとんど同じであろう。

重要な文書はヒモでくくられていて、中身がみられないようになっている。そのしばり目には泥がぬられ、その泥に捺印《なついん》がほどこされている。

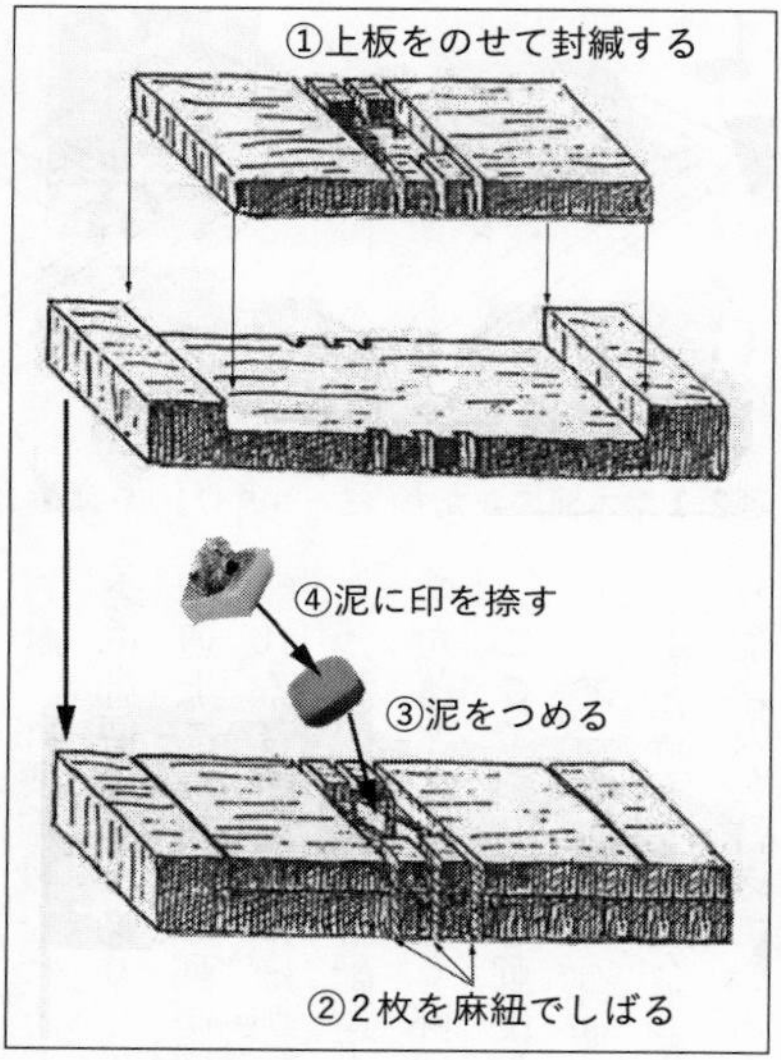
①上板をのせて封緘する
④泥に印を捺す
③泥をつめる
②2枚を麻紐でしばる
図 2-2 ●封泥のしくみ

捺印とはいっても、朱肉は使わず、印を泥におしこみ、泥に印の文字を浮きあがらせるというやり方をとる。そうしてしばらくすると、泥が乾いて固まり、印の文字ははっきりと残る。その捺印の跡をみれば、文書の送付人がだれかわかるというわけである。しかも、ひとたび文書を開封するときには、泥の部分を壊さねばならず、もとにはもどらない。これが当時の封緘《ふうかん》の仕方であり、封泥《ふうでい》とよばれた（図2-1、図2-2）。

早起きと寝坊

鐘や太鼓のないところでは、ニワトリの鳴き声とともに、人びとは起床しはじめる。人びとはいっせいに身支度にとりかかる。農家では春から秋に、城郭の外で農作業に従事せねばならず、働きざかりの男女はほぼ毎日、田畑のそばの小屋で生活を送っていた。

父母が城外で農作業をしているあいだ、城内の実家には老人と子どもが同居している。「〇〇（孫の小名）や、朝だよ、起きなさい」。「おばあちゃん、もうちょっと寝かせて」。現代社会のどこかで目にする情景である。

もっとも、儒学の礼儀作法によれば、子どもはニワトリの鳴き声とともに起床し、祖父母の面倒をみるものであり、そうした例もじっさいにある。たとえば後漢時代の薛包孟《せつほうもう》は、父と継母《ままはは》に嫌われ、実家のそばに小屋を建てて暮らし、旦（午前五～六時頃）に洒掃《しゃそう》（実家まえの掃除《そうじ》）をしたが、それでも父に怒られた。[*9] また西晋《せいしん》時代に夏統《かとう》は、鼓四《こし》（午前一時～三時頃か）に実家まえを掃除しはじめたとか。[*10]

だが、これらはめったにない事例のため、史書で顕彰《けんしょう》されているにすぎない。しかも古今東西、老人は早寝早起をする傾向があるものである。[*11] またすべての人は、じつはその人のもつ遺伝子におうじて、朝型か夜型かに分けられる。[*12] つまり、毎日早く起きているからといって、その子どもがマジメであるとはかぎらず、毎日朝寝坊をしているからといって、その子どもがマジメでないともかぎらないわけである。だから漢代においても、朝に弱い子どもはいたにちがいない。また現代同様に、夜ふかしをしたせいで朝寝坊する子どももいたであろう。[13] しかも、まえにのべたように、庶民は必ずしも儒学の礼儀作法を守る義務はない。かくして実態としては、朝寝坊の子どもは少なくなかったと推測できる。

井戸と河川

官吏や貴族の家では、早くも使用人が動きだしている。かれらは井戸で水を汲《く》むなどの作業をしている。一軒一軒の屋敷に井戸が備わっているところもあれば、[14] ムラごとに井戸を共有しているところもある。[15]

井戸がなければ川辺にゆく。[16] 井戸の構造は、たんに穴を掘っただけのものから、井桁《いげた》の組まれているものまであり、滑車つきの井戸や、鳥獣の像を飾りつけたものもある。

ちなみに当時、「千里《せんり》、井《せい》に唾《だ》せず」とのことわざがあり、「立つ鳥、跡《あと》を濁《にご》さず」の意であった。これは、井戸がムラの中心的存在であったことを前提とすることわざである。それがつねにムラのどまんなかに位置していたかどうかはともかく、人びとはつねにそこにあつまり、文字どおり、井戸端会議をくりひろげていたのである。

ムラの多くは川に面している。川は氾濫することもあって、危険なところであるが、物流経路・下水施設・魚介類の産地としては有益である。たとえば長沙《ちょうさ》郡の臨湘《りんしょう》県城は湘江《しょうこう》に面し、その数百メートル（以下m）四方の県城内には一七〇余の井戸跡がみつかっている。[*17]殷周時代のムラは氾濫原《はんらんげん》（河川が洪水時に氾濫しうる低地の範囲）を避けるようにして、丘陵地帯に設置される傾向があるが、秦漢時代には、すでに水利技術が少しく発達していることから、それにともなってムラは平地に設置される傾向が生じている。[*18]つまり、より川辺に近いところにムラがつくられており、水源確保の点では便利である。

そうとはいえ、水を汲むときにはやはり近くに井戸があったほうがよく、身体に烙印《らくいん》を帯びた家々の奴隷は水を汲むたびに、[*19]井戸で顔をあわせている。分をわきまえた奴隷ならば、ご婦人らの井戸端会議に加わらず、そそくさと水を汲み、主人へ届けたことであろう。

古代人も歯は命——口内衛生と虫歯

主人とその家族は、井戸から汲まれてきた水で顔を洗い、手を洗う。歯みがきはしない。起床時と食後に口をすすぐだけである。[*20]最古の歯ブラシは唐代のもので、それ以前には確認できない。ほぼ同じころ、古代インドの人びとは朝から木ぎれをくりかえし噛《か》み、それを歯ブラシのかわりにしていた。[*21]これを「歯木《しぼく》」や「楊枝《ようじ》」というのであるが、こうしたものは古代中国にはなかった。小さいキリのようなもので歯間のよごれをとることも皆無ではなかったようであるが、それはけっして一般的ではなかった。では、はたして水で口をすすぐだけで、人びとの口内衛生は保てていたのか。

漢代の人びとが日常生活においてもっとも恐れていたのは、ひょっとすると虫歯かもしれない。芸能人でなくとも、歯は命である。ひとたび虫歯となれば、治ることはなく、徐々に歯を侵食してゆく。ヘタをすると、周囲の歯にも魔の手がおよぶ。毎日その痛みに耐えねばならず、それはやがて臨界点を超える。その苦しみをのぞくには、現代であれば、一時的に痛み止めを服用するか、歯を削るか、抜歯をするなどの手がある。

だが当時は、歯を削る技術がなく、現代のように強い麻酔薬もない。例外として後漢末に神医華佗《かだ》が全身麻酔術をおこなったとの伝承があり、[22] 大麻《たいま》による麻酔技術があった可能性もある。[23] 大麻吸引の起源は古く、紀元前一〇〇〇年以前の吐魯番《トルファン》の洋海《ようかい》墓地や加依《かい》墓地では、大麻のタネと葉の粉末がみつかり、儀式や医療で用いられたとされている。[24] その技術が漢代において、すでに中原《ちゅうげん》へ流入していても、なんら不思議はない。だが関連史料は少なく、大麻による麻酔技術が民間医療にじっさいにどの程度浸透していたのかはわからない。ほかに漢代の医書『神農本草経《しんのうほんぞうけい》』には、歯痛をやわらげる手段として、いくつかの生薬が紹介されている。また前近代の中国の医学書には、洗口液・マッサージ・薬草・針治療もみえる。効くかどうかはともかく、これは、当時の人びとが歯痛を気にしていたあかしである。

こうして歯の日常的な手入れが必須となる。

当時の人びとは、しかし既述のとおり、歯ブラシをしない。起床時と毎食後に口をすすぐだけである。後漢時代には「楊枝[*25]」の語もあったが、まえにのべたように、これはおそらく古代インドの歯木のことで、現代日本人がイメージするものとは異なり、しかもそれは中国国内では日常的に用いられていたわけではなかった。すると、ある程度の虫歯は避けようがない。じっさいに、虫歯を意味する「齲《く》」字の起源は殷代にさかのぼり[*26]、虫歯は大昔から人びとを悩ませた。

たとえば、前漢時代の元帝《げんてい》は四〇歳未満ですでに歯も髪も抜けおちていたらしい[*27]。近年発見された漢末の曹操墓からは、六〇歳前後の男性の頭蓋骨が出土し、これまたひどい虫歯である。文献によれば、曹操は長らく頭痛に悩まされていたようで、その原因は虫歯かもしれないといわれている。また近年出土した隋《ずい》の煬帝《ようだい》墓からも二本の歯がみつかり、いずれも虫歯であった。唐代の白居易《はくきょい》や韓愈《かんゆ》といった文人は、わざわざ歯痛の詩さえつくっている[*28]。

ひとたび歯を失えば、食べられるものもかぎられてくる。歯をなくした老人のなかには、女性を乳母として雇い、母乳を飲んだ者もいた[*29]。さもなくば、歯のない老人は飴《あめ》をなめるのも手である[*30]。

このように古代中国の人びとは虫歯に悩まされていたが、白骨遺体やミイラの歯をさらに収集して数えると、虫歯の数は現代日本と比べて多いことは多いものの、桁《けた》違いに多いというわけでもなさそうである。

たとえば、馬王堆漢墓《まおうたい》出土のミイラは、長沙王国丞相の妻であり、身長一五四センチメートル（以下㎝）、重量三四・三㎏である。彼女は五〇歳頃に、冠状動脈疾患・動脈硬化症・多発性胆石症を患い、住血吸虫病に感染し、蟯虫《ぎょうちゅう》や鞭虫《べんちゅう》に苛《さいな》まれながら死んだ。彼女の口のなかをのぞくと、永久歯（親知らずをのぞく二八本）は一六本残っている。[*31] 現代日本の六〇代の女性が平均二一本程度なのと比べれば少ないものの、全部が虫歯というわけではない。

その歯学的理由を考えてみると、そもそも虫歯の原因のひとつにデンプン質がある。現代日本人はコメの粒食《りゅうしょく》（粒《つぶ》のまま食べること）や、コムギの粉食《ふんしょく》（つまり麺《めん》・餅《へい》など）をつうじて粘着性のデンプンを摂取する傾向があり、ここに虫歯の一因がある（粒食と粉食についてはあとでのべる）。だが唐代以前の食生活はそうでない。あとでのべるように、漢代人はおもにアワなどを粒食しており、それほど粘性はない。小麦の粉食もまだ多くはない。すると、ここにかれらの虫歯を抑制していた一因があったのかもしれない。

切実な口臭問題

もちろん、ろくに歯もみがかずに日々を過ごしている以上、口臭もちの人もいる。口臭がひどければ、男・女ともによりつかず、恋愛・結婚・仕事にも支障が出るであろう。それゆえじっさいに戦国秦の「日書《にっしょ》」[*32]という占いの書物には、しばしば口臭問題が取沙汰されている。「○○日に生まれた子どもはきっと口が臭いであろう」、「○○日に結婚した場合、妻はきっと口が臭いであろう」等々。これらはおそらく出産間近の父母、もしくは結婚間近の男性にたいする占いであり、口臭が切実な問題であったことをうかがわせる。

かりに皇帝の側近ともなれば、皇帝がそれを不快に思わぬように、いわゆるブレスケア（杜若《とじゃく》・鶏舌香《けいぜつこう》）を服用しておくほうがよい。[*33]とくに鶏舌香は、かの曹操が天才軍師諸葛亮《しょかつりょう》孔明に贈ったこともある珍品で、「孔明よ、おれのそばでささやいておくれ（アヤシイ意味ではなく、助言を求めている）」という意味の贈り物であろう。[*34]

ただし、カンタンに手に入るものではなかったらしい。たとえば、ある老臣は皇帝から鶏舌香を渡され、口にふくんだところ、たいへんな苦さであった。かれは皇帝から毒薬を賜ったものと誤解し、帰宅後に家族に説明したところ、皇帝の面前でいったいどんなミスを犯したのかとみな大騒ぎした。その後、かれの口からよい匂いがしたので、みな大笑いとなり、その老臣もようやく事態が飲み込めたという。[*35]つまりその老臣は、口が臭かったので、皇帝から鶏舌香を賜わったわけである。どうやらその老臣にとって、その服用ははじめての体験であったようである。

ちなみに、当時の美女のなかには「気は蘭《らん》の若《ごと》し（吐息は蘭の香り）」と評される者もおり、美女もブレスケアを使用していたことがうかがわれる。あとでのべるように、古代中国の恋人同士はキスをするので、エチケットとして必要であったのであろう。

髪型とハゲ

つぎに髪をととのえる。古代中国の人びとは、男も女も髪を結《ゆ》っていた。そのかたちはさまざまだが、毛先を隠す傾向があるのは同じである。この習慣は紀元前千年よりもまえにさかのぼる。かつて殷人《いんひと》は、毛先から魂が抜けてゆくと信じ、毛先を隠さないと死ぬと考えていた。[*36]

春秋時代になると、人びとは身分にあった冠をかぶり、みずからの身分をしめすようになる。それによって人びとの上下関係が可視化され、社会秩序が安定する。かの孔子はそのことを重視した。また男子の通過儀礼のひとつに冠礼《かんれい》があり、成人とともに冠をかぶり、父が教訓を与えることになっていた。結果、知識人や官吏たちは冠をかぶるのが義務になっていた。だが君主のまえでおじぎをするさい、冠を固定するマゲがなければ、冠はポロッと落ちてしまう。こうしてマゲはますます重要になった。一方、周辺諸民族は被髪が多い。被髪とはザンバラ髪で、現代日本人の一般的な髪型（おだんご以外）がそれである。南中国はとく

図2-3●始皇帝陵の兵馬俑の髪型（陝西始皇陵秦俑坑考古発掘隊・秦始皇兵馬俑博物館共編『秦始皇陵兵馬俑』〔平凡社、1983年〕にもとづく）

に被髪が多く、中原と異なる。

髪を結うためには、竹製やタイマイ製の、歯の細かいクシ（批《ひ》）や歯の粗いクシ（梳《そ》）を用いる。髪をまとめて黒の薄絹でつつみ、笄《こうがい》にまきつけて髻《もとどり》とし、ねもとを練絹《ねりぎぬ》（総《そう》）でしばり、あまった練絹をうしろに垂らす。笄には、男女共用のものと、男性専用のものがある。マゲのかたちはさまざまである（図2-3）。また文官は筆を笄がわりにしたり、耳にはさんだり、紫のふくろに入れていることが多かった。

このように官吏にとって髪と冠はたいせつで、髪は長くなければならない。それゆえひんぱんに散髪する

図2-4●ハゲかけた官吏たち（河南省洛陽八里台漢墓出土。Museum of Fine Arts, Boston 所蔵）

ことはなく、専門の美容室はない。かわりに、友人同士で散髪しあった。寄る年波に勝てない男性はカツラ（髢《てい》）をかぶるようになった。漢代の壁画には、官吏同士が交際しているモチーフがみえ、多くがハゲており、カツラなしでがんばる官吏の労苦がしのばれる（図2-4）。現代の男性と同じく、抜け毛は大きな悩みであった。戦国時代には、「洗髪のたびに脱毛があるのを恐れて洗髪をやめれば、さらに抜け毛が増える」とのことわざがあったほどである。

祭冠をかぶるとき

髪型をととのえてから、冠をかぶる。冠は、たんなる審美対象ではなく、着用者の貴賤《きせん》をしめす指標となる。冠には、祭祀用の祭冠《さいかん》と、朝廷《ちょうてい》用の朝冠《ちょうかん》の区別があり、祭冠としては冕冠《べんかん》・長冠《ちょうかん》・

委貌冠《いぼうかん》・皮弁冠《ひべんかん》・爵弁《しゃくべん》・建華冠《けんかかん》・方山冠《ほうざんかん》・巧士冠《こうしかん》といったものが知られている。*37

たとえば冕冠は、日用品ではなく、最重要の祭冠で、皇帝や大臣のみが祭祀のときにかぶった。*38 冕冠のしっかりとした規格と着用ルールが決められたのは、五九年のことである。冕冠は、爵弁から独立して発達したかぶりもので、爵弁のほうはやがて音楽関係の官吏（楽《がく》人《じん》）の祭冠となった。爵弁や冕冠はきめこまかい絹に漆《うるし》をぬって殻《かく》（頭髪をいれる部分）とし、そこに赤黒い上板をのせたものである。

図2-5●冕冠をかぶる後漢の光武帝（伝・閻立本『歴代帝王図巻』。Museum of Fine Arts, Boston 所蔵）

爵弁の後部には、布の切れはし（収《しゅう》）が垂れており、笄とつながっている。冕冠も爵弁も似たようなかたちをしているが、冕冠のほうはまえと後にたまだれ（旒《りゅう》）を垂らすのが特徴的である（図2-5）。皇帝は旒一二本で、長さは肩に達するほどである。大臣たちの旒は前側だけにある。旒の色も身分ごとに異なり、天子は白玉一二旒（一旒一二粒）、三《さん》

図 2-6 ●進賢冠（うぱ氏作画）

公《こう》・諸侯は青玉七旒（一旒九粒）、卿《けい》・大夫《たいふ》は黒玉五旒である。冕冠の左右には長いヒモがあり、耳のあたりに玉がついている。古代日本の冠位十二階制では冠自体の色が身分をしめすが、漢代では旒の本数が重要であった。ただし玉をつなぐヒモは、印を首からさげるためのヒモ（綬《じゅ》）と同じ色でなければならず、色がまったく身分と関係ないというわけでもない。なお冕冠をかぶる祭祀のときは黒の上衣とうす紅色のハカマを着用し、さらに衣服の模様が身分差をしめすものとなる（後述）。

冕冠以外にも、いくつかの祭冠があるが、民の日常生活とは関係がない。むしろ注意すべきは朝冠で、それは朝廷で政務を担うときに、皇帝・官吏がかぶるものである。官吏は出勤時にそれをかぶっており、それゆえ民も朝冠を目にする機会はある。そのなかには皇帝の通《つう》天冠《てんかん》[39]や、諸王の遠遊冠《えんゆうかん》、さらには高官の高山冠《こうざんかん》、文官の進賢冠《しんけんかん》、法官の法冠《ほうかん》、武官の武冠《ぶかん》、宮殿護衛官の卻非冠《げきひかん》、衛士の却敵冠《きゃくてきかん》・樊噲冠《はんかいかん》、天文をつかさどる官吏の術氏冠《じゅつしかん》がある。[40]

そのなかでも、たとえば進賢冠は、三公・諸侯から三老《さんろう》などまで、幅広く文官がかぶった（図2-6）[41]。進賢冠では梁《はり》の本数が、皮冠では玉の色彩数と縫い合わせの違いが身分をしめすなど、身分差におうじてさらに分けられるが、冠の色で身分差をしめす慣習はまだない。[42]

冠には装飾がほどこされることもあり、高潔のあかしたるセミを象《かたど》った黄金製のバッジ（蟬文金璫《せんぶんきんとう》）や、テンの尾（珥貂《じちょう》）をつけた高官もいる。冠のヒモには長短があり、あえて長いヒモをつけるファッションもあった。[*43] ヒモがヨレヨレであったり、長すぎると、やはり恥をかく。

このように冠やそのヒモは、当時の官吏にとっては、オシャレのポイントでもあった。そのため、たとえば劉邦は警察署長（亭長《ていちょう》）であったとき、わざわざ薛《せつ》の冠づくりのところから竹皮の冠をとりよせている。[*44] これはまるで、海外からブランド物をとりよせる現代のオシャレな人びとのようである。古代中国のムラを歩く私たちとしても、せめて冠の作成くらいは相応のデザイナーに頼みたいところである。さもなくば、もし皇帝に拝眉《はいび》の機会が得られたとき、恥をかくことになるであろう。

祭冠や朝冠とはべつに、男性はふつう日常的に幘《さく》をかぶることが多い。額《ひたい》からうしろ向きにつけるハチマキやバンダナのようなもので、形式ばった冠と違い、ほんらい身分の低い者のものであった。緑や青の幘は身分の低い者のもので、それゆえ蒼頭《そうとう》とは奴隷をさす。

だが前漢の元帝《げんてい》は、結髪時に前髪が垂れさがるクセ毛で、それを隠すべく幘を常用し、かくして幘は身分に関係なく愛用されるようになった。また王莽《おうもう》はハゲで、それを隠すために幘に改良を加え、頭頂部に覆いをつけてハゲを隠した。[*45] つまり後漢時代の幘はほとんど帽子《ぼうし》のようなものであり、頭頂部に覆いのない従来の幘は未成年用に特化していった。[*46] のちに幘を着用し、さらに冠を重ねて着用する事例も出てくる。幘とはべつに巾《きん》があり、髻《もとどり》をつつむ布をさす。幘と巾とをどのように使い分けていたかはともかく、ここでは幘を着用してみよう。

第3章　身支度をととのえる――午前七時頃

庶民の服装

服装をととのえよう。当時の人は、はたして起床時に寝巻《ねまき》から普段着に着替えていたのか。それとも普段着のまま寝ていたのか。

罪人や奴隷は一張羅《いっちょうら》しかないことが多かった。なぜなら衣料の支給料はわずかだからである。もちろん奴隷が臭いと主人もこまる。なかには、奴隷をいつくしむ奇特な主人もおり、[*1]そうした主人のもとで働く奴隷は着替えをもっていてもとくにおかしくはない。しかし、官有奴隷や刑徒は、夏にペラペラの麻の長着、冬に綿入れと袴《はかま》が一着ずつ支給される程度であ

図3-1●後漢の農民（四川博物院所蔵明器。模写）

った。[2]かれらは寝巻をもっているわけがない。

庶民も、複数の着替えをもっているとはかぎらない（図3-1）。稼ぎの少ないところでは、子と孫が同じ衣服を着るのはあたりまえ。[3]つまり親子二代で「お古」を着回すのであり、それは兄弟姉妹間でもおこなわれた。このように衣服は庶民にとっても貴重品であったので、やぶれてもすぐに捨てるようなことはせず、おもに家の女性が裁縫《さいほう》をした。少々ほつれたくらいで買い換える余裕などはない。

一方、そこそこ裕福な家ともなれば、当時の詩に「羅襦《らじゅ》（薄絹の肌着）、暁《あかつき》に長《つね》に襞《たた》む[4]」とあるように、寝巻と普段着の両方をもち、起床直後に着替えていたようである。

庶民の普段着には、少なくとも夏服と冬服の区別があり、おもな冬服として袍《ほう》と袴《はかま》があった。袍は、足まで達する長着の綿入れである。成年の男女はさらに袴をはく。それはあたかもワンピースの下に袴をはいているようなものである。夏服は襌《たん》とよばれ、ひとえの衣服であり、[5]現代日本の男物《おとこもの》の浴衣《ゆかた》に近い。

冬服も夏服もだいたい麻でできており、帯《おび》が必要である。刑徒や貧乏人も同じような服装だが、毎日一張羅《いっちょうら》ですごし、適宜ツギハギをした。冬でも褌の者や[6]、安価な麻に少々の綿《わた》を入れたもの（褐《かつ》）[7]を着る者もいたが[8]、冬の寒さがきびしいときには、ぶ厚い綿入れを着るにこしたことはない[9]。「秋風微涼《びりょう》を発し、寒蟬《かんせん》我が側《かたわら》に鳴く」[10]とされる九月頃には、「凜凜《りんりん》として涼風升《のぼ》り、始めて覚《おぼ》ゆ、夏衾《かきん》の単《ひとえ》なるを」などと歌われるように、寒くなれば重ね着もしたほうがよい[11]。

下着をきることはあまりなく、半臂《はんそで》をきる習慣もほとんどなかった[12]。着物にはなんらかの色がついており、その逆に、白は喪服《もふく》で、白服で宮殿に入ろうものなら逮捕された[13]。

以上の麻に加えて、毛織りの頭巾・帯・袴がはやった時期もあったが、なかには毛織物を胡《えびす》の物産として不吉がる者もおり[14]、一般的でなかったことをうかがわせる。もっとも、長着のうえにイヌやヒツジの毛皮をはおることはあり、それは冬によくみられる格好であった。

フンドシ・囚人服・老人の杖

特徴的なのは肉屋・料理人・居酒屋店主・ミュージシャンなどの服装で、フンドシ（犢鼻《とくび》褌《こん》）が多い[15]。かれらは一種の肉体労働者で、よく身体を動かす。そのため暑くなりやすく、肌脱ぎになることが多い。かりに袍《ほう》や襌《たん》をきているときに上半身だけ肌脱ぎになれば、股間がはだけることになりかねない。テキパキ動くためにも、フンドシ一丁がよい。
　また、重い労役を科された刑徒（城旦舂《じょうたんしょう》）は、ふつうの人との差別化が図られており、赤い囚人服を着て、背中に罪名をしるされ、赤い頭巾をかぶらねばならないなどの規定があった。[*16]
　このほかに老人は、杖《つえ》をつくのがふつうである。いちおう礼儀作法としては、五〇歳以上は家のなかで、六〇歳以上は郷里のなかで、七〇歳以上は都などで、八〇歳以上は朝廷内で杖をついてもよいとされていた。また五〇歳で力仕事を、六〇歳で兵役を免除され、七〇歳で朝廷に勤める者は、

図3-2●鳩杖をもつ老人（成都曽家包漢墓出土画像石。成都博物館所蔵）

退出時間をまたずに退出してよく、さまざまな特典が与えられた。[*17]七〇歳以上の者は政府から表彰されることもあり、そのときには特別な杖が賜与された。それは持ち手の部分にハトの飾りがついたもので、鳩杖《きゅうじょう》などとよばれる（図3-2）。なぜハトかはよくわかっておらず、当時の下っぱの役人もくわしくは知らなかったようである。[*18]ひとたび鳩杖を賜与された老人

は、キャリア官吏同然の待遇を与えられ、役所のなかでもゆっくり歩いてよく、かれをなぐった者は国家反逆罪に問われるなど、いくつかの特典を与えられた。

ここで前漢後期の人口統計を例としてみてみよう。山東半島付近の東海郡には、男子七〇万六〇六四人、女子六八万八一三二人がおり、うち六歳以下は二六万二五八八人、八〇歳以上は三万三八七一人、九〇歳以上は一万六七〇人、七〇歳以上の鳩杖受給者は二八二三人であった。つまり鳩杖受給者は老人のなかでもごくわずかであった。[19]

祭服と朝服

つぎに官吏の服装をみてみよう（図3-3）。朝廷で会議がある日であれば、高級官吏はすでに出勤している。マジメな官吏は、明《あ》けの明星《みょうじょう》を仰ぎながら出勤し、宵《よい》の明星を仰ぎながら退勤する日々を送っており[20]、勤務時間は短くない。たとえ会議日でなくとも、マジメな大臣などはすでにこの時間には身支度をととのえて室内に座り、うたた寝をして、馬車や牛車の準備がととのうのをまっていた。[21]

図3-3●官吏の服装（馬王堆漢墓出土。湖南省博物館所蔵）

官吏の衣料をみると、夏に麻を着用している者もいる。たしかに麻は風通しがよいが、庶民も着るので、少々安っぽい感じがある。そのため麻以上に重視されたのが絹である。絹は、蚕《かいこ》がつくりだす繊維である（養蚕業《ようさんぎょう》については後述）。庶民が着ることはめったになく、かりにお金もちであっても、たとえば商人は、身分的に着ることを許されていない。つまり絹の着用は、経済的に余裕のある高級官吏にのみ可能な特権なのである。

なかでも最高品質のものを錦《にしき》といい、緻密《ちみつ》な経糸《たていと》に太い緯糸《よこいと》をとおし、経糸で紋様を描きだす技法によって生みだされたものである。[*22] 素人がすぐにつくりだせるものではない。漢代では襄邑錦《じょうゆうきん》（河南《かなん》産）が有名で、のちに蜀錦《しょくきん》（四川《しせん》産）も人気となる。当時のことわざに「富貴となって故郷に帰らないのは、錦をきて夜道を歩くようなものだ」というのがあり、[*23] 錦はきらびやかな服装の代名詞であった。また、めずらしい紋様の絹は綾《りょう》といい、山東地方のものが有名であった。織り方や紋様によって、綺《き》・羅《ら》・穀《こく》・紗《さ》などとよばれる種類もあった。

官吏の衣服は、祭服《さいふく》（祭祀用の服装）・朝服《ちょうふく》（朝廷参内《さんだい》の服装）・普段着の三つに大別できる。なかでも普段着はさまざまであるが、官吏である以上、ある程度はちゃんとしていなければならない。たとえば帯を締めたとき、あまった帯ヒモはまえに垂《た》らすのがふつうで、まちがえるとダサい。[*24]

図3-4●漢代楽浪郡関連遺跡出土のバックル
（朝鮮民主主義人民共和国平壌出土。『楽浪彩篋冢』〔朝鮮古蹟研究会、1934年〕所収）

また衣服の色や紋様にこだわる官吏もおり、離雲爵《りうんしゃく》・乗風《じょうふう》・豹首《ひょうしゅ》・落莫《らくばく》・兎双鶴《とそうかく》などとよばれる刺繡《ししゅう》の紋様があったらしいが、[*25] 具体的にどのようなデザインかははっきりしない。人びとの衣服の好みには地域差もあり、たとえば戦国時代の秦人《しんひと》はハデなものが嫌いで、ドーナツ型の玉《ぎょく》（玉璧《ぎょくへき》）や腰にさげる玉（玉佩《ぎょくはい》）のほかに、ベルトを身につける程度であった。ベルトには大帯《おおおび》（紳《しん》）と革帯《かわおび》がある。前者は絹製で、腰のまえで結ぶ。後者は北方遊牧民由来のもので、バックル（帯鉤《たいこう》、鉸具《こうぐ》）でとめる（図3-4）。

祭服は、たんに美しいだけでなく、着る者の貴賤をしめす指標となり、細かい規定があった。たとえば重要な国家祭祀を挙行するときには皇帝以下、みな黒色の上衣（玄《げん》衣《い》）と、うす紅色のハカマ（纁裳《くんしょう》）をまとい、身分におうじて玄衣に描かれている紋様（章《しょう》）の数が変化した。たとえば、皇帝は一二章、三公・諸侯は九章、九卿は七章である。皇帝の一二章は、日・月（太陽と月のなかには精霊が描かれる）・星辰《せいしん》・山・龍・華蟲《かちゅう》（複数の獣のハイブリッド）・藻《そう》（藻草《もぐさ》に似た曲線）・火・粉《ふん》・米・黼《ふ》（三角形）・黻《ふつ》（雷文風）をさすらしいが、ともかく庶民には関係のないシロモノである。朝服は、朝廷に参内《さんだい》する官吏がまとうもので、かれらの出勤時に庶民が目にすることもある。朝服も身分によってさまざまである。高官は深紅《しんく》の袴《はかま》とクツ、黒袍を身につけており、その格好は皇帝の朝服とあまり変わらない。たとえば前漢の文帝《ぶんてい》なども、紋様のない厚絹の黒衣を身にまとい、なめし革におおわれた木刀を佩《お》びていた。*26

文官はさらに笏《こつ》を手にもつ。笏とは木製の平べったい棒で、もともとは君主の命令をその場ですぐにメモするための書写材料であったが、のちに形式的に手にもつだけとなる。また耳に筆をのせ、*27 適宜それらを筆記用具や書写材料として用いた。*28

一部の官吏は、色のついた特別なヒモ（綬《じゅ》）を首からさげており、その先端に官印を結び、腰に帯びたふくろにそのまま入れていた。*29 これがいわゆる印綬《いんじゅ》である。官吏は必ずしも全員が印綬をもっていたわけではなく、なかには綬だけを首からさげている者や、官印だけをもつ者もおり、印も綬ももたぬ官吏もいた。

官吏のなかには儒者《じゅしゃ》もいる。かれらは頭でっかちのガリ勉が多く、礼儀作法にことさらうるさく、田舎のムラでは面倒がられ、へんくつとされながら、それでも一目置かれる存在であった。かれらは、わきの下がダラリと垂れた衣裳（逢掖《ほうえき》、縫掖《ほうえき》）を着て、まるい冠（章甫《しょうほ》冠《かん》）をかぶり、笏をもち、先端にヒモのついた四角いクツ（絇屨《くく》、絇履《くり》）をはき、佩玦《はいぎょく》を腰に帯び、腰帯（紳《しん》）を締め、帯剣せずに歩く。[*30]

官吏の多くは、決められた制服のなかで精一杯オシャレをする。そのようすは、現代日本の女子中高生とあまりかわらない。しかし、なかにはとびぬけて豪華な服もあり、たとえば毛皮（裘《きゅう》）は高級品である。祭祀時に、皇帝は子羊の黒い毛皮（大裘《たいきゅう》）、諸侯は黒羊と白狐の毛皮のつなぎ（黼裘《ほきゅう》）をまとい、衛士はトラやオオカミの皮を着用した。最高級品として狐白裘《こはくきゅう》もあり、シベリア産銀狐《ぎんぎつね》の毛皮でできているものもあれば、キツネの腋毛《わきげ》ばかりをあつめてつくった稀少品もある。庶民も厳冬には毛皮をまとうことがあるが、せいぜい犬《けん》裘《きゅう》や羊裘《ようきゅう》が許される程度である。[*31]いずれにせよ、キツネの毛皮を身にまとい、熊皮の敷物に座り、室内に火を焚《た》いているような者にとっては、衣服もクツもやぶれているような庶民の暮らしは理解できまい。[*32]

女性の容貌と身体

つぎに女性のようすをみると、農婦は化粧どころではない。農繁期には、種まきやら収穫やらで炎天下にさらされ、汗を流しながら働く。ごくまれに行商人をみつけては、なけなしのお金をはたいて白粉《おしろい》（フェイスパウダー）などを購入するが、日焼けのため、なかなか肌になじまない。都会のファッションにあこがれを抱きながら、しかたなく今日も田畑へ向かう。この光景は二〇世紀まで延々つづき、魯迅《ろじん》の小説『阿Q正伝《あきゅうせいでん》』にも、都市から品物をもってかえってきた主人公のもとに、農婦らが殺到する光景が描かれている。

なかには例外もあり、伝説の美女羅敷《らふ》は、緑の綾絹《あやぎぬ》をスカート（裾《きょ》）、紫の綾絹をチョッキ（襦《じゅ》）とし、オシャレな格好で桑摘《くわつ》みをしていたとか。*33 しかし、それがふつうの農婦にも似合うかは意見の分かれるところであろう。男装の貴婦人を好む王もおり、*34 好みは人それぞれである。

お化粧をしているのは、上流階級のお嬢さまである。美女といえば鄭《てい》、衛《えい》、そして燕《えん》、趙《ちょう》の地方が有名で、都市単位では潁川《えいせん》・新市《しんし》・河間《かかん》・観津《かんしん》も知られている。*35 要するに、黄河中下流域がよいということになる。実態はともかく、現代日本の「秋田美人」のように、イメージとしてその地域の女性は美人だと語りつがれていたのであろう。

彼女らはファッションにこだわり、髪型や化粧の仕方、そして体型の維持に敏感である。ここで『琱玉集《ちょうぎょくしゅう》』『列女伝《れつじょでん》』『玉台新詠《ぎょくだいしんえい》』といった史料を参考にしながら、美人とブサイクの基準をみてみよう。とくに『琱玉集』は「美人」と「醜人」をはっきりと区別しており、ここでいう「美人」と「ブサイク」はその訳語であって、ほかの意図はないことを申しそえておく。

美人は、涼しげな目（明眸《めいぼう》）・白い歯（皓歯《こうし》）・白い腕（皓腕《こうわん》）・細いウエスト（柳腰《りゅうよう》・繊腰《せんよう》・

楚腰《そよう》・ツルツルの肌（玉体《ぎょくたい》）・なだらかで細い眉毛（蛾眉《がび》）・赤いくちびる（朱脣《しゅしん》・丹脣《たんしん》）・細い指（細指《さいし》）などと形容され、それらをバランスよく備えるのがよい。[*36] その美しさは「桃《もも》・李《すもも》の若《ごと》し」「朱顔《しゅがん》」「妖にして且《か》つ閑《かん》なり」などとも評されるものである。要するに「ほっそり色白で、頰《ほほ》がほんのりピンクな美人」がよいのである。

一方、ブサイクは「木鎚《きづち》頭」「しかめっら」「きめ粗い肌」「色黒」「O脚」「細い首」「突きでた額《ひたい》」「顎《あご》なし」「鳩胸《はとむね》」「なで肩」「肌かさかさ」「虫歯」「鼻高すぎ」「髪の毛少ない」などと形容されている。するとその逆に、足がまっすぐであることや、ゆたかな黒髪をもつことも、さきほどの美人の条件に加えてよかろう。現代と異なり、美女の目が二重《ふたえ》かどうかは記録がないものの、漢代の字書の『説文解字《せつもんかいじ》』をみると、大きい目を意味する字が五つもあり、関連字も多く、目のかたちが軽視されていたとは思えない。少なくとも目力《めぢから》（精《せい》）はあったほうがよい。

お嬢さまは努力をかかさない。当時のことばに「女は己《おのれ》を説《よろこ》ぶ者の為《ため》に容《よう》す」[*37]とあるように、彼氏や夫の要望に応えようと必死である。それでもふりむかぬ殿方《とのがた》には、「わたしが髪に油をぬったり、髪をしっかり洗っているのは、あなたのためなのよ」とグチをいいたくもなる。[*38] 戦国時代には、スマートな女性を好む王のため、ダイエットを重ねて死にいたる女性もいた。[*39] もちろん、女の価値はルックスだけで決まるものではないが、[*40]「女は顔が命」と放言する殿方がいたのも事実である。[*41]

女性の匂いと髪型

また、体臭にも気をつけたほうがよい。女性のなかには、芳香《ほうこう》のする者もおれば、腋臭《わきが》の者もいた。後者は慍羝《おんてい》・腋気《えきき》・胡臭《こしゅう》・狐臭《こしゅう》などとよばれた。蓼《たで》食う虫も好き好きで、腋臭の者を好む者もいるとはいえ、[*42]その例はほとんどない。ともかく私たちは、蘭や杜若《かきつばた》の油を香水がわりにつけておくことにしよう。中菽《しんしゅく》や杜茝《とさい》といった香草を用いてもよいけれども、それらが現存するどの植物にあたるのかはよくわかっていない。[*43]蘭の煙に衣服をくぐらせれば、衣服の香りづけもできる。夜には室内に明かりをともし、そこに蘭の油をまぜておけば、部屋にはさらに香りがひろがる。

つぎに女性の髪をみてみよう。当時の女性は一五歳で笄《こうがい》をさすといわれ、[*44]たいへん長く、美しい黒髪をしている。さすがに生まれて一度も髪を切らない人はいないが、床屋や美容室はない。宮廷内では宮女が貴人の髪を切る。[*45]一般家庭では、家族や使用人が切る。

女性はさらに長髪をカンザシやピンでとめる。時代ごとにはやりの髪型があり、後漢時代の長安では数十cmの高さに盛るのがはやった。[*46]西晋時代には、髪を結って環にしたところを絹でたばねるのが宮中ではやり、民間へ伝わった。[*47]前漢の上元夫人は三角髻《さんかくきつ》、[*48]後漢の明《めい》徳《とく》皇后は四隅《よすみ》を盛った大髻《だいきつ》にするなど、[*49]特徴的な髪型もあった。

都会の髪型は最先端のファッションとみなされやすく、地方に誇張されて伝わることもある。たとえば後漢の長安城で髪を高く盛ること（高髻《こうきつ》）がはやると、周辺地域では高さ一尺に達する髪型が登場し、長安で太眉（広眉《こうび》）がはやると、周辺ではおでこの半分に達する眉毛が登場したとか。[*50]ゆたかな髪は美の象徴で、ウィッグやエクステ（髲《ひ》・髢《てい》・義髻《ぎけい》）で髪を増やす女性も多かった。馬王堆前漢墓の女性ミイラの頭髪も、染色や脱色はないものの、本物の毛髪にカツラを加えている。いわゆる襟足《えりあし》ウィッグのたぐいである（図3-5）。[*51]逆に、貧乏な女性は、みずからの髪を売って生計を立てており、これがウィッグやエクステの材料となった。[*52]毛髪は漆黒《しっこく》が好まれる。ストレスは白髪の増加と関係するので、[*53]なるたけリラックスして生きたいものである。

図3-5●かつら（馬王堆漢墓出土。湖南省博物館所蔵）

化粧をする女性

このように、都市部のお嬢さまにとっては、美はとことん追求すべきものであり、そのためには化粧もたいへん重要なものであった。当時、化粧は朝起きてすぐおこなうのがふつうであり、そのため朝粧《ちょうしょう》ともよばれた。戦国時代に「毛嬙《もうしょう》や西施《せいし》といった美女を称《たた》えたところで、みずからが美人になるわけではないが、リップ・フェイスパウダー・アイブロウがあれば、二倍は美人になれる」といったことわざがあるように、化粧は女性の美貌を向上させる近道であった。[*54]

そのやり方にかんしては、漢代においては、涙を流したかのような化粧をし、愁《うれ》いを抱いているような眉毛で、かぶいた髪型にし、くねくね歩き（折腰歩《せつようふ》）をし、歯痛に悩むかのようにほほえんでおけば、どんな殿方もイチコロである。[*55] わざと眉をしかめるのも一興《いっきょう》である。かつて伝説的な美女西施《せいし》は、胸を病み、眉をしかめたことがあり、そのようすはえもいわれぬ美しさであったという。もっとも、ある田舎のブサイクがそれをマネしたところ、あまりのブサイクぶりに、金もちは門を閉ざし、貧乏人は一目散に逃走したとか。[*56] これが「顰《ひそ》みに倣《なら》う」という故事成語の由来である。媚態《びたい》というのはむずかしいものである。

つぎにもう少し具体的に化粧のようすをみてみよう。

まず眉毛《まゆげ》は、カイコの触角に似たかたち（峨眉）が好まれる。[*57] 毛抜きで眉毛をととのえ、アイブロウ（黛《たい》）を入れる。[*58]「南都《なんと》の石黛《せきたい》」というブランド品が著名である。[*59] 眉毛のかたちにも流行があり、まえにのべたように、おでこの半分に達する眉毛（半額《はんがく》）がブームになった時代もある。[*60] もちろんみなが同じ化粧をしているとはかぎらない。

図 3-6 ●漆塗りの化粧箱と櫛（安徽省天長市祝澗村漢墓出土。湖南省博物館所蔵）

フェイスパウダーには鉛製・水銀製・米粉製があり、とくに鉛製は胡粉《こふん》とよばれた[*61]。それをぬっても、歌舞伎役者のように真っ白になるわけではなく、むしろムラなく透明感のある白さに仕上がるらしい[*62]。さっそく絹製パフを用いてぬってみよう。もし化粧のせいで肌荒れをおこしても、小皰《にきび》をつぶそうとすればかえって悪化するかもしれず、この点は昔から注意が払われていた[*63]。

化粧箱（奩《れん》）から小さな手鏡をとりだし、布でこすって汚れをとり、みずからの顔を眺める（図3-6）。わざとエクボをつける化粧もある[*64]。化粧をするときには、夫がそれを手伝うこともあり、単身赴任中の夫が妻に「僕が帰宅したら眉毛を描いてあげる」という詩歌を送っている例もある。だが、さすがにイチャイチャがすぎて、まわりから陰口をたたかれかねないので注意が必要である[*65]。

漆塗りの化粧箱には、香料の山椒《さんしょう》がぎっしりこめられており、そのなかに化粧道具が入れられ、どの化粧道具もいい香りがする。戦国時代の貴族の墓（荊州《けいしゅう》市の包山《ほうざん》二号墓）から出土した化粧箱には、山椒とともに方形銅鏡（辺一一㎝）と円形銅鏡（径一五㎝）、そして骨製のカンザシ二点、二枚貝一対、ファンデ用の絹製パフがおさめられており、どうやら当時は男性貴族も化粧をしたらしい。二枚貝には、グロスと、ルージュの口紅が入っている。[*66] 口紅は、あかね草（紅藍花《こうらんか》）を原材料とする臙脂《えんじ》で、代表的なブランド品は北地《ほくち》郡（甘粛《かんしゅく》省東部）産である。[*67]

アクセサリもつけ、カガミでチェック

最後にアクセサリを身につける。当時の男女は、南中国発祥ともいわれるピアス（珥《じ》）をあけていた。[*68] 四川省の山奥には鼻ピアスをする者もいた。[*69] 男性の耳飾りは充耳《じゅうじ》ともよばれ、その起源は春秋時代にさかのぼる。[*70] ただしその一方で、戦国時代の王の側女《そばめ》は爪を切らず、ピアスの穴もあけなかった。[*71] どうやらピアスの穴については、あけてもよい女性と、そうでない女性がいたようである。あたかも現代の女子高生のうちに、それぞれの校則におうじて、ピアスをあけてよい者と、それを禁じられた者がいるのと同じである。

また漢代にはあまりオシャレで指輪をつける人はいなかったといわれているが、[*72] じつは女

性の明器《めいき》（墓に入れる土人形）には指輪をしたものが多く、使用例がないわけではない（図3-7）。ただし婚約指輪や結婚指輪の習慣はない。

さらに化粧箱の中身をみると、紋様入りのガラスだま（蜻蛉玉《とんぼだま》）も入っており、オシャレな人はそれを身につけていたらしい。ガラスは珪酸《けいさん》を主成分とし、ゼロからつくりだすには約一二〇〇～一五〇〇度の高温が必要であるが、再加工には約八〇〇度があればよく、戦国時代以前には西方伝来のガラスを再加工するので精一杯であった。[*73] 漢代には半透明のガラス

図3-7●カガミをもつ女性（成都市郫県宋家林後漢磚墓出土陶持鏡俑。四川博物院所蔵）

窓や、琉璃杯も登場するが、いずれにせよ稀少品である。

このほかにも、女性のアクセサリにはかわいいものが多かった。四世紀頃には、金・銀・象牙《ぞうげ》・角・鼈甲《べっこう》などで武器（斧《ふ》・鉞《えつ》・戈《か》・戟《げき》）を摸したカンザシやアクセサリがはやったが、[*74]それ以外はかわいらしいものが長く好まれたようである。

以上で身支度はほぼ終わりである。カガミをみながら最終チェックをしよう。[*75]漢代以前には金属の大盆に水を張って、その水面をカガミ（鑑《かん》）としたが、漢代には徐々に銅鏡《どうきょう》が主流となる。鏡台《きょうだい》も手鏡《てかがみ》もある。四世紀の下級官吏墓では、銅鏡と木櫛《きぐし》が出土し、老人男性も銅鏡と櫛を用いていたとわかる。また化粧用の鏡には手鏡と、スタンドに立てかけるものがある。さらに前漢墓からは全身をうつすドレッサーのような鏡も出土している。

女性の化粧鏡には銘文があり、恋愛をめぐる女性の心情をしるしたものがある。とくに前漢時代には、じっさいには自由恋愛の気風が残されていたため（後述）、そのころの銅鏡には「長くつきあった彼女を捨て、新しく若い彼女を娶《めと》るのはダメだ」などの警句がほどこされている。一方、後漢時代の銘文になると、一夫一婦の和《わ》がより強調されている。直径一三cmの手鏡はだいたい三〇〇銭くらいであり、それならば下級官吏でも十分に購入可能なシロモノであった。ここでは最後に、鏡をみながらみずからのファッションをチェックし、そのうえで外に出ることにしよう（図3-7）。

第4章　朝食をとる──午前八時頃

食事の回数

そろそろ朝食を準備する時間である。ほんらいの朝食の時間はもう少し遅く、午前九時前後が「食時《しょくじ》」とよばれる。[*1] ただし当時は、「終朝《しゅうちょう》（食時）までに朝食をとらねば、イライラして食事のことばかり考えてしまう」といわれることもあり、[*2]「食時」までに朝食をとるのが一般的であり、その少しまえに食べてもよい。むしろ、太陽がカンカンに照る時間帯に外で働くのはたいへんで、農作業は早朝がよく、当時の農民がそれを知らぬはずはないので、働きやすい九時頃にかれらがのんびり朝食をとるとは思えない。そこでここでは、午前八時頃に朝食をとることをめざして、今から準備をしておこう。
ちなみに、春秋時代の晋の平公《へいこう》は、毎日「朝食」と「暮食《ぼしょく》」をとった。[3] 前漢の高祖劉邦も朝と夕に食事をとった。[4] ただし漢が安定すると、帝室関係者は三〜四回の食事をとる日も増えたようである。
たとえば淮南王劉長《りゅうちょう》は謀反をくわだてて左遷されたが、特別に一日三回の食事を許されている。[5] よってほかの王侯も一日三回、もしくはそれ以上の食事をとったとみてよい。また後漢時代の書物によれば、王は一日四回、諸侯は三回、卿《けい》・大夫《たいふ》は二回の食事をとるらしい。[6]
すると、庶民の食事はより質素なはずであるから、せいぜい一日二回前後であろう。束晳《そくせき》(二六四〜三〇三年頃)の詩にも「夕食は香り高く、朝食はさわやかにととのえる」とある。[7]
そのため、朝食があまりに早いと、夕方までにお腹がすく。もっとも、二〇日間で九回しか食事をとらない貧乏人もおり、[8] これがギリギリのラインであろう。なお前漢の武帝は、政変によって世が乱れた責任を感じ、みずから一日の食事を一回に減らしていたことがあるが、これはあくまでも例外である。[9]

だれが料理をつくるのか

厨房《ちゅうぼう》(厨《ちゅう》)をみると、プロの料理人はおもに男性であった。[10] 漢代の墓に残されたレリー

図 4-1 ●料理をする女性（嘉峪関新城魏晋５号墓出土画像磚。甘粛省博物館所蔵。俄軍・鄭炳林・高国祥主編『甘肅出土魏晋唐墓壁画』〔蘭州大学出版社、2009 年〕所収）

フ（画像石《がぞうせき》）にみえる料理人も男性が多い。さらに、ここで『周礼《しゅらい》』をみてみよう。『周礼』は、周王室や戦国時代の制度をあつめ、それを漢代に、儒家の政治的理想によって潤色《じゅんしょく》した書物とされる。そこに配膳係（膳夫《ぜんぷ》）・包丁もち（包人《ほうじん》）・煮方《にかた》（烹人《ほうじん》）・肉料理人（獣師《じゅうし》）・栄養士（食医《しょくい》）・ソムリエ（酒正《しゅせい》）・調味料係（塩人《えんじん》）などの官吏の名がみえ、プロの料理人が細かく分かれており、現代日本の料理人が花板《はないた》・立板《たていた》・煮方・焼方《やきかた》などに分類できるのと似ている。そこにみえる制度が実在したか否かはともかく、プロの料理人に男性が多く、漢代の高級料理人は仕事別に細かくポジションが分けられていたとはいえそうである。

かれら料理人は、調理場の熱気にあてられ、ときどき外に出て涼んでいる。[*11] 暑いときには氷を食べる者もいたであろう。[*12] ムラには氷室《ひむろ》があり、冬のうちに川や池の氷を入れておき、その氷は食物の保存などにも用いた。[*13]

一方、一般家庭の厨房では、女性が大忙しである（図4－1）[*14]。南北朝時代になると、北朝でアウトドア派、南朝でインドア派の女性が増え、必ずしも家にこもって家事にいそしむ女性ばかりではなくなったようであるが、「衣食の準備は女性」との観念はそのあともつづいている。[*15] ともかく古代をつうじて、妻のために家庭で料理をする夫はまれである。[*16] 妻は井戸水を用い、カマドに藁《わら》と薪《たきぎ》を入れ、太陽光で火をおこすための凹面鏡（陽燧《ようすい》）や火打石《ひうちいし》によって火をおこす。

食卓をみてみよう。貧富の格差がはげしい時代なので、「一般家庭の食卓」を想像するのはむずかしいが、少なからぬ食卓に穀物・野菜・塩くらいはならんでいる。

主食の準備

もう少し具体的に当時のレシピをみてみよう。まず穀物からみてみる。「主食といえば穀物。穀物といえばコメ。コメといえば水田栽培。コメ以外は雑穀」とする見方は、少なくとも古代の華北にはあてはまらない。黄河流域の主食といえばアワが多く、少し上等なものとしてキビがあり、オオムギも食べられていた（図4－2）。どの穀物をおいしいと感じるかは人それぞれであるが、たとえば後漢時代の王充《おうじゅう》は、キビが一番、イネが二番で、ムギやマメはいまいちだと考えていた。[17]

イネ・アワ・キビ・オオムギはおもに粒食《りゅうしょく》の対象で、[18]煮てから蒸し、粒のまま食べた。これは現代中国の撈飯《ラオファン》という食べ方で、煮汁とともにビタミンやタンパク質を流し捨てることになるので、あまり栄養豊富でない。庶民はそれとネギの葉を食べる程度である。[19]アワなどは粉食もされた。粉食とは、穀物を粉状にして水を加え、練ってから餅《もち》や麺《めん》などにする食べ方である。その例として、ラーメン（煮餅《しゃへい》）やすいとん（水溲餅《すいそうへい》）が知られている。

図 4-2 ●山西省のアワ（2017 年 9 月筆者撮影）

　じっさいに青海省民和《みんわ》県の喇家《らっか》遺跡からは、紀元前二〇〇〇年頃のアワ麺がみつかっている。[20]西周の文王も、秦の始皇帝も、項羽と劉邦も、そして三国時代の劉備・諸葛亮・曹操らも、ふだんから麺を食べていておかしくはないのである。

　一方、コムギがどれほど食べられたかは疑問である。コムギは、粒のままでも食べられなくはないが、外皮が固く、胚乳部はやわらかく、しかも外皮が胚乳部にめりこんでいる部分もあるため、胚乳部のかたちをたもったまま外皮だけをとりのぞくのはむずかしい。そのため、棒

図4-3●漢代の石うす（居延地方K710出土碾磑。2006年9月筆者撮影）

でたたいて脱穀をしたのちに、外皮と胚乳部をわけることなくそのまま畜力や水力を用いたうす（碾磑《てんがい》）でひき、粉にして食べるほうがよい。それは、脱穀・精白《せいはく》に用いられる垂直運動の臼《つきうす》・碓《ふみうす》でなく、水平運動の礱《すりうす》・磨《ひきうす》のたぐいである。通説では、そうした碾磑の普及とコムギの粉食は唐代になってはじめてさかんになったといわれるが、[21]じっさいにはそうではなく、コムギの粉食化は漢代にさかのぼるとする論者もいる。[22]

じじつ、漢代の遺跡からは、水平運動のうすの遺物もみつかっている（図4-3）。後漢時代の童謡《どうよう》にも「コムギは青々としているが、オオムギは枯《か》れている。収穫する者は嫁《よめ》や姑《しゅうとめ》ばかり。なぜなら男はみな西へ戦争に出かけたから[23]」とある。よって、漢代にコムギがまったく食べられていなかったとは考えにくい。ただしその普及度は過大視できない。ちなみに、三世紀頃には平べったい丸パン（胡餅《こへい》）がはやり、イースト菌を入れて発酵させる技術も確立し、七世紀のトルファン地方では餃子《ぎょうざ》も食べられている。要するに、コムギの粉食は漢代から唐代にかけて、ゆっくりと増えていったとみるのが穏当であろう。

長江以南ではコメが食べられている。コメはインディカとジャポニカ（さらに熱帯ジャポニカと温帯ジャポニカ）に大別される。ここでいうジャポニカとは、長江中下流域が原産といわれており、漢代の長江流域でも食べられていた。インディカとは、細長くパサパサしたコメで、現在ではインドカレー屋などでよく目にするものである。厳密には「ネバネバのインディカ」や「パサパサのジャポニカ」もあるものの、東アジアの人びとにとっては古来あまり口にする機会はなかった。長江流域のジャポニカはとくにアミロースが豊富で、日本のネバネバしたコメに近い。

コメを食べるには、水で炊飯する必要があり、青銅器や土器の甑《そう》を用いる。甑は一風変わった壺状の器物で、釜《かま》のうえにのせてつかうものである。まず下の壺のかたちをした釜に水をいれ、それを煮沸する。そのうえに甑をのせる。甑の底部にはプツプツと穴があいており、そこに布きれをしき、そのうえに穀物を入れる。すると徐々に下から湯気がのぼり、穀物が蒸されるしくみである。甑で炊いた穀物を饙《ふん》といい、パラッとした強飯《こわめし》のようなものである。

図 4-4 ●カマドの明器（湖北省荊州市謝家橋 1 号漢墓出土。写真は荊州市博物館副館長楊開勇氏提供）

より水分をふくんだものを餾《りゅう》という。そうして準備された穀物を乾《かわ》かしておき、客人がきたときにお湯を加えておかゆにして出すこともある。それは現在のインスタント食品に近い。

キッチン

調理場をみると、カマドがある（図4-4）。カマドは「竈《そう》」と書く。漢代では、キッチン台のうえにポカリと穴があり、そこに釜や甑を設置するのがふつうである。[*25] これは釜甑《ふそう》形式とよばれ、三国時代以前に主流であった。行軍中の軍隊においても、釜と甑による炊飯がおこなわれており、[*26] それが欠かせぬ主食であったことを物語る。

このようにカマドは煮炊きに必須の道具であり、多くの家には備わっていたため、そこから火が三日間あがらなければ貧乏のあかしとされた。[*27] これは、一日や二日の断食は当時の人びとにとって十分ありえたことをしめすが、それはともかく、これより当時の家々では、食事のときにカマドの煙をもくもくとさせていたとわかる。その逆に、一部の地域では真冬に一ヶ月間も火の使用を禁じる習慣があり、温かい料理を食べられず、暖炉がわりのカマドも使えないので、凍死する者が多かったとか。[*28] 家々の煙突から煙が立っているかどうかは、まことに家の人びとの生死をしめすものであったのである。煙突は家屋の屋根から出ており、しばしばツバメやスズメが巣をつくっている。[*29]

キッチン台にはいくつかのタイプがある。たとえば、カマド全体が四角形で、調理人の立つ側と、火をくべるための穴が同一辺上にあるタイプや、一辺に料理人が立ち、左辺や右辺に焚口側と煙突があるタイプがあり、漢代には前者から後者への移行が起こりつつあった。[*30]

前者では、調理者がみずから火力を調整できる点が便利であるが、その反面、足もとに火があって、少し危ない。後者では、調理人が火力調整のためにいちいち左右に移動せねばならず、もしくは調理担当と火力担当がべつべつに必要となるので、やや面倒であるが、そのぶん調理器具は操作しやすい。

庶民のオカズ

食事には糖質やタンパク質が欠かせない。糖質は生命維持に必要なエネルギー源で、フルーツやハチミツから摂取できるほか、穀物にデンプンのかたちでふくまれている。デンプンは長期保存しうる点で貴重である。一方、タンパク質は保存が困難である。だが、なかにはダイズのように保存しやすいものもあり、漢代においては北中国でよく食べられた。[*31]

だが、ほかの高タンパク質食材は保存しにくく、乾燥・脱水・発酵・加熱・冷蔵・冷凍・燻蒸《くんじょう》・密閉などをつうじて、鮮度を維持する技術が欠かせない。また、人が生きていくには、ほかにもさまざまな栄養分が必要である。かくしてオカズが必要となる。

オカズの主役といえば、なんといっても野菜である。安価な野菜といえば、ネギ・韭《にら》(アサツキやノビルもふくむか。以下、ニラ)・黄巻《もやし》がある。[*32] 漢代の詩歌に「出世したからといって、もとからの妻を捨ててはいけない。魚や肉が安くなったからといって、ネギやニラを捨ててはいけない。麻が安くなったからといって、菅《すげ》や蒯《かや》を捨ててはいけない」とあるように、貧民の多くはスゲやカヤを身にまといながら、ネギやニラを食べていたようである。ニラは鶏卵とともにニラ玉にするのが一般的である。

ニラ・ネギ・モヤシのほかに、たとえば長安では、秦の貴族召平《しょうへい》が植えはじめた東陵瓜《とうりょうか》が評判であった。[*33] 瓜は旧暦八月頃に皮をはぎ、漬物にしてから食べる。[*34] ほかにもあかざの葉

（藜）やダイズの葉（藿）などが安価な食材として知られる。[35] また飢饉《ききん》時には、桑の実・蒲《ほ》（植物の一種）・ノマメ・カタツムリ・タニシなども食べられた。[36]

　このようにいくつかの野菜が人気を博す一方で、牛肉をふだんからオカズとして食べる庶民はほとんどいなかった。それは牛肉が口に合わないからではなく、ウシが貴重であり、かつ農作業に役立つからである。戦国秦漢時代には、耕牛殺しを禁じる政策もあり、かってに牛肉を食べた民は天罰を受けるともいわれた。[37] そのため、牛肉はせいぜい祭祀時にふるまわれる程度で、さもなくばイヌの肉などでガマンするほかはない。

　羊肉串《ヤンロウチュアン》も、現代中国においては格安であるものの、漢代においてはすぐに手に入るとはかぎらない。[38] 下級官吏でさえ毎日乾飯《ほしいい》と野菜を食べ、[39] 公務出張中に駅舎でも穀物・調味料・野菜スープ（ニラ、ネギ）がふるまわれるにすぎないので、[40] ともかく肉はなかなかに高価であったとみられる。

　このほかに沿海部や河川流域では、貧富を問わず、魚がよく食べられ、生の刺身が出るところもあった。[41] 内陸部にも魚好きはおり、たとえば戦国時代の魯の大臣公儀休《こうぎきゅう》が有名である。そうしたニーズに応えるべく、魚の養殖もおこなわれた。[42] しかし魚は、あくまでも地域限定の食材であった。そこでここでは、もっともポピュラーな野菜を食べることにしよう。

　野菜の調理方法としては、まずスープ（羹《あつもの》）が挙げられる。スープは典型的な家庭料理で、具が多めなのでフランス料理のポトフに近く、庶民の家でも食べられたようである。大人になってからも母のつくってくれたスープの味を忘れられぬ者もおり、[*43] 現代日本人にとっての味噌汁《みそしる》にあたる。そのほかにもレシピはいろいろと知られていたが、上流階級が青銅製調理器具を用いるのとは異なり、庶民は土器や瓦器《がき》で調理をするため、油と火力を要する炒めものや揚げものはムリであり、[*44] 庶民の調理方法にはいちじるしい制約があった。

上流階級のオカズ

以上の庶民料理とは対照的に、上流階級の者は、家畜類ではウシ・ヒツジ・ブタ・ウマ・シカ・イヌ・ウサギ、鳥類ではニワトリ・キジ・カモ・ウズラ・スズメ・ガン・ハクチョウ・ツル、魚類はコイ・フナ・桂魚《けいぎょ》などを食べた。とくに子牛・子羊・幼鳥などのやわらかい肉が好まれ、春には蕃殖《はんしょく》期のガチョウを、秋には若鶏を、冬には温室栽培のアオイやニラを食べるなど、季節ごとに豪華絢爛《ごうかけんらん》をきわめた。[*45] 戦国時代の王のなかには、熊の掌《てのひら》や、ニワトリの足を好む者もいた。コイの洗い、子もちエビの吸い物、炙《あぶ》りスッポンなどの選択肢もある。[*46]

金もちのなかには、食材の育成からこだわるグルメもいた。なかでも、人間の母乳で育てたブタを食べる者がおり、さすがにやりすぎだと批難されている。[*47] もっとも、現代においても、たとえばイベリコ豚にドングリをたっぷりと食べさせ、おいしい生ハムにするやり方が知られており、飼料をつうじて食材の味をよくしようとしている点で、発想自体は似たところがある。おいしいのだからやむをえまい。筆者もイベリコ豚の生ハムは大好物である。

ともかく、あまりに豪華な食事をとると庶民に妬《ねた》まれるので、当時の政治家も質素にふるまうことが望ましい。またよいものを食べすぎると、肥満・痛風・糖尿病になりかねず、それを危険視する声はすでにあり、強い酒と脂の乗った肉は健康によくないと認識されていた。[*48]

上流階級の人びとは肉類も存分に食べる。調理法としては、味つけした乾肉（熬《ごう》）、肉入りスープ（羹）、肉入り野菜スープ（濯《たく》）、生肉の刺身（膾《なます》）、焼肉（炙《しゃ》）・煮こみ（濡《じゅ》）などがある。スープは麴《こうじ》・塩・酒などをベースとし、あとは具材としてなにを入れるかにおうじて献立が異なり、醢羹《かいこう》（刻んだ乾肉）、白羹《はくこう》（米粉《こめこ》と肉）、巾羹《きんこう》（せりと肉）、葑羹《ふうこう》（かぶらの葉と肉）、苦羹《くこう》（苦菜と肉）の五つが主流である。ほかにも穀物と肉をいっしょに調理することもあり、たとえばウシ・ヒツジ・ブタの肉を小さく等分し、モチ米二・肉一の割合でまぜて炙ったものを糝《さん》という。

肉の串焼きも金もちがよく食べたもので、料理人が肉を木串に刺し、桑炭《そうたん》（上等な炭）を使って炙る。[*49]肉の部位も細かく識別されており、たとえば馬王堆《まおうたい》一号漢墓の副葬品リスト（遣策《けんさく》）をみると、現代と同じように、ロース、バラ肉、みすじ、レバー、ガツ、センマイ、タン、ハツなどの区別があって、べつべつに副葬されていておもしろい。

上流階級が用いる調味料もヴァリエーションに富んでいる。たとえばサトウキビの汁（拓《たく》漿《しょう》）は調味料として重んじられ、後漢時代には飲料ともされた。サトウキビ自体は古代でも齧《かじ》るのがふつうで、拓漿はとくに手のこんだ調味料や飲料とみなされていた。[*50] 当時はまだ砂糖がないので、サトウキビは甘味料としてもっとも重要であった。このほかに、たとえば熊の掌を食べるときには、芍薬《しゃくやく》の根をまぜた醬《しょう》を用いた。

醬は、当時もっともポピュラーな調味料のひとつで、マメ、肉、もしくは魚に、塩・麴・香辛料を加えてつくるものである。そこにさらに、砕いた乾肉に塩・アワ麴・酒を加え、甕《かめ》に密閉して百日間置いた調味料（醢《かい》）をまぜて使うことも多い。マメに塩を入れて暗室で寝かせた調味料（豉《じ》）も人気である。[*51] 香辛料には薑《しょうが》・椒《さんしょう》[*52]・肉桂（桂《けい》）・蘘荷《みょうが》・薤《らっきょう》・木蘭《もくらん》があり、前漢中期以降には西域からニンニク（大蒜《だいそう》）も伝わり、中国固有種のニンニク（小《しょう》蒜《そう》）とともに、肉料理で使われた。[*53] 一般家庭で食べられることもあるナツメの一種（羊棗《ようそう》）も、口の中をさっぱりさせるのによい。トウガラシはなく、豆腐も未登場なので、麻婆《マーボー》豆腐はまだ存在しない。中国古代料理は、今の中華料理とはまったく異なるものだと考えておいたほうがよい。いずれにせよ当時の人びとも認識しているとおり、強烈な味つけ・強い香辛料・濃厚な酒は身体に悪いので、[*54] ここでは薄味の料理を食べることにしよう。

上流階級の食卓には、ほかにも珍味がならぶ。たとえば後漢末に丞相の曹操は、北方産のヨーグルト（酪《らく》）を入手し、臣下におすそわけをしている。[*55] 東晋時代には丞相の王導《おうどう》が訪問客に酪をふるまっており、酪は南にも伝来している。[*56] 北魏《ほくぎ》時代の『斉民要術《せいみんようじゅつ》』という書物には、乾燥チーズ（乾酪《けんらく》）やバターオイル（酥《そ》）などの乳製品の製造法まで書かれている。[*57] そのころには北方遊牧民が華北になだれこんでおり、それにともなって北方の食文化も流入したようである。乳製品は牧畜民にとって最重要の食品で、[*58] その影響とみられる。長江流域のナレズシ（鮓）や、菱《ひし》の実、菖蒲《しょうぶ》の和え物なども、華北に珍味として伝わっていた可能性がある。[*59] ただしこれらの珍味は、あくまでも上流階級の口に入るだけであって、庶民にはかかわりのないものであった。

食器の種類と使い方

さっそく食事をしよう。どのような食器があり、それらをどう使えばよいのか。[*60] 上流階級は青銅器や漆塗りの木器を、庶民は木器・竹器《ちくき》・土器・瓦器《がき》を用いた。食事にはハシ（箸）・スプーン（匕《ひ》）・フォーク（畢《ひつ》）を使った。フォークはナイフ（刀）やスプーンとも併用されるが、秦漢時代以後にすたれていった。フォークは肉などに用いるが、使用する機会も少なく、ハシのほうが便利なので、徐々に淘汰《とうた》されていったわけである。

ハシは漢代に多用され、青銅製や竹製が多く、市場で購入可能である。*61 先秦時代の遺跡をみると、骨・青銅・象牙製のハシが多く出土し、だいたい円柱形で、長さ二五㎝前後、直径二〜三ミリメートル（以下㎜）であり、スープ（羹）の野菜をとるときなどに使われた。技巧の凝らされたハシもあり、漆塗りや透し彫りもあった。*62 ご飯を食べるときにはスプーンを用いる。茶わん（甌《おう》）はもちあげて食べる。*63

食器はそれほど豪華でないほうがよい。ひとたび象牙のハシを使おうものなら、きっと素焼きの皿では合わないと感じるようになり、サイのツノや玉製の盃を用いるようになる。そのなかには旄牛《ぼうぎゅう》や象《ぞう》の肉、豹《ひょう》の内臓を盛るようになり、さらには豪華な屋敷に暮らし、絹織物の衣服を身にまとうことを欲するようになる。*64 このように、人間の欲とは際限のないものなので、食器もほどほどにしておいたほうがよい。

座り方と席次の作法

食事のときは着席する。古代中国の座り方としては、いわゆる正座（坐《ざ》）や、膝立ち（跪《き》）、体育座り（蹲踞《そんきょ》）、両足をまえに投げだした座り方（箕踞《ききょ》）があり、*65 とくに食事中は正座が一般的である。現代日本において蹲踞といえば、ヒザを曲げて開き、かつ爪先立ちになった姿勢をさし、剣道をやる者にとってはなじみのある座り方であるが、古代中国の蹲踞はいわゆ

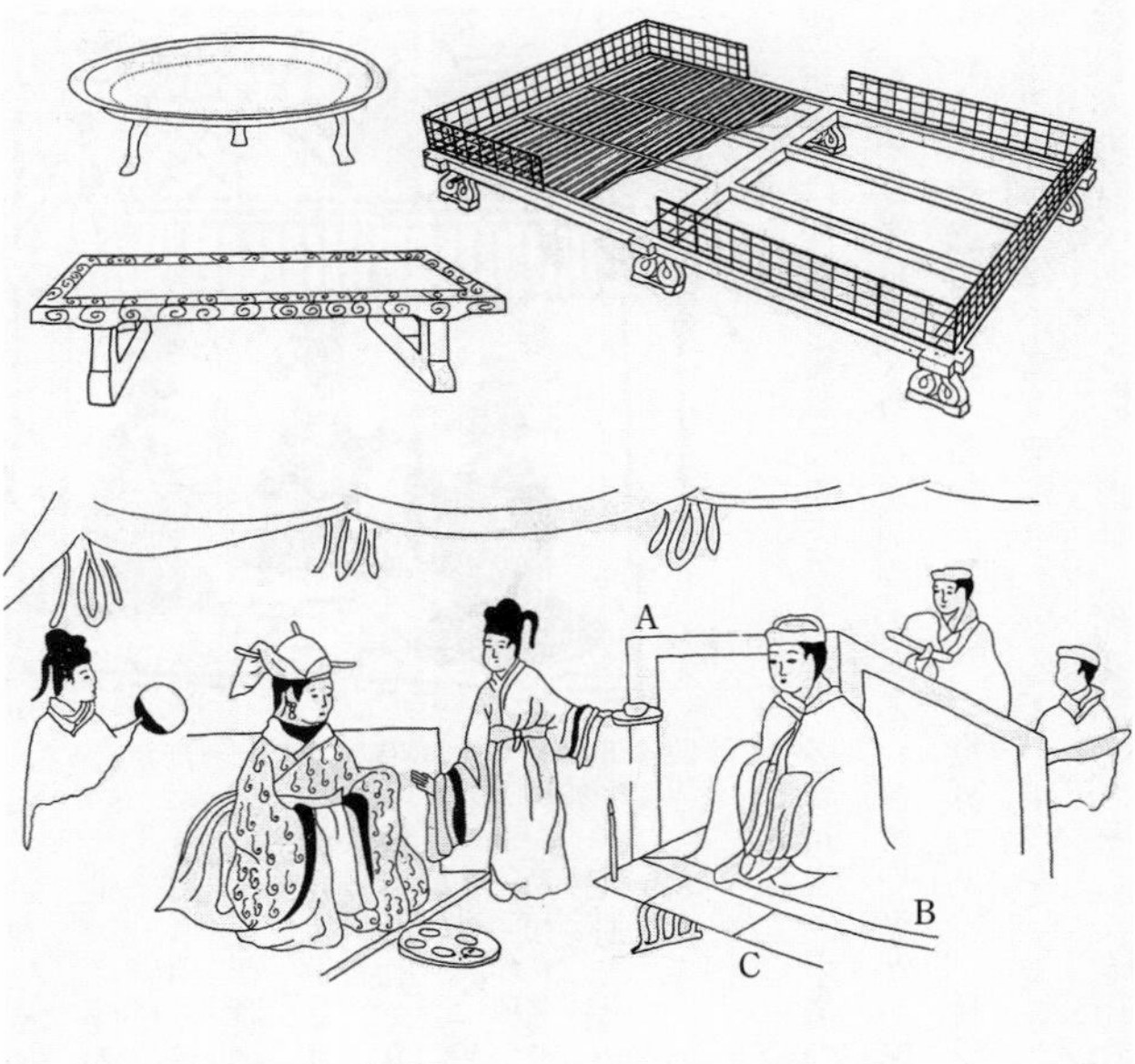

図 4-5 ●銅案（広東省広州出土。左上）、漆案（河南省信陽出土。左）、木牀（河南省信陽出土、右上）、屏風（A）・榻（B）・案（C）（遼寧省遼陽漢墓壁画。下）（いずれも模写）

る体育座りに近く、しかも無礼な座り方だといわれており、まったく別物なので、注意をせねばならない。目上の人と同席するときは、古代中国においても膝を崩すのはダメで、ずっと正座をしているに越したことはなく、足のしびれに悩むことになる[*66]。

　もっとも、後漢末にはイス（胡床《こしょう》）が西域から伝来し、胡坐《あぐら》もかくようになる。それ以前にも、なにかに腰かける者はおり、たとえば高祖劉邦は酈食其《れきいき》や英布《えいふ》と

図 4-6●共案（四川新都馬家出土画像石拓本。四川博物院所蔵）

会ったとき、牀《しょう》に腰かけていた。[67] 牀は長方形の低い台座のようなもので、睡眠時には寝台としても用いられることがあった（図4-5）。

だが牀に腰かけることは、あまり礼儀正しいとはいえず、イス伝来以降も無礼とみなされつづけた。[68] 正座をするときは、ひとりなら枰《ひょう》（板《はん》独坐《どくざ》）という台座に座る。複数人なら幅八〇cm程度の榻《とう》や、さらに大きい台座に座る。こうした牀や榻は木製であることが多く、ふだんは壁にたてかけておく。[69]

人びとは榻や牀のうえに敷物（席）をしいて座る。席は何枚も重ねることもある。後漢時代に皇帝のまえでディベートがおこなわれたさい、ある学者はすぐれた意見をのべるたびに皇帝から席を賜り、八枚も九枚も重ねて座ったという。[70] まるでテレビ番組「笑点」の世界である。貧乏な家々には席さえなく、榻などに直接座るが、冬はあまりに寒々しいので、羊皮をしくこともあった。[71] 親孝行の羅《ら》威《い》は、寒い日にはやむなくみずからの身体で席を温め、そこに老母を座らせたとか。[72] その逆に、裕福な家

図 4-7 ●分餐（四川中江塔梁子出土壁画。四川省文物考古研究所・徳陽市文物考古研究所・中江県文物保護管理所編著『江塔梁子崖墓』〔文物出版社、2008 年〕所収。模写）

では、季節におうじていろいろな敷物が用いられた。ちなみに、皇帝からの勅書《ちょくしょ》が届いたときは、たとえ食事中でも敷物を立って拝命せねばならなかった。[*73]

着席すると、目のまえの几《き》に配膳がなされる。几は案《あん》ともよばれる。それは、テーブルとされるほか、着席時にそこにつっぷしたり、左右に置いて肘《ひじ》置きにするタイプもあり、伏几《ふくき》（唐代の夾膝《きょうしつ》）とよばれた。[*74]

ここであらためて席の位置も確認しておこう。豪華な屋敷ともなれば、食事をする席のうしろには屏風《びょうぶ》がある。漢代には、みなでテーブルを囲んでとる食事（共案《きょうあん》）と、個々人が個別のテーブルでとる食事（分餐《ぶんさん》）があり、正式な場では分餐、ムラの祭祀で共同飲食するときや、フランクな宴会では共案が多い（図4-6、図4-7）[*75]。

席次には細かいルールがあった。まずエライ人と向き合って正式に食事をするときには、テーブルをはさんで北が上座、南が下座である。家人《かじん》の礼（内向きのフランクな礼儀作法）にもとづいて食卓を囲むときには、低身分者・年少者・弟子・宴会主催者が東、高身分者・年長者・師、賓客が西に座る。四人で宴席を囲むときは上座から順に、西・北・南・東に座る[*76]。ならんで飲食をするときは、右側が上座である[*77]。

食べすぎに注意

朝食の準備がととのった。まえにのべたように、庶民は一日二食が基本。朝食をすませたあとは、午後三時頃までガマンである。奴隷をみると、基本的に午前と午後の食事量は同じだが、重労働をする刑徒などは午前食が多めである[*78]。

貴族の食事は朝から豪華である。ある成金《なりきん》は、朝から「腹一杯だ」とばかり、腹鼓《はらつづみ》を打っており、そうした所作《しょさ》は今も昔も変わらない[*79]。ただし家臣が皇帝のまえで食事するときは腹八分目がよい。かつて中山孝王《ちゅうざんこうおう》は父親成帝《せいてい》のまえで食事をとったとき、満腹まで食べたあげく、起ちあがったときに靴下のヒモが解けたため、成帝はかれを無能とみなした[*80]。目上の者のまえではあまりがっつかず、身だしなみをととのえておくのが穏当である。

だれかの家に寄食しているときには、しっかり空気も読まねばならない。もし朝起きて食事がなければ、とっとと出ていけという意味。[*81] もし主人が釜の底をこすって音を立てれば、それは食事が尽きたので帰れという意味。[*82] どれも婉曲的な表現であるが、察するのがオトナである。こういうやりとりは、現代日本では京都の方がくわしそうである。

なお、家で老人や子といっしょに食事をとるときには、よく見守っていたほうがよい。およそ老人は孫をたいへんにかわいがるもので、食べ物があればすぐにやってしまうからである。[*83] ともかく、貧乏人にとって食費はバカにならず、浪費は避けねばならない。一昔まえの中国でもみなが飢え、「吃飯了嗎《チーファンラマ》」（ご飯は食べたか）が日常的な挨拶表現であった。古代も同様で、「努力して餐飯《さんはん》を加えよ」（どうぞお身体をたいせつに）という挨拶表現がある。[*84]

室内ではクツを脱いでいたか

室内をみわたしてみよう。現代日本ではクツを脱いで和室に入るのが一般的であるが、欧米や中国では室内でもクツを脱がないことが多い。では、古代中国はどちらか。

戦国時代に、ある人が列子《れっし》の家を訪ねると、来客のクツが戸外に満ちていたので、北を向いたまましばらく考え、帰ろうとした。来客のひとりがそれを列子に告げると、列子はクツを手にもち、はだしで飛びだし、門のそばでかれに追いついたという。[85] これによれば、列子の家は南側に門があり、中庭をとおって北側に屋敷があった。そして来客はその手前でクツを脱ぎ、室内でははだしであったようである。

　また戦国時代に老子が旅籠《はたご》に泊ったとき、訪問客の楊朱《ようしゅ》や陽子居《ようしきょ》はクツを戸外で脱ぎ、戸内で膝行《しっこう》して老子に近づき、教えを請うた。[86] このように自宅でも旅籠でも、戸ではクツを脱ぐのが一般的であった。夜の孤独に苛《さいな》まれて寝つけぬ女性が「履《くつ》を躡《ふ》み起《た》ちて戸を出《い》づ」[87]、「衣を攬《と》りて長帯を曳《ひ》き、屣履《しり》して高堂を下《くだ》る」[88]との詩歌もあり、みなクツをはいて外出している。[89] さらに秦の公子胡亥《こがい》は兄弟らと始皇帝に謁見し、食事を賜って退出するさい、階段下にならぶクツをみて、とくにりっぱなクツを踏みにじったと伝わる。[90] それが史実かどうかはともかく、宮殿内にもクツを脱ぐべきところと、そうでないところがあったようである。

　予想外の来客があったときに、はだしのまま家を飛びだすという例は、後世の文献にも散見し、「室内＝はだし」は通時的な慣習であったとみられる。[91] だからこそ漢代の礼儀作法では、部屋の外に二足のクツがあるときに、なかから応答の声が聞こえたら入室してよく、声がなくば入室してはならないとされた。[92] そのとき部屋には、最低でもふたりの人がいるはずで、声がしなければとりこみ中の可能性が高く、邪魔をすることになりかねないからである。

クツをはいて外に出よう

ともあれ外出まえに、いよいよクツをはこう。私たちはまだ自宅の部屋さえ出ていない。漢代には、麻製のワラジなどもあるが、ふつうは麻製のクツをはくものである。現代のクツは、足の甲の部分をヒモで結ぶタイプが多く、しっかり設計されているので、クツは脱げにくい。だが当時のクツは設計がいまいちで、兵士のように動きまわる者は、靴底からヒモをまわしてクツを足にくくりつけておくと安心である。

人びとは、寸法も測らずにクツをはいていたわけではなく、事前に足のサイズを測り、市場でぴったりのクツを買う。クツの売り場でサイズを測ることもできた。[*93] もしクツヒモが解けたら、みずからクツヒモを結ぶ。だが朝廷内で君主のクツヒモがほどけたときには、臣下がそれを結んであげることが多い。[*94]

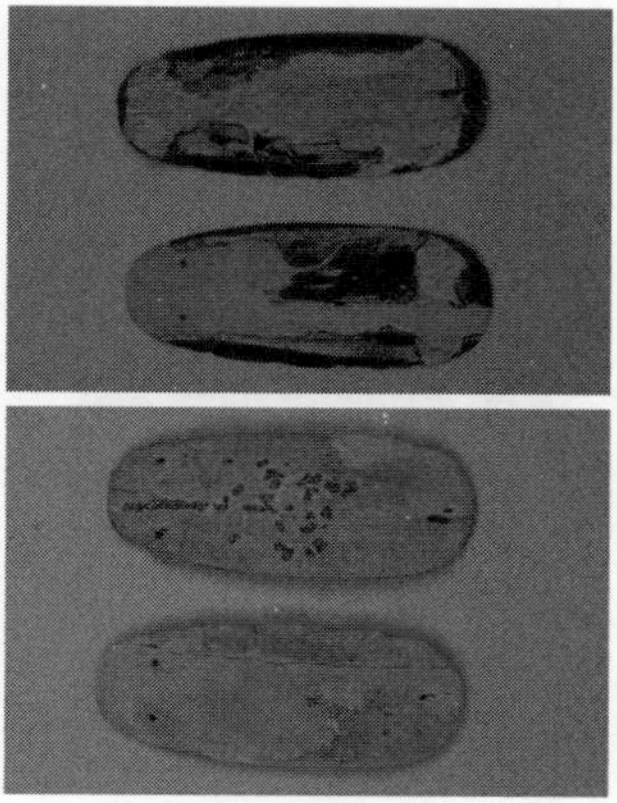
図4-8 ●三国時代のぞうり（安徽省馬鞍山市朱然家族墓地博物館所蔵）

どのクツもはき慣れたものである。当時の人も、クツを最初にはくときにはしばらく歩いてみて、はき慣れる必要がある。さもないとクツずれする。だから当時の人も新しいクツを購入したときは、まず試し履きをし、足に合ったものかどうかを確認する。これを試履《しり》という。

麻製のクツはきわめて安価で、なくなっても買い換えればよく、人から借りるほどのものではない。だからそれは不《ふ》借《しゃく》ともよばれた。官吏には部署ごとにクツが支給された。[95] クツの種類はさまざまで、儀式用の上等な絹のクツや、厚底クツ（舄《せき》）、女性用厚底（踠下《えんか》）、クツとワラジの中間（鞋《かい》）、ぬかるみ対応のゲタ（屐《げき》）、身分の低い者のクツ（屩《きゃく》）[96]、下駄《げた》、ぞうりなどがある（図4-8、4-9）。中じき（絞《こう》）や襪《くつした》もあるため、クツずれも防げる。クツのつま先は、婦人用が丸く、男子用が四角いのがふつうである。[97] クツのなかでも、刺繍つきの絹製は豪華で、戦国時代にはそれを理由なくはくことは禁じられていた。[98]

図4-9●漆塗りの厚底の革ぐつ（平壌名勝旧蹟保存会『楽浪彩篋塚』〔便利堂、1936年〕所収。長さ27.6cm、高さ13.5cm）

あとは適宜、きゃはん（邪福《じゃふく》、行縢《こうとう》）や手袋を準備すれば、遠くに旅することもできる。かりにいくつも衣服をもっているなら、余った衣服は衣桁《いこう》にかけておき、ほかはたたんでしまっておこう。[99]

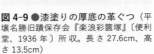

第5章　ムラや都市を歩く――午前九時頃

四合院のかたち

外出の準備をすませたら、いよいよ部屋から出てみよう。

中原地域の建物は、いわゆる四合院《しごういん》のかたちが主流であった（図5-1）[*1]。四合院とは、中《なか》庭《にわ》をとりかこむようにして細長い建物が四角形に配置されているもので、その歴史は現代までつづいている。それは、中国の代表的かつ特徴的な建築様式であり、歴代の一般住宅・宮殿・役所・廟《びょう》の多くもそのかたちをしている。

四合院の門は南に向けて開かれていることが多く、人びとはそこを出入りすることになる。

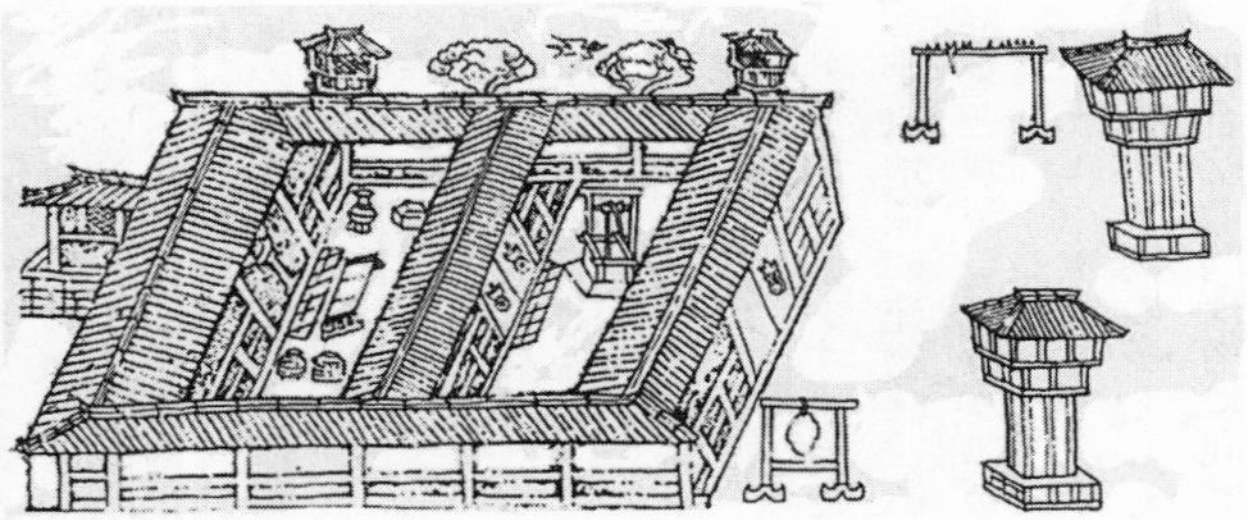

図 5-1 ●漢代四合院建築の画像石（南京博物院・山東省文物管理処合編『沂南古画像石墓発掘報告』〔文化部文物管理局、1956 年〕所収。模写）

四壁は防御機能をもち、ドロボウをふくむ外敵の侵攻を防ぐことができる。春先に黄砂《こうさ》の舞う地域では、四壁は防砂機能をも果たしていた。

ともかく部屋を出ると、さっそく目のまえには中庭《なかにわ》がひろがる。まずはそのなかをじっくり観察してみたい。

四合院にとって中庭は、なくてはならないものである。中庭にはしょっちゅう人があつまっている。中庭があるおかげで、屋敷全体の風通しがよくなり、建物のなかには日光もとりこみやすい。だから中庭では洗濯を干すこともできる。中庭には天井がなく、そこから空を眺《なが》めることができ、当時の人びとは天につうじる場所だと考えていた。それゆえ宮殿や宗廟《そうびょう》の中庭に鳥が飛来すると、しばしば吉《きっ》祥《しょう》や天譴《てんけん》のあらわれだと噂《うわさ》されることもあった。

中庭は祖先神とつながりうるところだともいわれ、春秋時代以前には、親族が亡くなると、中庭にそのなきがらを少しのあいだ埋葬することもあった。中庭にはふつう排水溝（煩壌《はんじょう》）があり、雨水やゴミがたまると外に吐き出されるしくみになっていた。中庭は聖なる場所でもあるので、いつも水を流してきれいにしておいたほうがよい。

四合院のなかは、井戸の神、トイレの神、カマドの神など、さまざまな神がいると信じられていた。そもそも漢代の人びとは多神教的な考え方をもっており、それは日本の八百万《やおよろず》の神にたいする信仰に近い。あたかも宮崎駿監督の映画『もののけ姫』や『千《せん》と千尋《ちひろ》の神隠し』の世界のように、人びとは自然神と祖先神を信じており、神さまはそこかしこに宿っているものと考えていた。でも残念なことに、心の汚れている筆者にはもうその姿をみることはできない。中庭にはふつう井戸や炊事場もある。中庭に立ってまわりをみわたすと、四方には建物があり、それらはいくつかの区画に分けられており、いくつかの家族（戸《こ》）がべつべつに暮らしている。

住民は、まったくの赤の他人同士というわけではなく、だいたいは親戚であった。つまり四合院は、二世帯住宅や親族同居のかたちをとっているわけである。

ひとつひとつの戸をのぞいてみると、一堂二内《いちどうにだい》や一宇二内《いちうにだい》であることが多い。両者が同じものかはいまいちよくわからないが、少なくとも一宇二内は、ひとつの宇（建物）のなかにふたつの内《だい》（部屋）があるという意味である。*2 人びとが寝起きをする建物は寝《しん》とよばれ、近くにトイレがついているものもあり、中庭の左右には車庫・家畜小屋・炊事場・倉庫などがあることもある。[*3]

建物のヴァリエーション

四合院のかたちにもいくつかのタイプがあり、地域差もある。[*4] たとえば、中央に楼閣《ろうかく》のあるタイプや、四方に監視台のあるタイプ、高い壁や建物に囲まれたタイプ、南門と前庭を「冂」字に囲むタイプ、中庭がふたつある「日」字形のタイプなどである。

漢代よりもまえから建築占い（のちの風水）があり、[*5] それによって建物の配置は決められた。現代の日本でも、いわくつきの物件にたいしてお祓《はら》いをする人や、風水を信じて部屋の内装を変える人がおり、そうした信心深い人は今も昔もあまり変わらない。

住居の壁は、版築《はんちく》、日干《ひぼし》レンガ（土坯《どひ》）、石積《いしづみ》、もしくは焼成《しょうせい》レンガ（磚《せん》）による（図5-2、5-3）。版築は、板わくのなかに土を入れ、木棒で上からドンドンと突きかため、土がカチカチになったところで板わくをはずす手法のことで、それによってつくられた壁をもさす。古代中国では、もっともポピュラーな手法であり、現代中国の農村ではいまだに版築で家がつくられている。レンガは舗装《ほそう》にも用いられ、空洞レンガ（空心磚《くうしんせん》）や細型レンガ（小条磚《じょうせん》）もあり、とくに前漢末からは小条磚が好まれた。一方、細型レンガの縦・横・厚さはだいたい四：二：一であり、そうした規格化や積みあげ技術の向上にともなって、筒形建

図 5-2 ●日干レンガによる漢の狼火台（張掖市東部。2015 年 9 月筆者撮影）

図 5-3 ●石積による秦の長城（呼和浩特市付近。2012 年 9 月筆者撮影）

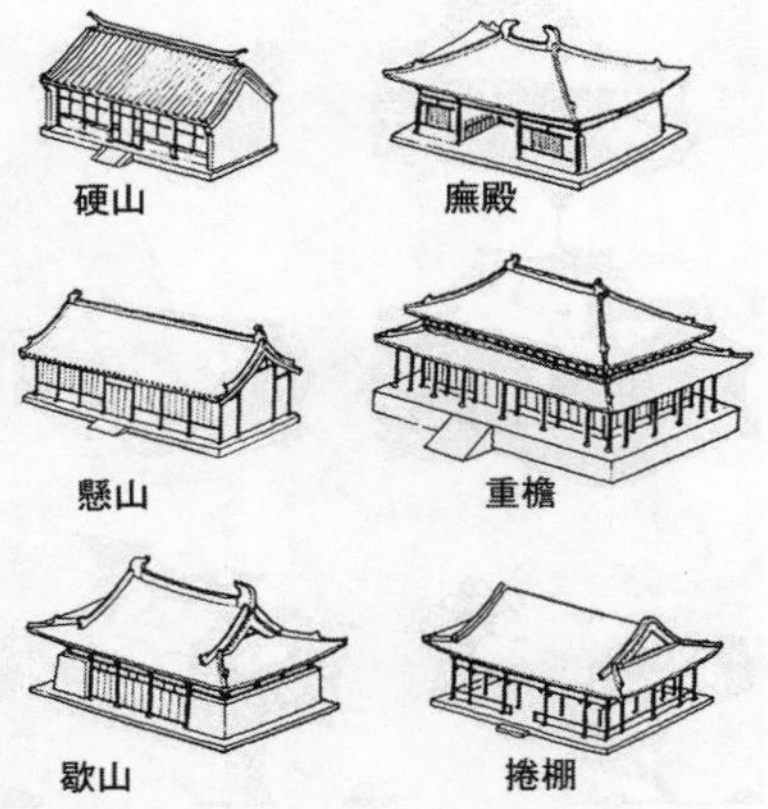

図5-4●漢代の屋根のかたち

築物やドーム状建築物もそれによってつくられるにいたっている。壁には石灰の漆喰《しっくい》がぬられ、貝殻《かいがら》を焼いてつくった貝灰《かいばい》がまぜられることもあり、白く輝いている。[6] そこに太陽光が射しこむと、あたりの景色はかなり明るくなる。

屋根のかたちもさまざまで、そこにすむ人びとの身分におうじて変化し、漢代にはとくに懸《けん》山頂《ざんちょう》という形式がはやった（図5-4）。[7] つくりたての住居は、まだ土が濡《ぬ》れたままで、椽《たるき》は生であるため、屋根が少し浮いたようになっている。しばらくすると土の重みで椽がしなり、どっしりしたかまえになる。[8] そばを歩くときには、強風によって屋根瓦が飛んでくることもあるので、注意して歩いたほうがよい。[9]

漢代には、四合院だけでなく、穴のなかにすむ者もおり、中原地域や四川の山岳地帯などによくみられる。[10] たとえば黄土台地の側面に穴をあけて暮らすいわゆる窰洞《ヤオトン》などが、それにあたる。貧乏な人たちのなかには、ヨモギで葺《ふ》いたあばら家に暮らす者もいる。[11]

図5-5●漢代明器よりみた建築様式（広州市文物管理委員会・広州市博物館・中国社会科学院考古研究所編『広州漢墓』〔文物出版社、1981年〕にもとづく）

また南中国では、いわゆる高床式《たかゆかしき》（干闌式《かんらんしき》）の建築もさかんである。[12] でもそれは、干闌式がほんらい低湿地帯や水上につくるのに向いており、結果的にジメジメした南中国に多くつくられているということであって、必ずしも国家などが「北方＝竪穴《たてあな》」「南方＝高床」というふうに決めていたわけではない（図5-5）[13]。

いずれにせよ建物にはいろいろなかたちがあり、時代差や地域差もあった。その建築資材や、建築手法にも多様性があった。四合院はそのなかでもとくに有名であったということになる。

ニワトリ・イヌ・ネコとふれあう

いよいよ四合院から外に出てみよう。当時、日中になっても部屋にひきこもっている人がいれば、訪問客は「病気ですか」と声をかけることもあった。それは、日中に外出しているのが常識であったためである。[14] つまり当時は、「ひきこもり」にやさしくない社会であり、私たちもできるだけ昼間には外出したほうがよい。

さっそく中庭をとおって南門に向かい、長さ一二cmくらいのカギ

図5-6●ほうきをもつ者（敦煌仏爺廟湾墓M133出土。敦煌市博物館所蔵）

で扉を開けて、四合院の外に出てみよう。[*15] 道にはすでに少なからぬ人びとがいる。十字路では少年らが闘鶏《とうけい》を楽しんでおり、そばには箒《ほうき》をもって掃除中の男性がいる（図5-6）。かれは貴人の邸宅に勤めているらしい。[*16] 朝から歌をうたっている男性がいるかとおもえば、にぎやかなかけ声とともに穀物をついている女性もいる。[*17]

家々ではニワトリやイヌが飼われている。ニワトリは時を告げ、卵を産む有益な存在である。ハトやフクロウをカゴに入れて飼う家もある。[*18]

イヌは、古代でも人間の伴侶《はんりょ》として大活躍した（図5-7）。周知のとおり、イヌはオオカミなどと異なり、飼い主の表情を読みとり、ともに遊ぶことさえできる存在である。そして、かれらは飼い主に似た性格をもってゆくものであり、それほどまでに人間としっかりした関係を築くことのできる動物であった。[*19]

当時のイヌは、猟犬（田犬《でんけん》）や番犬（守犬《しゅけん》）として重宝され、そのなかに牧羊犬はいない。[*20]

山東半島の漢墓から『相狗経《そうくけい》』（猟犬の鑑定方法にかんする書物）が出土するなど、漢代の人びとはイヌの鑑定にも古くから注意を払っていた。戦国時代にはすでにイヌの鑑定士がおり、イヌにシカやイノシシを逐《お》わせるだけでなく、時にはネズミを狩るのにも用いた。*21漢代にはイヌによる賭けごとや、闘犬《とうけん》もおこなわれた。ほかにもイヌは、ウマなどとともに、狩猟に用いられることもあれば、レースに起用されることもあった。*22つまり、広い意味での競犬や競馬のたぐいである。歴代皇帝のみならず、後漢末にはまだ無名の劉備などが競馬にはまっていたことが知られる。

図 5-7 ●首輪をつけたイヌの漢代明器（四川博物院所蔵）

番犬にはそれぞれ名前があり、首や足にヒモがつけられている。[*23] 飼育中のウシに名前をつける者もおり、黒《クロ》などとよばれている例がある。[*24] どうやら当時の家畜は、その身体的特徴をふまえて命名されていたらしい。ほかにも盤瓠《ばんこ》という名の伝説的なイヌの子孫が蛮夷《ばんい》になったとの伝承もあり、[*25] 家畜に名をつける習慣の起源はずいぶん古いようである。

ここで番犬をみると、さっそくワンワンほえている。だが番犬も、たんにほえればよいわけではない。[*26] たとえば酒屋で番犬を飼うにしても、あまりに客にほえかかるようでは、客足が遠のいてしまう。[*27]

なかには忠犬もおり、三国時代の呉の丞相諸葛恪《しょかつかく》の故事はおもしろい。諸葛恪がある朝、朝廷に向かうさい、飼犬が諸葛恪の着物をくわえてはなさなかった。それでも諸葛恪がムリに朝廷に向かったところ、かれは宮殿のなかで暗殺されたとか。[*28]

道ばたにはネコもおり、家狸《かり》・狸奴《りど》・狸狌《りせい》などとよばれ、ネズミを捕らえるのに役にたった。[*29]「狸」という漢字は、いまの日本ではタヌキをさすが、昔の中国ではネコをさしていたのである。ネズミ取りのうまいネコは一〇〇銭前後で取引されるほど重宝された。[*30] すでに新石器時代には、リビアヤマネコを主として家畜化がすすみ、ベンガルヤマネコも家畜化されていたようである。[*31] 秦漢時代には、長生きしたネコは化けると信じられており、ネコの社会風俗上の位置づけは日本と似ている。[*32]

ここでムラをみわたすと、人びとのなかにはカラスを飼う者さえいた。カラスは、下あごを切ると、人に頼らねば食事がとれなくなり、従順になる。人びとはそのようにしてカラスを飼った。[*33] いくらなんでもひどい話であり、今なら動物愛護団体に怒られてもおかしくはないであろう。

ちなみに、太古には夷隷《いれい》（鳥語の通訳）や貉隷《らくれい》（獣語の通訳）という官職もあったらしいが、じっさいにどうやって勤務していたかはわからない。ほかにも公冶長《こうやちょう》・介葛盧《かいかつろ》・詹何《せんか》・管輅《かんろ》といった人びとは、鳥獣や家畜のことばを理解できたといわれている。こうした伝説は話半分に聞いておくのがよいであろう。

道の名前とゴミのゆくえ

大都市のなかでは、縦横無尽に道が走っている。門や道（少なくともその一部）にはそれぞれ名前がつけられていた。前漢長安城内の道や門には、たとえば章台街《しょうだいがい》や章台門《しょうだいもん》があり、いずれも章台という宮殿から名前をとっているとおぼしい。[*34] もっとも、ネーミングのルールはいまいちはっきりせず、「始皇帝通り」のごとく、人名を冠する道などはみあたらない。

道沿いには木が生えていた。たとえば洛陽城では、道沿いにモモやスモモがなっており、春になると花や葉が風にゆれ、たいそう美しい。[*35] ほかの道にはナツメもあり、かってに果実

図5-8●臨淄の下水道（2010年4月筆者撮影）

をとると管理者に怒られる。[*36] 長安城内には槐《えんじゅ》の木もならんでいる。[*37]

道にはゴミが落ちている。現代のように清掃業者がいるわけではないため、都市住民にとってゴミは一大問題である。野菜の切れはしや、土器の破片などは、道ばたに廃棄されがちである。[*38] それらは腐敗して悪臭を放つこともある。一方で、首都の一区画には下水施設がととのっていた。たとえば戦国時代の斉の首都臨淄《りんし》には下水道があり（図5-8）、西安西郊では秦代の下水管がみつかっており、首都咸陽《かんよう》城のものと目《もく》されている。だが、これらはいずれも都市部限定のインフラである。現在でも中国の農村にフィールドワークにいくと、夏には悪臭に悩まされることが少なくない。

社を中心とするムラの配置

つぎに、あたかもドローンを飛ばして上空からムラをみるかのように、ムラの全体をみわたしてみよう。

春秋時代以前の都城は、歴代君主の宗廟を中心として町並みが形成されている。宗廟とは君主の祖先をまつるところで、定期的にウシなどが供物《くもつ》とされている。ウシは綾《あや》飾りを着せられ、豪華な食事を食べさせられたのち、宗廟において殺される運命にあった。[39]

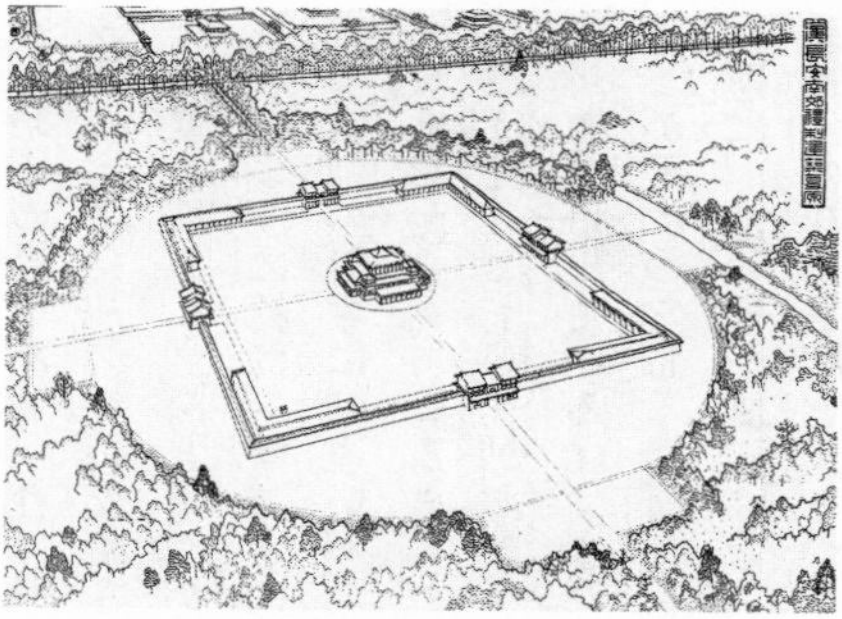
図5-9●長安の南郊（復元モデル）

このように宗廟中心の都市設計は、秦漢時代にも受けつがれた。だが紀元前後になると、都城近郊で天地を祭ること、すなわち郊祀《こうし》が重んじられ、[40]祖先神よりも昊天上帝《こうてんじょうてい》（青空にすまう神）がとりわけ重視されるようになる。また長安の南北に南郊《なんこう》・北郊《ほくこう》という施設が新たに建てられ、南郊での祭祀がとくに重視され、祖先の宗廟は宮城から南郊への道沿いに移設されるようになる（図5-9）。

それら大都市の都市設計や祭祀のようすとは対照的に、各地に点在する小さなムラには、だいたいその中心に土地神の廟（社《しゃ》）があり、民が定期的に供物をささげている。社は樹木や大地の精霊にたいする崇拝が結びつき、昊天上帝の祭祀などとはべつに、民間でおこなわれつづけた祭祀の場である。[*41] 社は県の中心にもあり、旧暦の春二月と年末には中央政府の命令で、各県にヒツジとブタが支給され、県社にお供えがなされた。[*42] 後漢時代になると、郡や州にも社が置かれ、ヒツジとブタがささげられた。[*43]

このように社はムラごとに置かれ、あたかも現代日本の神社のようなものである。だが両者の信仰の対象には違いがあるだけではない。じつは現代日本の著名な神社がりっぱな建物と敷地《しきち》をかまえているのにたいして、古代中国の社には建物がなく、屋根もないのである。[*44] 社にはたんに土盛りがあり、目印の石が御神体《ごしんたい》のようなものとして置かれ、そばに楡《にれ》や槐の木が植えられているにすぎない。[*45] そこはつねに風雨にさらされている。そうであった理由は、そこが天につうじる場所だとみなされていたからである。

逆に、ある国を滅ぼすと、戦勝国は敗戦国の社を屋根でおおい、地面に柴《しば》をつむ。それは、敗戦国の社が二度と天とつうじあわないようにするためであった。[*46] 社の祭祀は雨天中止で、晴天や曇天のときにかぎられた。社の祭壇の下にはしばしばハツカネズミが巣をつくっており、定期的にそれを燻《いぶ》りだす必要がある。[*47] 社には泥をぬった木があり、そこにネズミが巣食うこともある。[*48]

社のほかに、それぞれのムラには地元の有名人を祭る廟もあり、たとえば長江流域の廬江《ろこう》郡では、楚漢戦争期の軍師范増《はんぞう》が祭られつづけた。[*49] また鄴《ぎょう》では戦国時代の政治家である西門《せいもん》

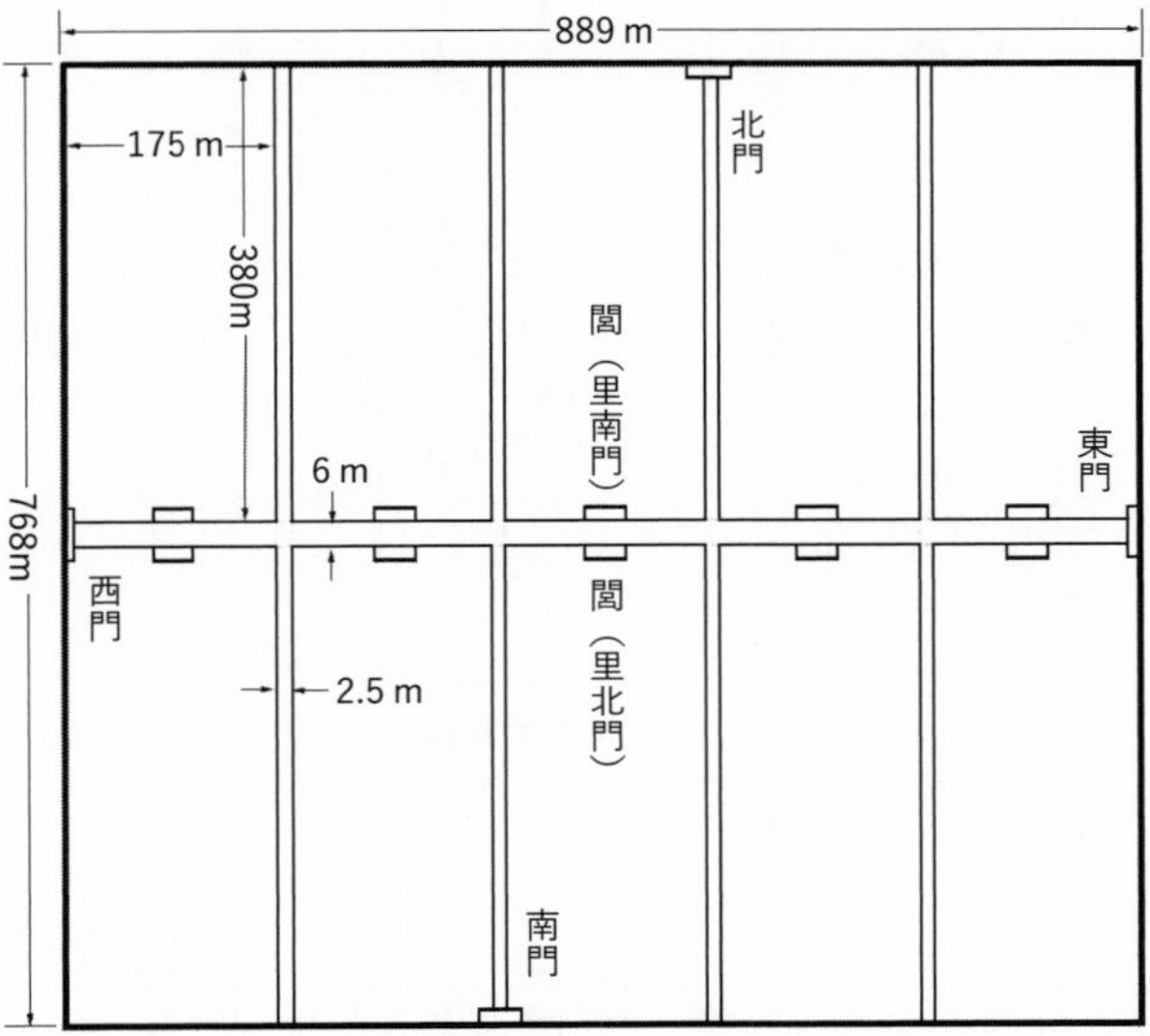

図 5-10 ●漢代の午汲県城（五井直弘『漢代の豪族社会と国家』〔名著刊行会、2001 年〕にもとづく）

豹《ひょう》が祭られていた。燕や斉の地方では、漢初の将軍欒布《らんぷ》が祭られ、欒公社《らんこうしゃ》とよばれており、それが社の役割を果たした。また東海郡の人びとは、裁判官の于公《うこう》が公平であったことから、かれの存命中に于公祠《うこうし》を建てたという。[*50] まだ生きている人を祭るというのはおもしろい。

ムラを歩く

ムラの大きさをみると、バラバラではあるものの、おおよそ数十人〜数百人が暮らしている。ある県城を例にとってみてみると、一〇個の里よりなり、全体

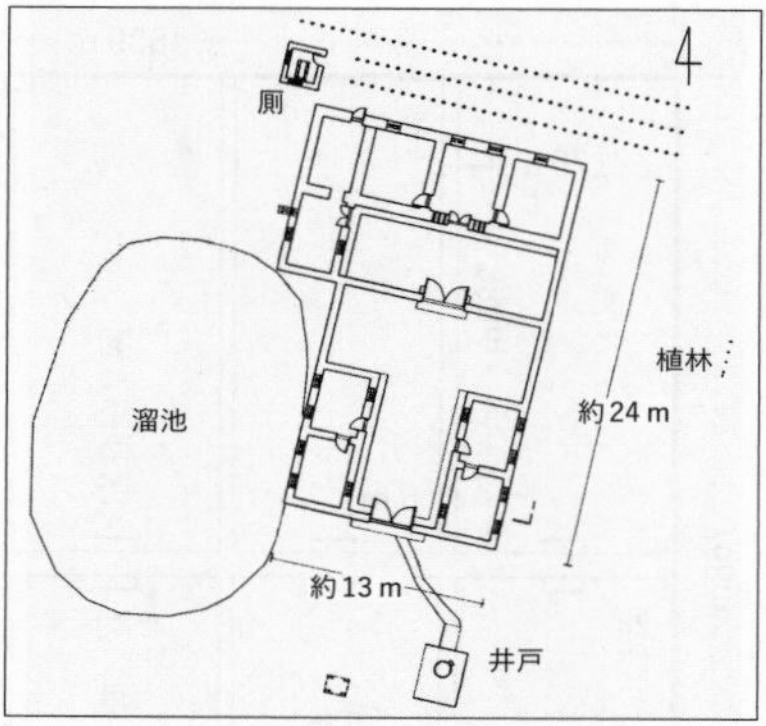

図5-11●河南省内黄三揚荘2号漢代庭院遺跡

が高さ三～六mの土壁に囲まれている。ひとつひとつの里は約三八〇m×一七五mで、ここに一〇〇戸程度が暮らしていた（図5-10）[*51]。

このように整然と里がたちならんだ県城の例がある一方で、べつの県城の外側には小さなムラが点在していることもあり、そのひとつとして、一五～三〇mほどの間隔で六軒の家屋がならび、それぞれ一六〇坪程度の敷地内に家屋をかまえているという例がある。[*52] 家屋自体は数十坪といったところである。

ほかにも、山奥などにはわずか一〇戸程度のムラが点在していることもある。[*53] さらに、田畑のそばにポツンと一軒の四合院があり、そこに複数の家族が暮らしていることもある（図5-11、図5-12）。そのなかのひとつの家屋をのぞくと、だいたい約三〇坪（縦一〇m×横一〇m）で、その南半分は中庭である。[*54] けっして広くはないけれども、当時の農民はテレビももたず、電気もなく、室内でやるべきことも少ないため、これで十分であったのかもしれない。

図 5-12 ●河南内黄三揚荘遺跡 3Dモデル（林源氏提供）

屋敷にはほかにもいくつかのタイプがあり、とびぬけて大きい屋敷は宮《きゅう》とよばれた。大きく高くいかめしい建物は殿《でん》、高い楼閣は観《かん》、防衛用の高い楼閣は楼《ろう》、物見櫓《ものみやぐら》は櫓《ろ》、高い土壇を基礎とする高層建築物は台《だい》ともよばれた。現代日本に豪邸・屋敷・一軒家などのよび名があるのと同じで、建物のかたちにそってさまざまなよび名があった。

ムラでは工人《こうじん》が働いており、今日も家を補修している。工人には、国に仕える者もいれば、民間の者もいる。両者を比べると、やはり国に仕える工人の技術レベルが高めである。たとえば、かの秦始皇帝陵の兵馬《へいば》俑《よう》は従来、実在した兵士に即してひとつずつ作成したといわれてきたが、じつは近年の研究によれば、それらは大量生産品の顔のパーツを組み合わせてつくったものである。[*55]

兵馬俑には工人の名が八七人ぶんも刻まれており、

そこには男性だけでなく、女性の名もみえる。そのなかには宮殿の排水管や瓦の製造者の名もふくまれており、かれらは兵馬俑専門の工人ではなかったとわかる。かれらは宮廷で同じ工房に所属し、同一の訓練をへた者で、モノの製造工程を分業化し、大量生産に従事していたわけである。

以上によれば、いわゆるマニュファクチュアを一五～一六世紀からのものとする通説には、じつは検討の余地がある。[*56] ともかく先進的な建築技術・工芸技術に彩られた町並みを私たちは歩いているわけである。

橋をわたる——ハンセン病患者・戦争孤児・鬼

いよいよムラの門から外へと出てみよう。ムラのなかには、馬車が入れるところもあれば、危険で乱暴であるとの理由から、それを禁じているところもある。[*57] 一方、ムラとムラのあいだの道は、馬車で移動したほうがラクであり、礼儀上も問題はない。それは城壁に囲まれた都市のなかでも同じことである。もし馬車が高価であれば、牛車でもよい。あとでのべるように、商人は身分的制約があって、馬車には乗れないので気をつけよう。

都市のなかには小川が流れ、橋が架かっていることもある。橋は公共インフラで、ムラの人びとが力をあわせてつくる。指揮は地方長官がとるが、農繁期を避け、収穫後に工事するのが理想的である。[*58]橋にはふつう通行料などない。だが、地元の有力者がかってに通行税をとることもある。[*59]

橋は此岸《しがん》と彼岸《ひがん》をつなぐものであり、古代人はそこを漠然と異世界にもつながるところだと思念していた。そのため当時は、「橋の近くで鬼《おばけ》をみた」などの風聞がはやった。[*60]日本でも橋のそばにオバケが出るとの昔話が多く、それは同じような考え方にもとづく。なお夜になると、首都の大きな橋は灯《あか》りがともり、[*61]たいそう風情ゆたかである。

橋をわたってみよう。橋のたもとには物乞いやハンセン病患者が寝転んでいることがある。[*62]ハンセン病患者のなかでも、なんらかの罪を犯した者は、癩遷所《らいせんしょ》という隔離施設に収容され、[*63]ほかの囚人とは区別されていた。このことから推せば、少なからぬハンセン病患者はふだんから庶民と距離を置いて暮らしていたのかもしれない。じじつ、春秋時代に豫譲《よじょう》という人物は、ハンセン病患者のふりをして橋のたもとに伏せ、そこで仇敵《きゅうてき》の暗殺を図った。戦国時代には、戦死者の孤児が道で物乞いをしており、かれらも橋のあたりにいた。[*64]どうやら橋のあたりはハンセン病患者や戦争孤児のたまり場になっていたようである。

もっとも、ハンセン病患者は、つねに例外なく差別・隔離されていたわけではない。ある患者はもともと家族とムラのなかで同居をしていた。しかし、その家族はやがて周囲から「生きているうちに捨てたほうがよい。さもないと子孫代々、病気に冒される」などといわれるようになり、やむなく患者を山奥に捨てたという。[*65] 少なくともかれらは、ハンセン病にかかった者をすぐにムラから追放するようなことはしなかったのである。けれども、やはり患者への圧力は小さくはなく、結果的に患者は山奥に追いやられてしまったのである。

高級住宅街

橋をわたると、高級住宅街がならんでいる。気の弱い者や、まわりに配慮する者ならば、門構えのりっぱな屋敷や、簾《すだれ》を垂らした貴人宅のまえをとおるとき、おもわず小走りになることもあったであろう。[*66] 大豪邸には門番がおり、門前を掃《は》き清めていた。よく指導の行き届いた門番なら、塵取《ちりとり》をみずからのほうに向け、道ゆく人に塵がかからぬよう配慮したかもしれない。[*67]

首都の高級住宅街はとりわけ豪華で、皇帝のすまう宮殿区の外側にも、そこかしこに巨大な官庁・宿舎がたちならんでいる。中央省庁の門は朱塗りで、朱門で働くのは当時の官吏にとって最高の栄誉であった。[*68] 民間人の暮らす里も点在しているが、それにまじって高官は尚冠里《しょうかんり》、宗室関係者は戚里《せきり》にあつまって暮らしている。尚冠里や戚里は、今でいう高級住宅街であった。役所のなかには長官の私邸があり、ほかの官吏はすぐ近くの官舎で暮らしていることがある。宮殿に勤める宦官や宮女は、宮殿区内に住みこみで働いていた。

ふとみあげると、宮殿の屋根には美しい瓦当《がとう》がならんでいる。たとえば衛尉《えいい》（未央宮《びおうきゅう》警護）の役所には「衛」字の瓦当が配されるなど、役所ごとに紋様や文字が異なっている[*69]（図5-13）。役所の壁には烈士の姿も描かれ[*70]、ことさらに荘厳《そうごん》な雰囲気につつまれている。宮殿のひとつには聖王の堯《ぎょう》・舜《しゅん》だけでなく、古《いにしえ》の暴君の桀《けつ》・紂《ちゅう》も描かれており、戒めとして顧みられた[*71]。書や水墨画も飾られ、戦国時代以前に起源がある[*72]。辺境で戦う勇者はみずからの英姿が壁画に描かれることを望むともいわれ[*73]、書や絵画のヴァリエーションはゆたかである。

図5-13●漢代の瓦当（「四夷盡服」の４字あり。内蒙古自治区博物館所蔵）

大道沿いには神獣の銅像があり、その口からは水が出ており、道の汚れを洗い落とし、そのまま排水路につながっている[*74]。現代のシンガポールにあるマーライオンのようなものであろう。

首都には郡邸《ぐんてい》もならぶ。郡邸とは、各地方の郡から首都に毎年、各地の年次会計報告者（上計吏《じょうけいり》）がやってきたときに寝泊まりする屋敷で、金庫や牢獄まで備わっていた。郡太守《ぐんたいしゅ》も上京時にはここに泊まる。さしずめ、江戸時代の大名《だいみょう》が参勤交代をしたときに、それぞれの江戸藩邸《はんてい》に宿泊したようなもの

図 5-14 ●後漢高層建築明器（『中国出土壁画全集』〔科学出版社、2012 年〕所収）

である。各地に封地《ほうち》をもつ皇族や諸侯王・列侯の屋敷もりっぱで、それは直接大通りに出られるタイプの屋敷（第《だい》）であった。[75]

高級住宅街には楼閣もそびえている（図5-14）。郊外にも金もちの別荘があり、家庭用の水利施設まで備えているところもある。[76] 役所の近くには倉《そう》（穀物ぐら）もあり、それには長方形のものや、囷《きん》（円柱形）がある。穀物は一万石（約二〇万リットル）単位で管理され、ムシロで区分けされ、県と郷の役人がいっしょになって管理していた。担当官吏は、倉の穀物がネズミやムシに食べられぬよう注意し、ニワトリは穀物をついばむ可能性があることから、倉のそばで飼うことさえ禁じられていた。[77]

県廷のそばには武具庫（庫《こ》）もあり、車両の保管や部品製造にもかかわり、官吏から刑徒までさまざまな人びとが働いていた。[78] 南北朝時代には庫のそばに消火用の池があったことが知られ[79]、そうした防災設備の起源は秦漢時代に登場していても不思議はない。県には公金銭をたくわえる府《ふ》もあった[80]。

牢獄もあり、帝国全体で二〇〇〇ヶ所にのぼり、前漢後期には毎年数万人が死刑とされていた[81]。現代日本では、死刑判決を受けた者でも、じっさいに死刑に処されたのは一九九一〜二〇一〇年で八四人である。これと比べれば、古代中国の死刑者数はずばぬけている。現代人の価値観でその是非を決めることはできないものの、少なくとも筆者のイメージする太平の世界とは大きく異なる。

負郭窮巷

きらびやかな大通りから横道にそれると、いたるところに貧乏人が寝ころがっている。よくある誤解として、里門を入って左側に閭左《りょさ》とよばれる区画があって、そこに貧民がすむといわれることもあるが、じつは閭左は庶民全般をさし、豪右《ごうゆう》（豪族や金もち）の対義語であり、右が左よりもエライとする当時の通念によることばである[82]。だから貧民はつねに里門を入って左側にのみ暮らしていたわけではない。むしろその多くは橋のたもとで暮らしているほかに、ムラのなかにもいたのである。

さらに都市の城門あたりには、歌をうたって日銭を稼ぐ旅行者もいた[83]。また郡城や県城の外壁（郭《かく》）のすぐ外側にも多くの貧家がならび、負郭窮巷《ふかくきゅうこう》とよばれていた。そのあたりの家々は、門がムシロなどでできており、生ヨモギの屋根や、底の抜けた甕《かめ》を埋め込んだだけの窓（甕牖《おうゆう》）があり、雨漏《あまも》りもするジメジメした小屋であった。[*84]かれら貧乏人たちは卑賤《ひせん》の者としてさげすまれ、もしくは犯罪者予備軍とみなされ、金もちと結婚することなどは夢のまた夢であった。

もっとも、皮肉なことに、そうしたところは城郭内からもっとも近いため、田畑の立地としては最適であった。官吏や金もちはそうしたところに田畑を有しており、それらは負郭田《ふかくでん》とよばれ、美田《びでん》の代名詞であった。その近くの道では、さまざまな人が行き交っており、闘鶏をする者もいれば、薪《まき》を採るために毎日往来している者もいる。[*85]

こうした負郭の区域とは対照的に、城郭から遠いところにある田畑は、郭内から日帰りでいくのがたいへんである。そのため農繁期の人びとからすれば、いっそのこと、田畑のそばに小屋（廬舎《ろしゃ》、田舎《でんしゃ》）を建て、泊まりこんで働いたほうがマシである。そうした都市やムラから離れた田畑は安価で取引された。

こうして私たちは、多くの人びととすれ違いながら、ムラや都市のなかを歩いてゆく。つぎにかれらのようすをみてみよう。

第6章　役所にゆく――午前十時頃

道ゆく男性と馬車・牛車

道ゆく人びとのようすをみてみよう。戦国時代には、田舎《いなか》の若者が大都市の邯鄲《かんたん》にいって都会風の歩き方をまのあたりにし、それを学びきらぬうちにほんらいの歩き方も忘れ、よつんばいで故郷に帰ったという笑い話がある。[*1] どうやら都会の者と田舎の者とでは、歩き方さえも異なるらしい。さしずめパリコレ経験のあるモデルと、筆者の歩き方が異なるようなものであろうか。邯鄲は、秦漢時代にも屈指の大都市として知られるところであり、その大通りを颯爽《さっそう》と歩く者の情景がありありと目に浮かぶようである。

図6-1●天子（皇帝）の馬車（陝西省楡林市渠樹濠遺跡出土壁画。『中国出土壁画全集』〔科学出版社、2012年〕所収）

道ゆく人びとのなかには、徒歩の者もいれば、馬車や牛車に乗る者もいる。当時、馬車は最上級の乗り物であり、牛車はそれにつぐものであった。[*2] 日本古代の貴族がもっぱら牛車に乗っているのとは異なり、馬車のほうがハイクラスであった。皇帝はもちろんのこと、諸侯クラスはだいたい馬車に乗るが（図6-1）、前漢後期以降は諸侯が力を失い、牛車に乗る諸侯もあらわれる。[*3] 馬車は二輪であることが多く、[*4] とくに高官の馬車は「朱輪《しゅりん》」とよばれ、その車輪は朱塗りであった。

一方、商人は差別的な扱いを受けており、たとえお金をもっていたとしても、馬車に乗ることは許されなかった。[*5] ただし、大商人はたいてい役人も兼ねており、役人に袖の下を渡していることも多く、うやむやのまま乗車することもあった。政府の高官は法律上、高利貸しを営むことはできず、商人の子は官吏になれないはずであるが、[*6] じっさいには商人出身の官吏の例も少なくない。高貴な女性も乗車していることがある。

徒歩の者をみてみよう。女性の化粧顔はさきほどみたので、ここでは男性の顔をみる。遺伝学的に、一万年まえ〜五〇〇〇年まえの中国には、黄河中流域と長江中流域にそれぞれ別系統の集団がいたようであるが、秦漢時代にはすでに交雑がかなりすすんでいた。*7 春秋時代までは山東半島にヨーロッパ系に連なる人びとの痕跡もあるが、秦漢時代にはそれもなくなり、現代中国人に連なる人びとが圧倒的になってゆく。*8 そのほとんどが平たい顔で、ごく一部に中央アジアからやってきた彫りの深い人がいる程度である。

イケメンかどうか

男性の顔をのぞきこんでみると、イケメンとそうでない人がいる。当時の人にとってその境目はどこにあるのか。一般には、春秋時代の子都《しと》や、三国時代の何晏《かあん》、西晋時代の潘岳《はんがく》といった人がイケメンとして名を残している。かれらはマッチョでなく、色黒でもない。むしろ透き通るような白い肌をもち、瞳《ひとみ》を輝かせ、美しいヒゲをもった男子であった。伝説的美女の羅敷《らふ》も、みずからの夫を色白美男子（潔白皙《けっぱくせき》）で、ふさふさのヒゲがあるとのべ、そのイケメンぶりを自慢している。*9

かれらが大通りを歩くと、女性の黄色い悲鳴が聞こえる。女性は積極的で、イケメンの乗る馬車にフルーツを投げ入れたり、馬車をとりかこんだりする。*10 既婚・未婚を問わず、人妻さえもイケメンに駆けよる。そのようすはイケメンのアイドルにむらがる現代の女性たちとなんら変わらない。もちろん男性のほうが女性をナンパすることもある。イケメンのなかには、鏡をみながら、みずからの顔にうっとりするナルシストもいた。[*11]

一方、イケメンでない男性はいつの時代もあわれである。好みは人それぞれで、男からみたイケメンと、女からみたイケメンとでは異なることもあるが、当時ブサイクといえばツリ目、いかり肩、ふくろう鼻、曲がった鼻、出っ歯、顎なしなどの条件があてはまる。[*12] またヨーロッパや中央アジアでよく目にするブロンドヘア（紅毛《こうもう》）、青い目（碧眼《へきがん》）、彫りの深い顔つきも、じつは肯定的に捉えられてはいない。[*13] ブサイクが美男子のマネをして街中《まちなか》を闊歩《かっぽ》しようものなら、女性陣から唾《つば》を吐きかけられる。[*14]

もちろん男性の性格も重要ではあるが、外見が悪くとも女性にモテるという実例はめったにない。そのめずらしい例が哀駘它《あいたいた》である。かれは春秋時代の衛国のブサイクであるが、かれと話をした男性は心惹《ひ》かれ、女性は両親に「どの人の妻になるよりも、あの方の妾《めかけ》でいたい」と頼む始末。その理由は、かれが徳を深く湛《たた》えた人であったためらしい。[*15] だが例外は例外であるからこそ、その記録が驚きとともに史料に残っているのである。

ハゲや低身長、もしくは吃音《きつおん》や、身体のどこかに障害をもつ者は、さらに悲惨であった。とくに吃音はキャリア形成に悪影響をおよぼすもので、その障害を乗り越えて名を成したのは韓非子《かんぴし》・曹叡《そうえい》・鄧艾《とうがい》・成公綏《せいこうすい》など、けっして多くはない。一方、太っているために就職できなかった者の話はみえず、むしろ巨漢でも士人《しじん》として高い評価を得た者の例がある。[*16] とはいえ、あまりに重そうだと、からかいの対象くらいにはなったようである。[*17] いずれにせよ、当時ふつうの家庭に体重計はなく、ウエストのサイズによって体重を表現していたので、人びとはおおよその体重しかわからなかったはずである。

身長も低くないほうがよい。秦漢時代には民を労役にかりだすとき、身長と年齢が基準とされるので、国家は民の身長を記録していた。平均身長を明記した記録はさすがに残されていないが、史書をひもとくと、成年男性はだいたい七尺（約一六一㎝）と表現されている。[*18] また文献には、とくに高身長の者の記録が残っており、だいたい八尺（約一八四㎝）以上の者は「姿貌甚偉《しぼうじんい》」「容貌絶異《ようぼうぜつい》」「容貌矜厳《ようぼうきんげん》」などとよばれ、巨軀《きょく》とされた。『三国志』を例にとると、劉備が七尺五寸であるほかは、だいたい八尺以上の者のみが高身長の者として特記されている。「八尺の体軀《たいく》があっても病気にならぬ者はない[*19]」という慣用句があり、身長八尺は健康で丈夫《じょうぶ》なことのあかしであった。

一方、六尺（一三八㎝）未満は労役に就かずともよく、むしろ一種の身体障害者とみなされていた。どれほど高位高官にのぼり、栄華をきわめようとも、戦国時代の孟嘗君《もうしょうくん》のように、身長が低いとバカにされた。ゆえに、たとえば高身長の一家に生まれた馮勤《ふうきん》は、兄弟のなかで自分だけ身長七尺未満で、子孫が自分に似るのを恐れ、高身長の妻を娶った。[*20] かれは身長が代々似ることに気づいていたふしがある。

なお、当時の人びとの視力や聴力についてはよくわからない。ただ、視力にすぐれた離朱《りしゅ》や、聴力にすぐれた師曠《しこう》の伝説があるので、視力や聴力に個人差のあることは知られていたようである。

役所に入る

ここで役所に近づいてみよう。前漢の首都長安であれば、役所群のそばに未央宮《びおうきゅう》があり、皇帝はそこで臣下と会議を重ねた。後漢時代には首都洛陽に朝堂《ちょうどう》という会議室があり、皇帝はそこで会議を開いた。[*21] 漢初には、臣下は必要におうじて昇殿《しょうでん》したが、そののち、昇殿は五日に一回となり、皇帝に拝謁《はいえつ》するには事前予約が必要となった。[*22] 高位の臣下といえども、おいそれと皇帝の尊顔《そんがん》を仰ぐことはできなくなった。庶民にとってはなおさら無縁である。ここでは官吏の勤める役所をうろつくだけにとどめておこう。

漢代の役所には赤旗がなびいている。宮殿や役所の入口付近の地面も赤く塗り固められている（丹墀《たんち》）。漢代には、このように赤色が重視されるだけでなく、じつは黒色も重視され、たとえば軍旗は正確にいえば赤一色ではなく、「黒色で縁《ふち》取りされた赤旗」であった。[*23]

ここで丞相《じょうしょう》府に入ってみよう。丞相は、現代日本の総理大臣のようなもので、最高級の官職である。その役所内には柏《かしわ》の木が植えられ、数千羽の鳥があつまることもある。[*24]そこには丞相が政務をとる堂《どう》と、中庭（廷《てい》、聴事《ちょうじ》、廳《ちょう》）があり、毎年旧暦一〇月に上計吏《じょうけいり》数百人が参集し、各地の会計を報告し、詔勅《しょうちょく》を拝聴した。

堂や中庭は回廊によって囲まれており、そこに入るには中門をとおる必要がある。中門の外側には駐車場（駐駕《ちゅうが》）があり、中門の横にはくぐり戸（閤《こう》）があった。くぐり戸は蒼頭《ドレイ》が守っており、お気に入りの属吏《ぞくり》なら、そこから入っていつでも丞相と面会できた。役所の門にはだいたい円環形の把手《とって》がついており、ゴージャスに装飾がほどこされている。たとえば元帝廟《げんていびょう》の門には、カメとヘビのかたちをした青銅製の把手がついていた。[*25]

丞相府の中門のまえには、駐車場だけでなく、属吏の事務所があった。堂の背後には丞相の私邸（便坐《べんざ》）があり、さらに奥に後堂《こうどう》がある。郡県レベルの役所も同じで、長官の私邸が役所のさらに奥にあった。その手前には長官の執務場所があり、中門をはさんでそのさらに外側に駐車場と属吏の事務所があった。

長官は、毎日執務場所にいるとはかぎらない。なかには、五日ごとに出勤する長官もいた。出勤とはいっても、長官の私邸とその執務場所は目と鼻の先にあるはずであるが、それでも私邸から出てこないというのはよいご身分である。

また地方長官の出勤時間も人によってさまざまで、夏には日の出ころから、冬には正午から働きはじめる長官もいた。もちろんそれ以外の時間帯にも、長官は私邸において少しは働いていたはずであり、いわゆる在宅勤務といってよいが、それでも属吏は私邸にまで入ることはむずかしいため、たいへんに面倒である。長官との面会を望む者は、わざわざ縁起のよい日時を選んでゆくべきとされ、官吏といえどもすぐに長官クラスと面会できるわけではなかったのである。[*26]

長官たちは、みずから出勤しないかわりに、優秀な書生や蒼頭《ドレイ》をこきつかうこともあった。着任したての長官はとくに属吏からなめられやすく、属吏のほうでは仮病をよそおったり、ほんらい禁止されている行為（たとえば妻子とともに官舎にすむこと）をすることがあった。

そびえる城壁

都市の多くは河川沿いにつくられ、方形であった。城壁の多くは版築《はんちく》で、現存する城壁の厚さは五m前後〜数十mとさまざまである。版築壁は垂直に屹立《きつりつ》するが、城壁内側は兵士が駆け上がれるように傾斜がついている。さらに城壁の風化を防ぐため、城壁の外側と内側に土をかぶせることもある。こうした盛り土を護城坡《ごじょうは》とよび、城壁と護城坡の外側には壕《ほり》も設けられている。壕はだいたい城壁から数m〜数十mのところにあり、幅二〇〜三〇m、深さ三～四mといったところである。

城壁のなかには、城門から入るほかはない。大都市である臨淄《りんし》を例にとると、外郭には十一の門があり、幅八m～二〇m、長さ二〇m～八六mもある。城門をとおる大道は、必ずしも城内を碁盤の目のように走っていたわけではない。日本古代の平安京は整然とした碁盤《ごばん》の目のような町並みで、中国の都づくりをマネたものだといわれるが、それは北魏《ほくぎ》の洛陽城や隋《ずい》の長安城をマネたものであって、秦漢時代の都市とは関係がない。[*27] 秦漢時代の都市はもっと雑然としており、例外として長安城は城内に幅四五m（中央は皇帝専用の馳道《ちどう》二〇m、左右両側は幅一二m程度の一般道路）の大道があり、洛陽城にも大道があり、少し整った印象を受けるものの、それでも碁盤の目というにはほど遠い。

以上の郡県郷里のうち、郡や県の役所のある里《り》は比較的大規模で、人の往来の多い傾向があった。大都市では家々が隣接しており、ひとたび火事が起これば一大事である。昔から「災禍がむやみに起こるときは、軍隊の力をもってしても救いがたい」という慣用句があり、[*28] 火事などのときには軍隊が動員されたことがわかる。

顔面偏差値の高い官吏たち

ここで、役所にあつまっている官吏の顔ぶれをみておこう。驚くべきことに、いわゆる顔面偏差値がかなり高い。それもそのはずで、漢代ではイケメンであることが官吏の採用条件にふくまれることがあった。[29]かの孔子でさえ、外見で人を判断したことがあり、のちに後悔しているほどであるから、[30]イケメンが得《とく》なのは古今変わらぬ真理といえよう。なかには、身体に障害があり口唇裂《こうしんれつ》の男が君主に評価されたとの伝説や、醜い男性が外交官に任じられたとの説話もあるが、[31]それらは現実的にほとんどありえないことだからこそ伝説化・説話化して、史書に特記されているのである。

とくにきらびやかなのは、宮廷の護衛・侍従官（執金吾《しつきんご》や侍中郎《じちゅうろう》）のたぐいである。かの光武帝《こうぶてい》も、若いころは執金吾になることを夢みている。[32]かりに一五歳で小役人、二〇歳で中央官僚、三〇歳で侍中郎、四〇歳で城主ともなれば、女性から大モテである。[33]当時はコネ社会ゆえ、有力者の子弟なら、外見を問わず、かなり上位にゆくこともできるが、清潔感は保っておいたほうがよい。

護衛官にはとうぜん武芸の心得もなくてはならないが、太平の世においては武功を立てる機会も少ない。そのため漢代には実戦のかわりに、投石《いしなげ》・抜拒《ひっこぬき》・格闘技（手搏《しゅはく》）などの競技をおこなわせ、その腕前を昇進の条件とすることもあった。[34]

キャリアとノンキャリア

官吏とあいさつをかわすまえに、失礼がないように、かれらの身分を確認しておこう。前漢では総人口六〇〇〇万人にたいして、国の抱える労働者約一五〇万人、兵役担当者約七〇万人〜八〇万人が常時働いている。[*35] このほかに官吏がおり、官吏には常勤雇用者と非常勤雇用者がいる。[*36]

常勤雇用の官吏はだいたい官舎に泊まり、おおよそ五日に一度、休日をとって実家に帰った。[*37] 秦代においても、前漢初期においても、そうした休日は一年間にまとめて数十日間与えられるケースがあり、休日のとり方は異なることがあるようである。[*38] 少なくとも秦代には、結婚するときや、父母の病気が重篤なときにも一〇日間ほどの休日が与えられた。[*39]

そうした休日以外には、官吏は官舎において寝起きをするのが原則であり、単身赴任のかたちが多かった。ただし、なかには妻子とともに官舎に居座る者もおり、官吏をとりまくルールはゆるかったようである。ここでいう常勤雇用の官吏はまさしくプロの官吏で、いわゆるキャリアとよんでもよい。かれらにはキャリアとしての給料（秩《ちつ》）があてがわれている。

これにたいして、非常勤雇用者はノンキャリアとよびうる存在や、アルバイトのような存在をふくみ、下働きなどに精を出している。かれらのうち、能力が買われた者は毎日出勤し、キャリアに近い待遇を受けることもある（冗官《じょうかん》）。こうした常勤のノンキャリアとは異なり、ふつうの非常勤雇用者は月単位で輪番制（更《こう》）に組み込まれており、役所勤めをする義務期間以外は、民間で雇われ仕事をしたり、農業に従事したりしている。じつは当時、刑徒も輪番制で労役に服しており、朝から晩まで毎日休みなくムチ打たれ働かされていたわけではない。また民の多くも輪番制によって労役や兵役に従事しており、労役のひとつとしてノンキャリアの官吏をになう者もいたわけである。

たとえば、湖北省荊州市荊州区紀南鎮《きなんちん》の松柏《しょうはく》漢墓出土簡牘をみると、前漢武帝期の南郡には県レベルの行政区が一七（県は一三、侯国は四）あり、免老《めんろう》（高齢ゆえに労役を免除された者）は三〇〇〇人弱、罷癃《ひりゅう》（障害・疾病・負傷の者）は三〇〇〇人弱、成年労働人口（一五歳以上、免老未満）は男二万人余、女三万二〇〇〇人余、未成年（七歳〜一五歳）労働人口は男二万五〇〇〇人、女一万六〇〇〇人余である（六歳未満の幼児の数は不明）。そして南郡全体の兵役負担者（卒）は約一万人余にのぼり、その実働人数は常時二〇〇〇人余である。兵役負担者と実働人数の差は、当時の兵役制度が輪番制を採用していたことによる。このように、兵士・労役従事者（刑徒をふくむ）の多くは輪番制をとっており、それはノンキャリアの官吏も同じであった。

ノンキャリアのなかには、半強制的に役所仕事をさせられている者もおり、基本的にはうらやましくもなんともない役目であった。むしろ、たとえばいわゆる村長にあたる里典《りてん》などは、里のなかで身分の低い者が担うべき役目であった。[*40]「村長＝一番エライ」と誤解してはならないのである。ただし、役所に勤めるノンキャリアのなかには疾病をかかえた者・負傷者・身体障害者もおり[*41]、役所がかれらの受け皿になっていた。その意味では、役所仕事をありがたがるノンキャリアもいたといえる。

ここでキャリアのスゴさを確認するため、前漢後期の東海郡の例をみてみよう（表6-1）[*42]。県レベルの行政長官（県令《けんれい》・県長《けんちょう》・国相《こくしょう》）、副長官（県丞《けんじょう》）、そして軍事長官（県尉《けんい》）には、キャリアとしての給料（秩《ちつ》）があてがわれている。かれらのもとには、法務課長（獄丞《ごくじょう》）や警察署長（亭長《ていちょう》）がおり、かれらの一部はノンキャリアの扱いである。そのもとにはさらに多くの雑務係がいる。

キャリア相当は、東海郡全体で一〇〇名未満であり、前漢時代の郡の総数は一〇〇余なので、中央朝廷の官吏をふくめても、帝国全土のキャリアは数万人程度である。東海郡の官吏（ノンキャリアをふくむ）の総数は二〇〇〇人余で、帝国全土ならば数十万人におよぶ。つまり大半の官吏はノンキャリアで、膨大な非常勤の雑務係がさらにその下にいる。

昇進ルート

つぎに後漢時代を例に、キャリアに昇進する道をみておく。ひとつのやり方としては、まず地方官府でノンキャリアの非常勤職員として働き、ノンキャリアの常勤職を獲得せねばな

獄史	官嗇夫	郷嗇夫	游徼	牢監	尉史	官佐	郷佐	郵佐	亭長	侯家丞	僕行人門大夫	先馬中庶子	総数
3	3	10	4	1	3	7	9	0	54				107
4	3	12	6	1	4	7	9	2	46				107
5	3	6	3	1	3	9	7	2	41				95
4	4	13	4	1	4	8	4	0	35				88
2	4	6	2	1	2	4	6	0	47				82
3	3	5	4	1	3	7	4	0	21				64
2	3	3	1	1	3	5	5	0	27				60
2	3	5	5	1	3	8	4	2	43				86
2	2	8	4	0	2	6	4	0	32				68
1	2	9	2	1	3	4	1	0	36				67
3	2	3	3	0	3	5	5	1	32				65
2	2	5	3	1	3	6	2	0	23				55
3	2	4	3	1	3	6	2	0	19				52
2	2	3	2	1	2	4	2	0	23				50
2	2	7	2	1	2	6	0	0	12				41
2	2	0	2	0	3	4	2	0	4				27
1	0	7	3	1	2	4	2	2	36				66
?	2	0	2	1	2	6	1	0	5				28
2	0	2	1	1	2	5	0	0	7				25
2	0	1	1	1	1	4	1	0	6				22
2	2	2	2	1	2	7	1	0	19	1	3	14	65
2	1	4	2	1	2	7	2	1	12	1	3	14	59
2	0	2	2	1	2	5	2	0	11	1	3	14	53
2	1	1	2	1	2	5	3	0	7	1	3	14	50
2	0	2	1	1	2	3	2	0	18	1	3	14	56
2	1	3	2	1	2	4	3	0	11	1	3	14	54
2	0	2	2	1	1	4	0	0	12	1	3	14	47
2	0	1	1	1	2	5	0	0	9	1	3	14	44
2	0	2	2	1	1	5	0	0	5	1	3	14	42
2	0	1	1	1	1	4	0	0	6	1	3	14	39
2	0	1	1	1	1	4	0	0	4	1	3	14	37
1	0	1	1	1	1	3	0	0	3	1	3	14	33
0	0	1	1	0	1	3	0	0	3	1	3	14	31
2	0	1	1	1	2	5	1	0	5	1	3	14	41
2	0	1	1	1	2	5	1	0	4	1	3	14	40
1	0	1	1	1	1	6	1	0	2	1	3	14	37
1	0	1	1	1	1	6	2	0	5	1	3	14	41
0	0	1	1	0	1	4	0	0	3	1	3	14	32

定員数であって、実数ではない。表中の「？」は判読不可能だが、吏員総数から逆算すると、合計で６人が入る

表 6-1●東海郡の県と侯国に勤める官吏たち

行政単位	令	長	相	秩	丞	秩	尉	秩	獄丞	官有秩	郷有秩	令史
海西県	○			1000	1	400	2	400	0	1	4	4
下邳県	○			1000	1	400	2	400	0	2	1	6
郯県	○			1000	1	400	2	400	1	0	5	5
蘭陵県	○			1000	1	400	2	400	0	1	0	6
朐邑	○			600	1	300	2	300	0	0	1	3
襄賁県	○			600	1	300	2	300	0	1	2	6
戚県	○			600	1	300	2	300	0	0	2	4
費県		○		400	1	200	2	200	0	0	2	4
即丘県		○		400	1	200	2	200	0	0	0	4
厚丘県		○		400	1	200	2	200	0	0	0	4
利成県		○		400	1	200	2	200	0	0	1	3
況其邑		○		400	1	200	2	200	0	0	0	4
開陽県		○		400	1	200	2	200	0	0	1	4
繒県		○		400	1	200	2	200	0	0	1	4
司吾県		○		400	1	200	2	300	0	0	0	3
平曲県		○		400	1	200	1	200	0	0	1	4
臨沂県		○		300	1	200	2	200	0	0	0	4
曲陽県		○		300	1	200	1	200	0	0	?	?
合郷県		○		300	1	200			0	0	0	3
承県		○		300	1	200			0	0	0	3
昌慮侯国			○	400	1	200	2	200	0	0	1	4
蘭旗侯国			○	400	1	200	2	200	0	0	0	3
容丘侯国			○	400	1	200	1	200	0	0	1	4
良成侯国			○	400	1	200	1	200	0	0	1	4
南城侯国			○	300	1	200	1	200	0	0	0	4
陰平侯国			○	300	1	200	1	200	0	0	0	4
新陽侯国			○	300	1	200			0	0	0	3
東安侯国			○	300	1	200			0	0	0	3
平曲侯国			○	300	1	200	1	200	0	0	0	3
建陵侯国			○	300	1	200			0	0	0	3
山郷侯国			○	300	1	200			0	0	0	3
武陽侯国			○	300	1	200			0	0	0	2
都平侯国			○	300	1	200			0	0	0	2
郚郷侯国			○	300	1	200			0	0	0	3
建郷侯国			○	300	1	200			0	0	0	3
干郷侯国			○	300	1	200			0	0	0	3
建陽侯国			○	300	1	200			0	0	0	3
都陽侯国			○	300	1	200			0	0	0	2

らない。上司から「君はそこそこマジメだから、何ヶ月かに一ヶ月とはいわず、毎月毎日出勤しなさい」といわれれば、しめたものである。そして掾史《えんし》、督郵《とくゆう》もしくは主簿《しゅぼ》、五官掾《ごかんえん》、そして功《こう》曹《そう》へと昇進を重ねてゆく（図6-2）。それらはみな地方下級職員の序列である。

図6-2 ●後漢時代の門下功曹（河北省望都県1号墓壁画。徐光冀主編『中国出土壁画全集』〔科学出版社、2011年〕所収）

それを越えて、地方上級職員や中央省庁職に昇進するには、新たにキャリア資格をとらねばならない。それには、中央官僚や地方長官が人材を中央へ推薦するルート（察挙《さっきょ》）と、中央の高級官僚がみずからの幕僚として招聘《しょうへい》するルート（辟召《へきしょう》）があるが、もしあなたが政府高官と知り合いでなく、名家出身でもなければ、とくに辟召とは無縁である。すると、残る選択肢は察挙ということになるが、それは現代日本の大学入試と同様、いくつかの受験方法がある。もしあなたがふつうの家柄なら、察挙のなかでも、とくに孝廉《こうれん》とよばれる資格の取得をめざすほかはない。

孝廉は、人口二〇万人ごとに毎年一名の定員で、四〇歳以上の地方下級職員や無位無官者のうち、試験合格者に与えられる資格である。ところが、孝廉にも中小貴族の子弟が殺到するのがふつうで、試験も面接方式を軸とするので、庶民の合格はたいへんむずかしい。かりに官吏に推薦された人物が能力不足であったとなると、あとでその推薦人もきびしく罰せられるため、[43]推薦人も人選には気をつけるはずであるが、それでも有力氏族の子弟から選ばれてゆくのはまちがいない。そうしたなかで、庶民の子弟はともかく筆と硯《すずり》をもって、がんばって勉強するほかない（図6-3、図6-4）。

図6-3 ●筆と簡牘を手に対座する文官（1958年長沙市金盆嶺9号墓出土。湖南省博物館所蔵）

また、キャリア官吏になるにはじつは財産規定もあり、もともと十万銭（景帝《けいてい》期以降は四万銭）以上の私有財産をもち、奴隷もしくは食客を抱え、ウマなどを自弁《じべん》できなければならなかった。貧乏なのに抜擢《ばってき》された人物（たとえば貢禹《こうう》など）も皆無ではないが、基本的には中家《ちゅうか》（一般家庭レベル）以上の財産がなくてはならなかった。[44]つま

図 6-4 ●漢代の硯（蓋には龍と五銖銭が象られている。山東省沂南県北寨２号墓出土。沂南県博物館所蔵）

り庶民の子弟は、がんばって勉強するだけでなく、事前に経済的余裕も備えていなければならなかったのである。

そして万が一、孝廉の資格を得られたならば、つづいてキャリアとしての競争がはじまる。孝廉となった者は、はじめに皇帝側近官（郎中《ろうちゅう》）となるのが一般的で、そこで経験をつんだあと、しばらくして地方上級職員（県令など）に転出する。そして、地方上級職員としてさらなる業績をあげると、あらためて中央政府に召喚される。つまり当時のエリートは、地方と中央を行ったり来たりしながら、少しずつ昇進したわけである。[*45]

エリートの矜恃と労苦

以上のしくみをみればわかるように、かり

に天才であっても、家柄・資金・コネ・運がなければ、そもそも学校教育を受けることもできず、受験合格など夢のまた夢である。

現代社会においてさえ、よい大学に入るにはよい教育を受けたほうがよく、子どもをとりまく環境（経済資本・人的資本・社会資本をふくむ）は重要である。つまり、格差というのは親から子へと再生産されやすいのであり、子どもが将来的に成功するか否かは、必ずしも子どもの能力のみによって決まるのではない。秦漢時代には現代以上にそうした傾向がみてとれるのであって、魏晋時代にその傾向はさらに強まる。[*46] こうしたなかでのキャリアへの昇進は、ある意味では、宝くじよりむずかしい。史書には「若いころ貧乏だった」という人物が散見し、のちにキャリアになっている例もあるが、じつはそれを鵜呑《うの》みにしてはならないのである。史書にみえるそうした例は、あくまでもサクセスストーリーとして色づけされているのであって、それは中国の史書にはよくあることである。

むしろキャリア官吏は、まえにのべたように、実家が金もちであることが多い。それゆえかれらは、あまり個人的な損得勘定に拘泥《こうでい》することなく、たがいに政治的言説を競いあわせることのできる立場にいた。だがじっさいには、官吏の世界は利権の巣窟《そうくつ》であり、現実の政治に民意がどこまで反映されているのかはたしかめようもない。民は、官吏らのエリートとしての矜持《きょうじ》に賭《か》けるだけである。

あなたが足をふみいれた役所は、こうしたエリートのすむ世界である。開かれた民主主義や公正な選挙制度のない時代ゆえ、かれらが民にきびしくとも、民はどうすることもできない。かれらの機嫌をそこねないように、役所に入ってみよう。まずは門のまえで、馬車や牛車からおりる。[*47]身をかがめながら、すり足でなかに入る。いったん宮殿や役所に入ったならば、そのまま小走りしつづける。[*48]

官吏がだれかと挨拶を交わすときには、まずたがいに両手をまえに組む（揖《しゅう》）。貴人に挨拶するときには長く揖をするだけでなく、おじぎ（拝《はい》）をもせねばならない。[*49]こうした挨拶の仕方は事細かに決まっており、知っておかねばたいへんなことになる。[*50]

ひとたび着席したら、席を飛び越えて他人に挨拶にゆくのはよくない。また階段で知人に会ったら、上下に段差があるままで挨拶をしてはならない。[*51]朝廷の官吏は帯剣せず、やはり小走りで移動する。宮殿における帯剣《たいけん》や歩行は、ごく一部の功臣に許される特権である。[*52]

このように、官吏の世界は、楽しいことばかりではない。「役所勤めはなんと息苦しいことであろう。きゅうくつで何とはなしに束縛されている。冠のヒモは罪人をしばる縄のようなものである。どうして掟《おきて》を超えられようか」などと嘆《なげ》く官吏がいるのもやむをえない。[*53]

第7章　市場で買い物を楽しむ——午前十一時頃から正午すぎまで

市場の喧騒

そろそろ「食坐《しょくざ》」や「莫食《ばくしょく》」などとよばれる時間帯に入り、みな朝飯を食べ終わっている。かりに会議日であっても、ふつうはこのころに終了となり、官吏はそれぞれの部署にもどって仕事にとりかかることになる。

城の外にポツンとたたずむ家では、まだ寝ている者もいる。ひょっとして前日に夜中まで働いていたためか、たんに急ぎの仕事がないためか、もしくは朝食後に一休みしているだけかはわからない。不幸にも、突如として強盗がその家に押し入り、寝ているかれらを殺害し、金目の物を盗んで逃走した。強盗は道ゆく人びとに盗品を売りながら、ゆうゆうと城内にもどっていった。[*1] おだやかな朝だからといって、けっして安心はできないのである。それが古代中国の朝であった。ともかくあたりに注意を払いながら、私たちも城内を散策してみよう。まずは人のあつまる市場をめざそう。

すでに市場は人でごったがえしている。そのなかには、売買にたずさわるプロの商人だけでなく、昼食の材料を買いにきた主婦や、[*2] 遠方からの来訪者もいる。女性が市場へゆくときには、子どもが連れていってほしいとせがむこともある。[*3] 子どもにとってはカネよりダンゴで、[*4] 楽しそうだから市場にいきたがっているのである。市場にはめずらしい品々が陳列されており、いろいろな噂も耳に入る。当時の旅人も、ふつうは人の多い都市をめざすものであり、都市にゆけば、まずは市場に向かうものであった。[*5]

市場では、罪人が斬首刑（棄市《きし》）[*6] となるところを目にすることもある。それを子どもの教育に悪いとする親もいたはずであるが、不思議と老若男女は死刑の現場にあつまるものである。死刑にもいろいろ等級があり、法定刑としては腰斬《ようざん》がもっとも重い。このほかにイレギュラーな極刑もあり、車裂《しゃれつ》などは恐怖の的《まと》であった。それは、罪人の両手両足をべつべつに四つの馬車に結びつけ、それぞれの方向にひっぱらせるものである。ひっぱる力が均等であれば、受刑者の身体はきれいに裂け、一撃で死ねるかもしれない。だがうまくいかないと、右足だけもげるとか、左手だけ残るといったぐあいで、ギャアギャアと叫びながら死をまつことになる。

また磔《たく》という前漢初期の法定刑は、ふつうの棄市よりも重く、腰斬よりは軽い死刑のやり方であるが、これまた特殊である。それは、受刑者を斬首にしたのち、死体を車のうえにはりつけ、やがて腐敗してちぎれたら縫いつけ、できるかぎり死体をさらしつづける刑罰である。[*7] つまりそれはイエス・キリストの磔刑とは異なる。このように死体をさらしつづける以上、たいへんな臭いがしたはずで、じっさいに人びとがそうしたところで商品の売買をつづけられたかは疑問である。唐代の首都長安では、受刑者の死体を市場でなく、城外でさらしている。[*8] 秦漢時代には、しばしば刑徒の首を市場にさらす光景がみられるものの、[*9] さすがに磔刑の死体は市場の外にさらされたこともあったかもしれない。いずれにせよ市場は、死刑囚の断末魔の声が響きわたる場所であった。

人混みをかきわけて

このように、人びとが市場にゆく目的はさまざまであるが、最大の目的はやはり商品の売買である。当時のことばに「学問する人が話し合えば仁・義が話題になるが、民が話し合えば財・利が話題になる」というのがあるように、[*10] 民にとっては財産・利益が最大の関心事で、市場は戦いの場となるのである。それゆえ市場の近くは、静謐《せいひつ》な暮らしを好む貴族の住居には適していない。また子育てをしている家では、カネ勘定《かんじょう》ばかりする子が育ってはこまるとの理由から、引っ越しをする者もいた。[*11]

人びとのようすをみると、市場の活気につられて理由なくうろつく者もいれば、もめごとを好むヤクザ者もいる。ふつう朝方には商人同士が売買し、夕方には庶民があつまる傾向があり、午前中はまだ商人が多めである。というのも、朝のほうが商品が多く、夕方になるにつれて品薄《しなうす》になるからである。[*12] 道ゆく人と肩をぶつけないで歩くのがむずかしいほどである。[*13] おっと、だれかの足をふんでしまった。ヤクザ者なら一大事だが、さもなくば「放驁《ほうごう》」(失礼しました)、目上の親族ならば「嫗《おう》」(ごめん)といえばよく、親しい者同士ならば無言でもよかろう。[*14]

市場では、あまりに人が多く、ふだん顔をあわせない者同士がすれ違うことから、ときにはオバケや怪物をみたなどと噂する者もいる。干害や火災があったときには、そうした怪異のせいにされ、わざわざ厄除《やくよ》けのために市場を移動させたり、閉鎖したりするなど、市場は異界につながる空間とみなされていた。[*15] ともかくここでは商売のようすをみるために、市場に入ろう。[*16]

徒歩ならば市場にそのまま入れる。だが馬車や牛車は、市門の手前でおりねばならない。[*17]

市門付近にウマやウシの糞《ふん》が多ければ、市吏《しり》の管理責任が問われるので、今日も市吏の命を受けた者が掃除をしている。市にも門番がおり、ほかに市場内を巡察する官吏などがいる。[*18]

市場は、よほど辺鄙《へんぴ》なところにあるものでないかぎり、四方を壁に囲まれていた。現代のニューヨーク、東京、ロンドン、北京などのように、どこにいっても商店がならんでいるわけではない。ムラの道ばたにコンビニがあるわけでもない。市場は都市の一角を占めるにすぎず、なんらかの商品を買いたければ、そこに足を運ぶ必要がある。ふつうのムラや野外の道ばたでモノを売ることが完全に禁止されていたわけではないものの、そこには制約があった。臨時に街道において商品を売買するのはよいが、同じ場所に一〇日以上連続で出店するのはダメである。[*19]四壁に囲まれた市制の解体がすすみ、どの道ばたにも商店が出現しはじめるのは、だいたい唐代前後からといわれている。この変化は、たんなる市制の変更にとどまらず、中国古代都市の景観が現在と異なっていたことを意味している。

多彩な商店

市場は、すべての里に必ずひとつあるようなものではない。せいぜい郷にひとつあればよいほうである。とくににぎやかなのは郡城や県城に属する市場で、それぞれ郡市《ぐんし》・県市《けんし》という。四壁に囲まれている。そして壁の内部には縦横に道が走り、中央に警察署（亭《てい》）があっ

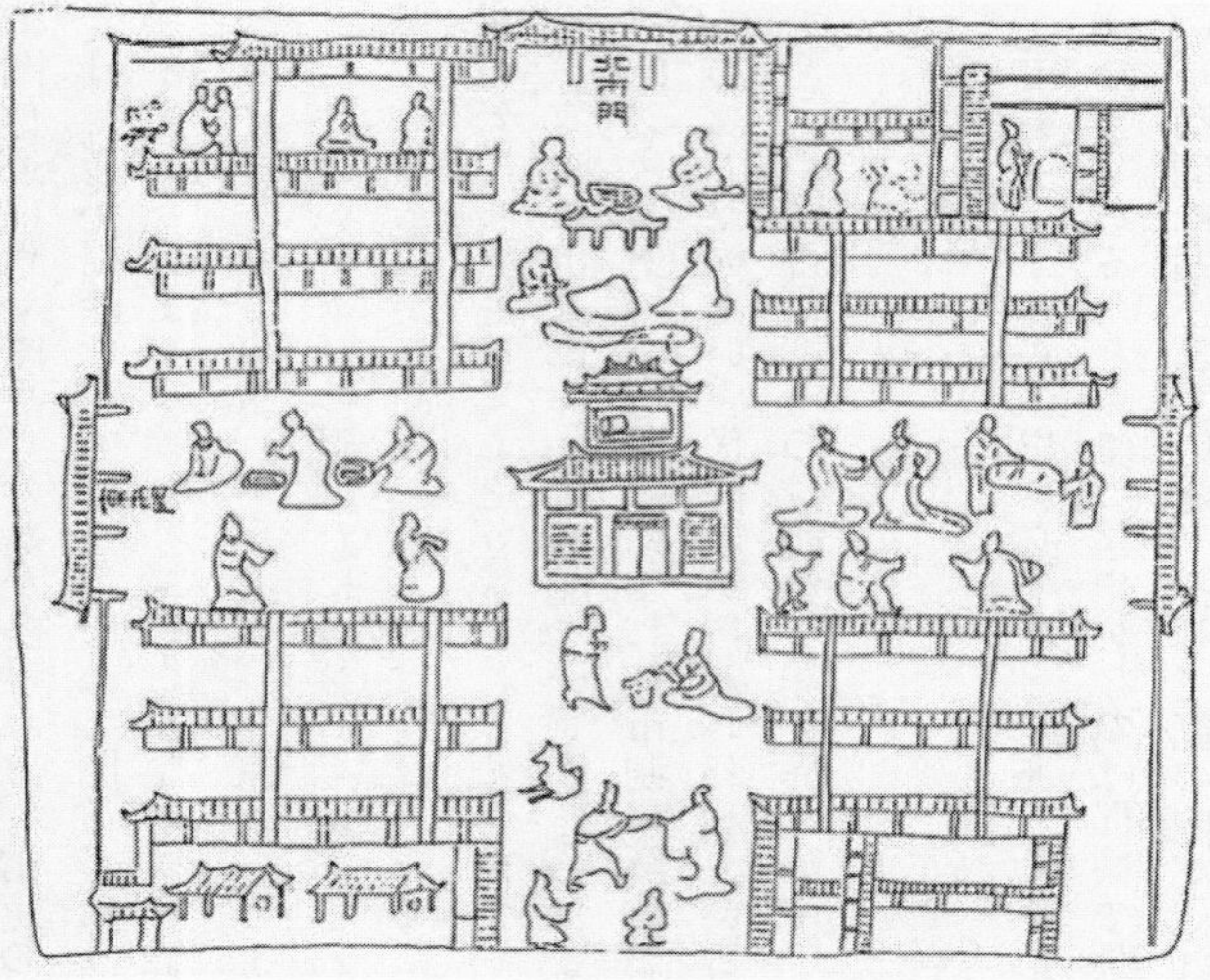

図7-1●漢代の市場（四川省郫県博物館所蔵画像石。拓本模写）

た（図7-1）。市場は郡城や県城の外側に置かれていることもある。[*20]

市場の大きさはピンキリである。たとえば前漢長安城には東市《とうし》と西市《せいし》という巨大な市場があり、東市は東西約七八〇m、南北約七〇〇m、西市は東西約五五〇m、南北約四八〇mの壁に囲まれ、壁の基礎部分は厚さ五〜六mに達し、各面ふたつずつの門がある（図7-2）。道ばたには商店（列肆《れっし》）が列をなし、業種ごとにまとまっている。

市場内をみると、ある区画では衣服店が列をなし、べつの区画では魚屋が列をなしている。乾物屋（枯魚之肆《こぎょのし》）や、染物屋[*21]、賃労働者の集合する店（傭肆《ようし》。現代日本のハローワーク[*22]）、酒屋の列もあ

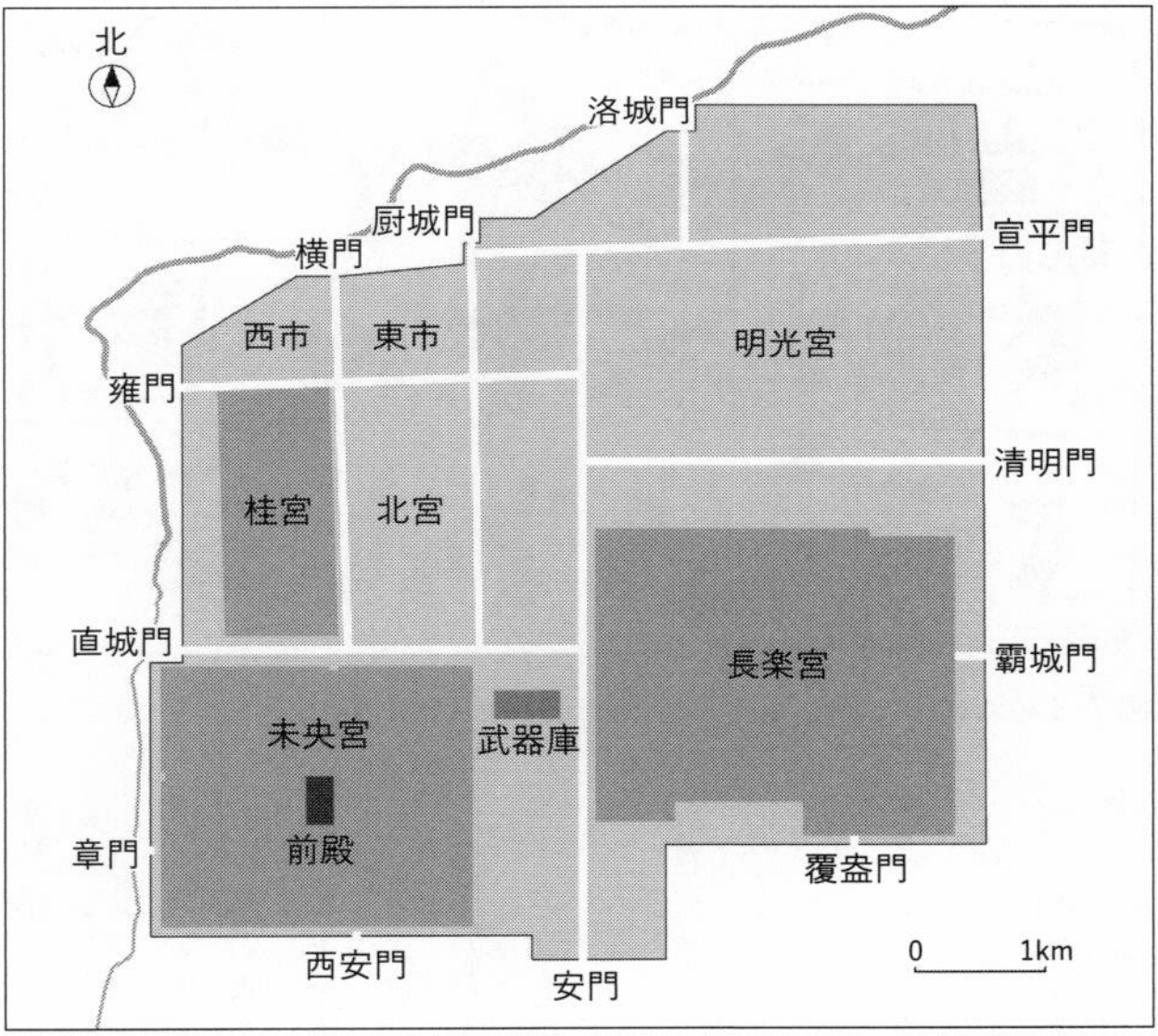

図 7-2 ●前漢長安と東西市

る。[23] 酒屋では、酒を買い、壺や油ぬりの麻袋に入れてもちかえれるだけでなく、[24] その場で酒を飲むこともできた。[25] 傭肆では、きれいに着飾った奴隷がオリに入れられていることもあり、[26] つまりは人身売買の場ともなる。

居酒屋には目印となる暖簾《のれん》や幟《のぼり》がなびいており、[27] ほかの列肆でも同じであろう。矢の職人（矢《し》人《じん》）、鎧の職人（函人《かんじん》）、巫医（巫《ふ》匠《しょう》）、さらには黄金をとりあつかう両替商もおり、[28] みな業種ごとに列をなしている。

列肆をみると、高級品店と安物店とでは間口の大きさが異なり、

図 7-3 ●漢代の市場と坐賈（四川省新都文物管理所所蔵画像石。拓本）

平均的な大きさは約二〜三畳程度であった。[*29] 野菜売り場には近所の主婦が殺到しており、競《せ》りの様相を呈している。ある織物店では「奥さんみてください、この布の透き通るような美しさを。真っ白でしょう。これほど透き通っているのは、かの曽子《そうし》さまの心のなかと、この麻織物くらいのものです。これは長江と漢江のきよらかな水で洗いあげ、秋の日射でカラリとさらしあげたものです。お買い得ですよ」と売り込みをやっている。店主は南方なまりが強く、鴃《もず》がさえずるようで聞きにくいが、ともかく流行に敏感なご婦人方が押し寄せている。[*30]

市場には列肆があるだけでなく、坐賈《ざこ》もいる（図7-3）。坐賈とは、特定の店舗をかまえず、道ばたに坐りこんだり、テントのようなものを臨時にかまえ、商品を売買する者である。たとえば、鳥を射て捕らえるための矢先につける糸を売る者、クツの修理屋、草履売り、扇《おうぎ》売り、木製のヒツジの置物《おきもの》を売る者、薬売り、鏡研《と》ぎなど、じつに多種多様な売り手がいる。[*31]

坐賈のなかには、生活のために副業として自家生産物や不用品を売る民（販夫《はんぷ》・販婦《はんぷ》）もいる。坐賈は、郡市・県市だけでなく、夜市《よいち》や、村祭りにあわせて開かれる市、毎月一回や毎週一回のペースで開かれる市、さらにはムラや街道沿いにも登場することがある。市場には物乞いもうろついているので、十分に注意したほうがよい。[*32] ともあれ、つぎに市場の陳列品の数々とその価格をみよう。

図 7-4 ●五銖銭（中国銭幣博物館編『中国銭幣博物館選』〔文物出版社、2010 年〕所収）

使い分けられる貨幣たち

市場で商品を買うときにはお金が必要である。お金があれば、商品を購入することができる。商品を売る者は、かわりにお金を手に入れ、それでべつの商品を買うことができる。当時もっとも使い勝手がよかったのが、半両銭《はんりょうせん》や五銖銭《ごしゅせん》など少額貨幣の銭であった（図7-4）。ただし、今の世界にコイン・紙幣・電子通貨などがあるのと同じように、お金は歴史上、必ずしも金属製にかぎられない。古代中国においても、銭以外に、たとえば麻織物（約一八五cm×

約五八㎝）が一一銭相当、黄金一斤（約二五〇グラム〔以下ｇ〕）が一万銭前後相当の価値をもつ貨幣とされることもあった。日用品などを売買するときには銭がもっとも使われたが、たとえば家屋を購入するときなどは、いちどに何万銭も準備せねばならず、小銭でのやりとりはたいへんである。そのときには黄金がもちだされる（図7-5）。

図 7-5 ●漢代の黄金（前掲『中国銭幣博物館選』所収）

今でも缶ジュースを買うときに一万円札を払うとおつりが多くなって面倒であり、その逆に、テレビを買うときにすべて一円玉で支払う者はいまい。高額貨幣の黄金一斤と少額貨幣の一万銭では、数字上は同じ貨幣であっても、使い勝手が大きく異なるのである。そのため当時の人びとも銭・黄金・麻織物などを時と場におうじてうまく使い分けていた。

つぎに物価をみると、固定官価・平価・実勢価格の三つがある。固定官価は、法律条文に明記された物価である。たとえば漢初には、芻《かりくさ》と槀《わら》を納税する制度があり、「芻一石（約二〇リットル）＝槀三石＝一五銭」という固定官価をふまえ、銭で代納することも認められていた。

実勢価格は、時と場におうじて変化する価格である。現代日本でも、たとえば早朝の魚河《うおが》岸《し》などにゆけば、そうした価格を目にする。それは競りで決まる価格である。店頭には商品がびっしりならび、同種類の野菜であっても、虫食いがあれば安く、味がよければ高かった。またアワやコムギは、豊作時には一斛《こく》(約二〇リットル)三〇銭程度だが、飢饉時は一斛一万銭にもなる。

平価は、少なくとも毎年旧暦一〇月に、県が決める価格である。後漢時代には毎月変更され、月平《げっぺい》ともよばれた。平価は、正確には「平賈《へいか》」と書き、戦国時代には「正賈《せいか》」ともよばれ、のちの「評価」の語源である。平価は実勢価格を参考に定められた。

固定官価・平価・実勢価格のうち、民同士の商取引では実勢価格が重要となる。官府への納税や、官府による支払・価格査定には固定官価や平価が優先された。固定価格と実勢価格があまりに離れているときには、とくに平価が基準とされた。つまり当時の物価は、必ずしもすべて固定されていたわけではなく、一物一価《いちぶついっか》の原則(同一商品の価格はひとつに決まっているという原則)は成立していなかった。国家が物価を完全に統制する市場は特例であった。*33

取引のテクニック

以上をふまえ、じっさいに市場に買い出しにいってみよう。当時市場で使われていた最小額面貨幣は銭一枚、つまり一銭であった。一銭未満の商品を売ることは不可能であった。ゆえに野菜とか穀物とかのバラ売りはない。なぜなら、当時一銭もあれば、ある程度の野菜や穀物を買えるからである。だから人びとはまとめ買いをした。野菜価格の上下は、たとえばネギ一本の価格が上下するというかたちではなく、一銭あたりのネギの本数が増減するというかたちであらわれた。こうして商人は競合し、商品を高く売ろうとし、買い手は商品を安く購入しようとし、売買は競りの様相を呈することになる。

良質の商品を安く買うにはテクニックが必要である。たとえば前漢の趙広漢《ちょうこうかん》は、鉤距《こうきょ》がうまかった。鉤距とは、あらかじめ売り手にたいして複数の商品価格を問い、そこから買いたい商品の言い値の妥当性を推測する手法である。たとえばウマを買いたいときは、イヌ・ヒツジ・ウシの価格を確認したあとでウマの価格を聞けば、ウマの価格が的外れか否か判断できる。[*34]

悪徳商人にだまされる買い手もいる。たとえばコメを売る者のなかには、計量器具に細工をする商人さえいた。かれらにとって、純粋無垢な子どものおつかいなどは、まさにカモがネギを背負ってくるようなもので、漢代には「ガキを市場におつかいにいかせるな」ということわざまであった。[*35]だから当時の官吏は、国が衡《はかり》の規格をしっかり定めておくことが、詐欺の防止につながるとのべている。

このように、値段交渉において詐欺まがいの行為が生まれ、買取価格が買い手ごとに大きく異なるのは、まえにのべたとおり、商品価格に一物一価の原則が適用されず、時と場におうじて価格が上下するからである。そして、買い手が高値で安物を買ってしまう理由は、買い手が前もって価格の正確な推移を知らず、どれがもっとも妥当な価格かを知らず、商品の質がどの程度かを知らないからである。

一方、売り手の側は、自分が売ろうとしている商品の市場平均価格を、買い手以上に知っている。ゆえに、相手をみて高値をふっかけ、悪質な商品を良質だと偽ることもできる。これは要するに、売り手と買い手のあいだで、相互のもつ商品情報の量と質に格差があるということである。しかも商品の売り手も、必ずしも世界中の商品世界すべてを俯瞰《ふかん》したうえで、ひとつひとつの商品価格を決めているわけではない。インターネットによって世界中の情報が飛び交うようになった現代社会においてもなお、そのようなことは不十分である。全国の城市を歩き回ることさえ困難な古代中国では、商品情報の把握はさらに困難であった。

要するに、当時の売り手と買い手はともに「不完全情報」に囲まれ、売り手と買い手のあいだには「情報の非対称性」が横たわっていた。その場合、売り手は買い手の無知につけこんで粗悪品を良品として販売する危険性がある。ゆえに、買い手もそれを前もって警戒し、全商品の品質を疑問視し、すべての商品を低価格で購入しようとする。結果、良品は適正価格で売れなくなり、商品の品質は全体的に下落しかねない。[*36] では古代中国の人びとは常時そういう疑心暗鬼にかられていたのかといえば、じつはそうでもない。ここで注目すべきが、市制と顧客関係のありようである。

当時の商取引は、既述のとおり、四壁内の市場に集中していた。そのぶん、商品情報の偏りは抑えられる。たとえば、現代日本で日用雑貨を買うときに、ほんとうに安くてよい品を手に入れるには、町中の店をまわる必要がある。日用雑貨を売る店は、町中にちらばり、どの店が特売日かも調べなければならない。だが古代中国では、売店は市場に集中していたので、どの店が一番安いかは案外わかりやすく、値段競争は予想以上にはげしい。

また市場では、しばしば売り手と買い手のあいだに慣習的な顧客関係が構築されていた。たとえば劉邦は若いとき、二軒の酒屋に入りびたり、年中ツケで飲んでいた。ツケ買いは貰《せい》とよばれる。このとき売り手は買い手をだまさず、商品価格も乱高下しない。さもないと、ツケはふみたおされ、顧客も失われる。これも商品価格を安定させる一因になる。[*37]

ちなみに家・家畜・奴隷などの大型取引では、いちどに数千銭以上が動くので、もめごとを避けるべく、ブローカー（儈《かい》）が活躍する。ブローカーは民から選ばれ、取引成立時に手数料をとり、商取引を公正かつ円滑に成立させる。だいたいは地元の顔役《かおやく》から選ばれる。ともあれ参考までに、漢代の物価の一端をリスト化しておく（表7-1）。それによれば、たとえば穀物は安価なときに二〇リットルで一〇〇銭程度、ウマ一頭は五〇〇〇銭程度、ウシ一

表 7-1 ●漢代物価一覧

種類	物品	価格	出典
穀物	米1石（20L）	1000余銭	『後漢書』朱暉伝（饑餓時）
	穀1石	1000銭	『後漢書』虞詡伝（高額時）
	穀1石	80銭	『後漢書』虞詡伝（安価時）
	穀60石	牛1頭	簡牘（居延EPF22.4-5。平価時）
	穀1石	100銭	『後漢書』第五訪伝（善政時）
	穀1石	30銭	『後漢書』劉虞伝（善政時）
田地	1畝（457㎡）	2000銭	簡牘（居延EPT50.33A）
	1畝	100銭	簡牘（肩水73EJT30:115）
器物	筆1	3銭	『御覧』巻605引『列仙伝』
	刀1	18銭	簡牘（敦煌1407）
	剣1	650銭	簡牘（居延258.7）
	弓1	550銭	簡牘（居延EPT65.126）
家畜	馬1	5500銭	簡牘（居延143.19）
	馬1	5300銭	簡牘（居延206.10）
	牛1	3500銭	簡牘（居延EPT53.73）
	牛1（2歳）	1200銭	簡牘（肩水73EJT27:15A, 16A）
	羊1	250銭	簡牘（居延EPT51.223）
飲食物	脯1束	10銭	簡牘（肩水73EJT23.294A）
	魚10頭	穀1斗	簡牘（居延EPT65.33）
	腎1具	10銭	簡牘（居延258.13）
	肉1斤（250g）	4銭	簡牘（居延EPT51.235A）
	胃1斤	4銭	簡牘（居延EPT51.235A）
	腎1斤	4銭	簡牘（居延EPT51.235A）
	肝1具	42銭	簡牘（居延EPT51.235A）
	腸1具	27銭	簡牘（居延EPT51.235A）
	酒1石	100銭	簡牘（肩水73EJT6.154A）
	醤1斤	10銭	簡牘（肩水73EJT23.294B）
	姜1升（0.2L）	20銭	簡牘（居延505.16）
	葱1束	4銭	簡牘（居延32.16）
	韭1束	3銭	簡牘（居延175.18）
	羊1	250銭	簡牘（肩水73EJT21.5）
	酒1石	140銭	簡牘（肩水73EJT21.6）
	胡餅	30銭	『三国志』閻温伝注引『魏略』
衣料	単衣1	500銭	『後漢書』呉祐伝
	裘1領	600銭	簡牘（肩水73EJT23.934）
	襦1領	900銭	簡牘（肩水73EJT37.1039A）
	履1両	150銭	簡牘（居延ESC86）

頭は三〇〇〇銭程度であった。また奴隷は一万五〇〇〇〇銭前後で買えることも知られている。

市場の階層性

どの店で欲しいモノを買うべきか。

日常品を買うときは、郡市や県市にいかずとも、近くの小市場（郷市《きょうし》、夜市、街道上の臨時出店など）の坐賈で十分であろう。山奥にすむ者にとっては、たとえば魚さえ容易には手に入らず、いちいち数百キロも離れた市場に買い出しにゆかねばならない[*38]。小市場では、地元民が不用品を売り、必需品を買うことが多く、そのぶん日用品の購入に便利であった。プロの大商人が遠距離交易によって利益をあげたのにたいして、ふつうの農民はせいぜい農作物を車につんで、地元の市場に売りにゆくにすぎない。同じ商売でも、両者の行動範囲には大きな差がある[*39]。

もっとも、地元民は秋に作物をいっせいに売るので、たたき売り状態になりやすい。資金のゆたかな商人はこの機を逃さずに作物を買い占め、春に高値で売る。余財をもつ官吏のなかにも、こうした商売を営む者がいる[*40]。ほんらい農民も時期をズラして作物を売ることができればよいはずであるが、それは現実にはむずかしい。かれらには作物以外に売るものがなく、それにもかかわらず冬用の綿入れを買い、すきま風のとおる家を修理し、収穫祭の出費に備えねばならず、冬の寒さで死人が出た日には葬儀代も必要となる。ゆえに秋の時点で銭をためこんでおかねばならない。

こうした小市場の商売人は、必ずしも官吏の監視下にあるわけではなく、毎日その場にいるともかぎらない。店をかまえていないぶん、かれらは自由に商品を売買でき、夷蹲《あぐら》や旁臥《ごろね》をしている者もいた。織物や不用品を売る農民もいた。それらの日用品や不用品の質は、とうぜん職人がつくった商品にはおよばず、品種も豊富とはかぎらず、めずらしいモノでもなかった。

そこでは高額貨幣（黄金や布帛《ふはく》）よりも小額貨幣（銭や穀物）が好まれやすい。とくに極小・悪質の銭は、監視のきびしい列肆では受けとりを拒否されるため、坐賈のもとに集中・滞留しやすい。逆に、高額貨幣は坐賈にとっては場違いなものであり、おつりの準備も面倒なので、好まれなかったろう。たとえていえば、駄菓子屋《だがしや》に黄金の延棒《のべぼう》を持参する者がいないのと同じである。

郡市や県市

一方、郡市や県市は人口のあつまる場所で、遠くからも人びとがあつまる。郡や県の官吏もここで必需品を買った。県市では、県の行政府による売買や税金の取り立てもおこなわれた。それゆえ郡市や県市には、生活必需品のみならず、ふだんお目にかかれないような高級品までもが陳列されていた。その意味で古代中国の市場には、商品群の価格の高低や品質の良悪におうじて階層性があった。

郡市・県市の列肆は、店構えや金銭受領の状況にいたるまで、事細かく官吏の監視下にあり、客には官吏もふくまれていた。そこには「悪質で、その幅や長さが規定に満たない麻織物は、貨幣として流通させてはならない」[*41]という規定があり、良質の貨幣が交わされる確率が高かった。

そこでは遠方からもちこまれた貴重品も売買される。その仕入れと運搬には多くの危険があり、莫大な取引費用がかかり、それをなしとげて富を成したのが『史記《しき》』貨殖《かしょく》列伝に名を連ねる大商人である。かれらの多くは各地の官吏と昵懇《じっこん》の仲で、製造業（製鉄業など）と販売業の両方を一手に掌握し、うまく取引費用を削減した。郡市や県市には官吏がおり、そうした高級品を購入する者もおり、商売がなりたつ。

このように郡県レベルの市場と、それ未満の市場とでは、商人の質も異なれば、陳列物も異なる。ゆえに、たとえば農作物を売り、高級化粧品を買うときには、いくつかの市場を渡り歩く必要がある。その参考例として前漢後期の王褒《おうほう》がつくった、ユーモアと諷諭《ふうゆ》とリズムに富んだ文学作品「僮約《どうやく》」が挙げられる。[*42]そこには、郡県レベルの大市場で高級品を仕入れ、それを小市場で売りさばく日常風景や、市場内の路上で大声を出して商売をする一奴隷の姿が描きだされている。かれらのなかには、あぐら・ごろ寝をしている者や、客引き途中で悪言をいったり、どなったりする者もいた。どこでもだいたい同じ商品が買える現代日本のコンビニエンスストアとは異なり、古代中国の市場では、場所ごとに商品が異なっており、ゆえに商品を売買する者は、追いはぎ・泥棒に気をつけながら、各地の市場を歩き回らねばならなかったのである。

第8章　農作業の風景――午後一時頃

農民たちの姿

ようやく朝の喧騒《けんそう》もうすれ、人びとはそれぞれの仕事に集中している。天気は少し雲が出ている程度で、青空がひろがっている。朝から畑で除草作業をしている農民たちは、直射日光にすっかりまいってしまっている。なかには笠《かさ》をかぶり、直射日光を避けようとしている者もいる（図8-1）。多くの農民は日光を浴び、首もとが黒くなっており、もはや日焼けのせいか、汚れのせいかもわからない。男性も女性もシワが多く、手には胼《たこ》や胝《まめ》もあり、労苦をしのばせる。[*1]

図 8-1 ●畑仕事のようす（1953 年徳陽柏隆出土。四川博物院所蔵画像石。拓本）

かれらは蓑笠《みのかさ》をかぶって田畑に立ち、作柄《さくがら》を案じている[*2]。にわか雨が降ってきたので、農作業を中断して桑木のもとで雨宿りをしよう[*3]。農作業にとくに努めた者は力田《りきでん》とよばれ、国家から賞賜を受けられるので、雨にも負けずに雨衣（萆《ひ》）をきて働きつづける者もいるようである。

華北を一望すると、いまや鉄斧《てっぷ》による森林伐採がすすみ、ムラ周辺の田畑はかなり拡大している。農民は、農閑期《のうかんき》にはムラにあつまって暮らしているが、農繁期《のうはんき》には田畑の近くに小屋を建て、そこで寝起きをしたかもしれない[*4]。とくに大都市にすむ農民は、自宅から城外の田畑まで距離がある。農具をいちいちもちかえるのもひと苦労である。かといって、先端に金属のついた農具は貴重であり、盗まれることもあるので、田畑に放り出しておくわけにはいかない

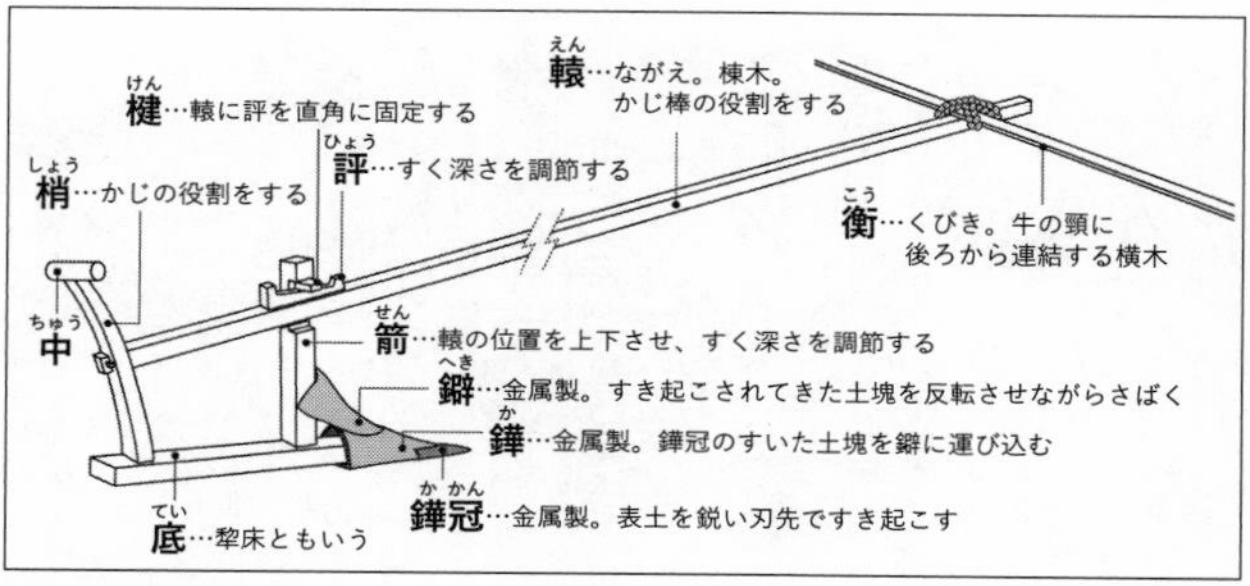

図 8-2 ●漢代の犂

（図8−2）。じっさいにある農民は、農具を置き忘れ、隣人が盗んだと早とちりしている。[5]

　ムラや都市の実家には老人や子どもが残されている。とくに農繁期にイナゴでも発生すれば、官吏が働き手をひきつれて田畑に対処に向かわねばならないため、ムラは閑散とし、[6] せいぜい家事をしている女性が少しばかりいるほかには、老人と子どもを残すのみである。老人と子どものなかには、毎日お弁当（壺餐《こさん》・饟《じょう》）をつくり、田畑で働く父母に届ける者もいた。[7] 華北のムラではブタやニワトリが飼われており、[8] 老人や子どもはその面倒もみる（図8−3）。ほんらい七〇歳をすぎた老人などは、杖をつきながら、きよらかな川辺を眺《なが》め、鳥のさえずりに耳をかたむけたり、小魚の泳ぐのを楽しんだりして、ゆっくり余生を送りたいはずであるが、[9] 貧乏農家ではそうもいっていられない。

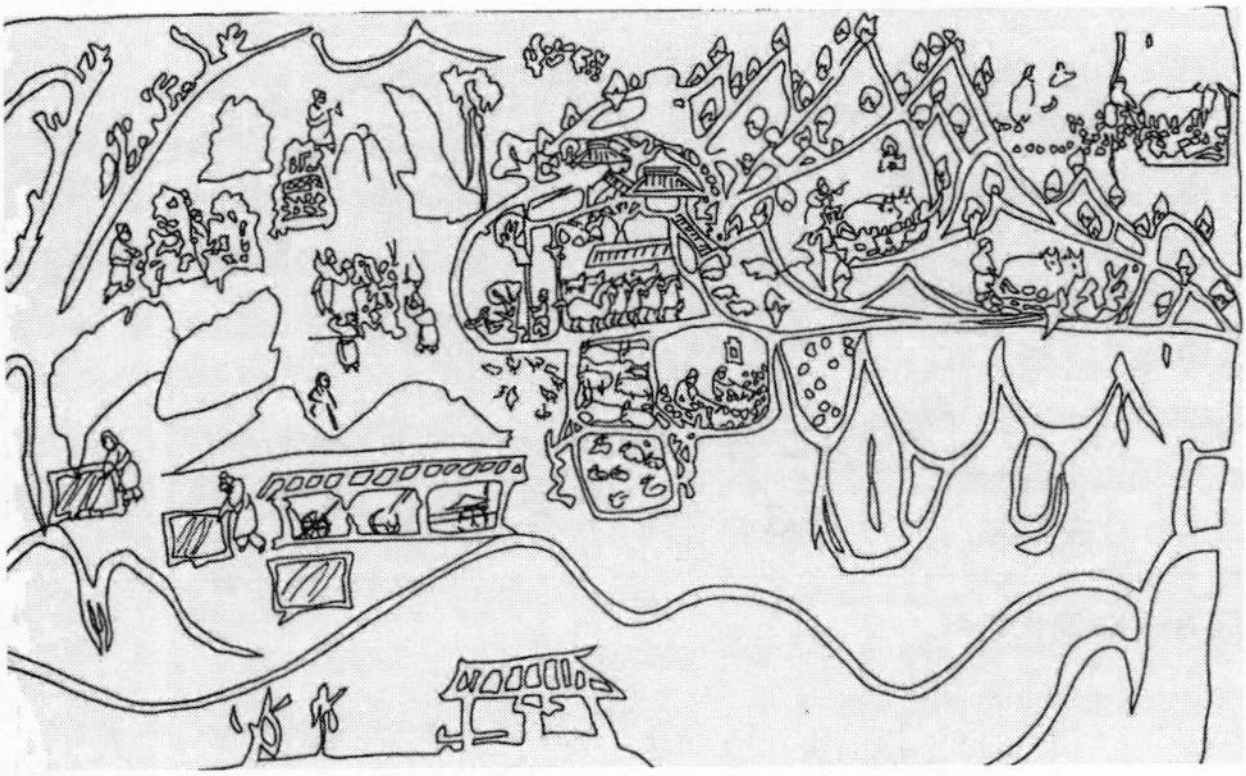

図 8-3 ●ムラの生活風景（ホリンゴル漢墓壁画。模写）

華北農業のつらさ

ひとことで「農業」といっても、その実態は地域によってさまざまである。華北では、雨水に頼る畑作（天水農業《てんすい》）が中心であり、その作業はたいへんであった。

たとえばヨーロッパでは、冬に雨が降り、そのあいだ雑草はあまり生えない。だから夏の終わりに家畜を用いて土を雑草ごと掘り返し、それを肥料にすれば、あとは穀物の収穫をまてばよい。

だが華北では、夏に雨が降り、そのとき穀物も雑草もともに田畑で繁茂《はんも》する。雑草を取り除くには、農作物を傷つけぬように、ひとつひとつ雑草を手で抜くか、ナタで切りとらねばならない。このとき穀物の間引《まびき》作業もする。除草と間引をまとめて治苗《ちびょう》とよぶ。治苗は播種《はしゅ》とならび、もっとも労力を要する。たとえば労役刑徒であっても、治苗や播種の時期となれば、二〇日間の帰宅が許されたほどである。[*10]

華北における田畑での苦労はそれだけではない。そもそも華北を覆《おお》う「黄土」は、ヒマラヤ山脈から飛来する土よりなり、均質な堆積をなす。そうしてできた土壌を黄綿土《こうめんど》といい、粒子が細かく粘り気がなく、植物も育ちにくい。黄綿土のなかには、土粒と土粒のスキマが連なってスジ（毛細管）が形成されやすく、それをつたって地下水が上昇し、空気中に蒸発することになる。それは土壌の乾燥化・砂漠化を招き、乾いた地表では塩類集積も起こり、そうなると作物栽培はできない。かりに土地を水田化すれば、こうした毛細管現象は予防できるものの、まえにのべたように、古代の華北ではアワ・ムギの畑作が中心であり、水田化はむずかしい。また田畑近くに森林があれば、動物の糞尿《ふんにょう》や枯葉が腐植《ふしょく》となって田畑の土粒同士をまとめる役割を果たすため、やはり毛細管現象を防ぐことができるが、戦国時代以後の華北では木材調達や農地拡大を目的とする森林伐採がつづいている。

となれば、残る手立ては、耕作者がたえず土壌表層を攪拌《かくはん》しつづけ、毛細管の形成を防ぐほかはない。この作業を耰《ゆう》という。具体的には、土を掘り起こして砕き、それをタネにかけ、土中の水分の蒸発を防ぐことである。このように耕作と施肥《せひ》をつづけると、黄綿土は塿土《ろうど》というゆたかな土壌へと変貌をとげる。秦漢時代以来の華北にはこうした黄綿土や塿土が点在している。

黄河下流域には黄潮土《こうちょうど》という土壌もひろがっており、それは長年にわたって黄河が流してきた黄色の土である。以上のごとき多様な土壌の俗称こそが「黄土」である。よって「黄土＝ほうっておいても作物の育つ肥沃な土地」ではなく、むしろ華北農業は往々にして重労働であったといわねばならない。*11

南中国の水田と焼畑

田畑の耕し方は、場所によってさまざまである。戦国時代には、幅一四㎝程度の鋳鉄《ちゅうてつ》製の先端をとりつけたスキ（作条犂《さくじょうり》）が使われ、耕すことのできる深さは一〇㎝程度であった。当時はすでにウシに鼻輪をとおす習慣があり、*12それによって耕牛に作条犂をひっぱらせた。一方、長江流域では棚田《たなだ》が多く、そこでは小回りが求められるので、人が牽引するタイプの犂が好まれたようである。

こうしてつくられた作物をみると、華北ではアワ・キビ・オオムギが多い。アワは現代日本でも栽培され、五月下旬に播種すると、八月下旬に出穂《しゅっすい》するものが多い。朝食時に説明したように、コムギの作付面積も少しずつひろがっており、華北のコムギは毎年旧暦の八〜九月頃に作付し、翌年五月頃に刈りとるタイプのいわゆる冬小麦《ふゆこむぎ》が主であったとみられる。*13

ヒエ・アワ・キビはコメに比べ、一般にタンパク質・脂質・カリウム・カルシウム・マグネシウム・リン・鉄・亜鉛・銅・マンガンが多く、意外と栄養豊富である。もちろん精白《せいはく》（玄穀《げんこく》の外側の糠層《ぬか》を削って調製する作業）の度合《どあ》いによって栄養分は変わり、たとえば搗精歩合《とうせいぶあい》九〇％（一〇％削る）よりも、搗精歩合七〇％のほうが、栄養分は減るものの、そのぶんおいしい。アワやキビは「収穫→脱穀（茎《くき》からはずす作業）→脱稃《だっぷ》（籾殻《もみがら》をはずす作業）→精白」をへてから食べることになる。

南中国では水田稲作がさかんである。ただし、とくに多湿な地域では、雑草を管理する必要があるため、焼畑を好むところもある。いったん野焼きをすると、延焼範囲をコントロールしにくいので、焼畑は平地でなく、斜面のあるところでおこなわれる傾向がある。焼畑民のなかには歴史上、森林の落葉・枯草の量や、乾燥状態・火入れ方角を計算し、延焼を予防する技術をもつ者もいたことが知られているが、漢代の人びとがどれほどの技術を有したかはわからない。

焼畑民は、春に森林を伐採し、乾燥させたあと、火を放って焼き払い、そこにイネなどをまく。このときに土壌を焼くことには、いくつかの利点がある。第一に、草木を焼くことで得られる灰には、ミネラルなどがたくさんふくまれている。第二に、土壌にふくまれる塩類も、火をとおすことによって、穀物に吸収されやすくなる。第三に、土壌を焼くことは、雑草・害虫・病原微生物の駆除につながる。第四に、土壌内で休眠中の植物は、地熱の上昇によってみな目を覚ます。第五に、森林内の動物が増えすぎるのを防ぐことができる。

こうして焼かれた畑では、初年次には雑草がほとんど生えず、害虫も少なく、収穫高も高い。ただし三年もたつと、ふたたび雑草が増えはじめ、土中の栄養が不足するので、べつの焼畑候補地を選定することになる。もとの畑は休耕地・休閑地となり、地力の回復をまって、ふたたび焼かれることになる。[*14]

火入れによって失われる養分もあり、それを補ってやる必要があるため、休耕期間が短すぎるのはよくない。焼畑用具は現在もシンプルで、焼け残った木を切る刀や、種をまく穴をあけるための棒くらいである。よって古代の焼畑用具もシンプルであったとおぼしい。[*15]

平均の収穫高

以上をふまえ、農村の平均的収穫高をみてみよう。[*16] 貧富の格差は大きいが、ふつうは一里＝約一〇〇戸、一戸＝四～五人、一戸あたりの労働人口＝二～三人である。つまり戸とはだいたい核家族をさす。多くは戸ごとに三〇畝《ほ》程度の土地を耕し、なんとか生計を立てているが、これは大人三人がギリギリ生活できる収入で、当時も「貧」とよばれた。人びとが貧乏になりたくないという気持ちをもつことは今も昔も同じであるが、こればかりはいかんともしがたい。

ここでいう「畝」とは、もともと一〇〇歩（約一九〇平方メートル〔㎡〕）をさし、遅くとも漢初までには二四〇歩（約四五七㎡）の土地面積をさすようになっている。[*17] 田畑一畝あたりのアワの収穫高は、当時だいたい四斛《こく》弱（八〇リットル弱）である。[*18] 三〇畝では一二〇斛弱となる。

ここで戦国時代の法律をひもとくと、イネ・アサノミは一畝ごとに約二・六斗（約五・二三リットル）、アワ・オオムギは一畝ごとに一斗（約二リットル）、キビ・アズキは約〇・六斗（約一・二リットル）、ダイズは〇・五斗（約一リットル）を播種することになっている。[*19] 一斛＝一〇斗である。こうした播種量は品種改良でもしないかぎり変わるものではないので、漢代でもおおむね同じであろう。つまり三〇畝にアワを植えるには、タネとしてのアワが三斛必要である。

これに加えて、かりに収穫の一割を納税したとして、成年男性が年間三六斛程度、女性や子どもが二五斛程度を消費したとすると、[*20] 収穫分はほぼ尽きることになる。多毛作はまだおこなわれていないので、[*21] これ以上の穀物収入は見込めない。ここに衣料費・冠婚葬祭費・祭祀費などの支出が加わることになる。[*22] 飢饉や戦争があった日には目もあてられない。蓬《よもぎ》・藜《あかざ》・桑の実・ガマ・ニラといった植物や、カタツムリなどに手を出してでも、食いつなぐほかはないけれども、[*23] いずれにせよ三〇畝の貧家では、農業以外の収入も必要であろう。

そのひとつは、農閑期に、非常勤の官吏や労働者として役所に務めることであり、それによって人びとは最低限、食費や衣料費だけでも浮かせることができた。当時は、独り身の労役刑徒にたいしても食費と衣料費が支給されていたので、[*24] 非常勤の官吏や労働者にたいしても相応の待遇がなされたとみてよい。その意味で秦漢帝国は、働く意思のある者にその機会を提供する場でもあったのであり、それは結果的に、有効需要を増やすケインズ政策的な役割をもっていた。しかしそれでもまだ家計が十分に満たされることはなく、穀物以外の収入源をもつ農民が多かった。

家計を支えるもう一本の柱①——絹織物業と桑栽培

農民の家における、穀物以外の収入源として、織物業（おもに麻と絹）を忘れることはできない。麻か絹かは地域ごとに異なる。織物業を重視する背景には、男耕女織《だんこうじょしょく》・夫耕婦織《ふこうふしょく》という考え方があった。これは、「男は農地を耕し、女は機織《はたおり》をすべし」「夫は農地を耕し、妻は機織をすべし」という意味である。これらはもともと一部の学者が説く理念にすぎなかったのであるが、のちに政府のプロパガンダとなり、戦国後期には早くも「機織は女性の仕事」「妻は家内分業として機織をする」「家族の衣服は妻が織る」との前提をもつ法律もつくられている。[*25] その収入がいわば補助ボンベとなり、農家の家計を支えることになる。

もっとも、女織・婦織は前漢中期以降、道徳的に称賛すべき行為とされる反面、それによる利潤追求は批難された。[*26]「がんばって家業を支えるのはとうぜんだ。でも利益を求めすぎるな」というわけである。また女性のなかには、商業・農業・家内労働・雑務・乳母・卜者・巫医に従事する者もおり、みなが織物業を営んでいたわけではない。[*27]しかも、アワなどと麻・桑とは、栽培の時期や場所がぶつかりやすく、穀物栽培と織物業を両立する家庭がじっさいにどれほどあったかは疑問である。つまり、一般農家における織物業の生産量を過大視することはできない。だが前述したように、それが家計を支えるひとつの補助ボンベになったのはたしかである。ここではそのようすをもう少し細かくみよう。

絹織物業は古来、黄河流域で発達し、とくに斉（山東省）のものが有名であった。[*28]絹織物の素地は黄や白で、[*29]涅《くろつち》や丹《たん》によって黒色や赤色に染めあげられることが多い。周知のとおり、絹はカイコがつくる繊維である。当時のカイコは、現在のカイコ（bombyx mori）と同じく、桑の葉を食べて成長し、繭《まゆ》をつくる。家蚕《かさん》（家畜化されたカイコ）が用いられることが多いが、野蚕《やさん》も用いられた。[*30]カイコはイモムシに似ており、当時から女子などに気持ち悪がられていたが、それが稼ぎにつながるとなれば話はべつであり、女の子たちも目の色を変えて働いている。[*31]

カイコは「卵→幼虫→サナギ→成虫（蛾《が》）」というかたちで変化する。幼虫は桑の葉を食べながら約二五日間に四回脱皮し、そののち約二日間で繭をつくる。そして一〇～一五日程度で成虫になる。当時は一化性《いっかせい》（一年に一世代のカイコ）が基本で、毎年旧暦四月頃に卵を産む。だから家々では卵をたいせつに保管し、年越しをする。だが放っておくと二月（旧暦一月）前後に孵化《ふか》してしまい、そのころは桑の葉がないので、幼虫は死ぬことになる。おそらく氷室《ひむろ》を活用し、卵の冬眠状態を維持させたのではないか。

伝統的な養蚕《ようさん》と栽桑《さいそう》の手法に加えて、漢代に著わされた『礼記《らいき》』月令《がつりょう》や『四民月令《しみんがつりょう》』という書物を参考にすると、人びとは旧暦三月頃に卵の孵化準備をし、旧暦四月中下旬に上蔟《じょうぞく》（幼虫を個別飼育用の容器に入れる）する。そして成虫になるよりもまえに、一〇～一二日程度で繭を乾燥もしくは冷凍させ、カラカラ音がするくらい乾燥したら繭を煮る。湯のなかで繭を少しこすると糸がほぐれるので、道具を使って糸繰《いとく》りをする。繭一粒あたり約一三〇〇m（約二g）の生糸《きいと》がとれる。玉繭（幼虫二頭以上よりなる）や汚れ繭、穴あき繭などは、灰汁《あく》（アルカリ成分）で煮てやわらかくし、真綿《まわた》にする。織物一反（三六cm×一二m）をつくるには、おおよそ繭二四八〇粒、桑五二・二kg、生糸九〇〇gが必要である。

カイコの飼育には桑の葉が必要で、桑摘みもおもに女性の仕事であった。背の高いタイプの高桑《たかくわ》を栽培する家でも、女がたくみに木に登り、鉤《かぎ》を用いて桑の面倒をみた。[*32] 金もちや貴人の家では、さすがに夫人がみずから働く例は少ないが、[*33] ほかの家では、女性が桑摘みから機織までを器用にこなした。あとでのべるように、夜にはムラの女性があつまって機織や糸繰りをしており、女たちは女性だけのコミュニティをつくって、分業をしたようである。男たちが機織以外の作業にかかわることもあるが、[*34]その頻度はよくわからない。南北朝時代の詩歌によれば、女性は一三歳頃から機織をし、一四歳頃から桑摘みをはじめるのがふつうであったようである。[*35]

家計を支えるもう一本の柱②――麻織物業

つぎに麻織物業をみてみよう。麻は植物で、雄株《おかぶ》から上質の枲麻《しま》、雌株《めかぶ》から質の劣る苴《しょ》がとれ、苴は衣料にならない。当時の麻といえば、狭い意味では大麻（hemp）をさし、広い意味では苧《ちょ》（イラクサ科の多年草。ramie）などをふくむ。漢代には、北中国で大麻、南中国で苧がよく栽培された。大麻や苧を栽培するためには、肥沃な土地が必要である。漢代の『四民月令』によれば、苴麻（食用）は旧暦二、三月に、枲麻（衣料用）は旧暦五月に植えられる。北魏時代の『斉民要術』という書物でも、苴麻は旧暦三月頃、枲麻は夏至前後（旧暦五月中旬）にタネをまくものとされている。[*36]これらの作業は、ちょうど穀物のタネまきと時期的に重なるので、麻栽培は穀物栽培と競合しやすい。

そのあと、おそらくは旧暦八月頃に枲麻を刈りとり、一ヶ月ほどおいておく。すると枲麻は茶色になり、それを川で一ヶ月ほどさらすと、余分なものがとれて茎《くき》の繊維が残る。それを灰汁で煮こみ、ふたたび水にさらし、そのうえで繊維を手で一本一本析《さ》いて格子状にし、織物をつくってゆく。『四民月令』は、麻を析く作業を旧暦一〇月頃としている。

おりしも旧暦一〇月頃は川が冷たくなりはじめており、作業者の手にはあかぎれができやすくなる。そのため春秋戦国時代には、あかぎれ止めの薬がつくられ、とくに評判のよい良薬を発明した一族は、かれら自身が親子代々、真綿を水でさらすことを生業としていたという。[*37] 秦漢時代になっても、川で麻をさらす女性はいる。次章でのべるように、そこを通りかかった男性は、しばしば彼女たちをナンパの的《まと》にしたり、からかったりしている。洗濯も女性の仕事であり、そのなかには気立てがよく、就職に失敗して川辺でうなだれている男性に食事を恵む者もいる。「いつかお母さんに報いますから」。「なにいってんだい、食費すら稼げないくせに。そんなこと望んじゃいないよ」。女性の芯《しん》の強さをうかがわせる逸話である。[*38] ともかく織物業はけっしてラクではない。

山での暮らし

漢代には農業や織物業以外の仕事も数多くあった。むしろ秦漢時代は比較的温暖で、山林にはゆたかな植生《しょくせい》が残っており、野生動物もいた。そのため民の狩猟採集への依存度は低くなかった。[39] 後漢時代には、農業とべつの仕事との兼業が禁止されていた時期もあったが、これは多くの者に損失を与えた。[40] つまり、当時は実態として兼業者が多かったのである。たとえば漁業。中国には黄河・淮河・長江の三大河川以外にも、縦横無尽に河川が走っており、多くのムラは河川沿いにあり、漁業は重要な仕事である。鉤《つりばり》、餌《えさ》、網《おおあみ》、罟《こあみ》、罾《よつであみ》、笱《やな》が仕事道具である。昔、ある人物が越《えつ》の会稽山《かいけいさん》に腰をおろし、東海に釣針《つりばり》を垂らし、巨大な魚を釣りあげたとの伝説があるが、じっさいに大海原《おおうなばら》に出る漁師もいたであろう。川魚を扱う漁師もいた。釣竿《つりざお》と釣糸《つりいと》をかついで田畑の灌漑《かんがい》用水路にゆき、そこで鯇《さんしょううお》や鮒《ふな》などを相手にする者もいた。[41] 太公望《たいこうぼう》のように人知れず山奥の岩場で釣糸を垂れる者だけでなく、河川でヤナを仕掛ける者もいる。釣りは農閑期にもできる仕事のひとつである。このほかに、カワウソ漁などもおこなわれた。[42]

狩猟も重要である。鳥を捕るときは弓・弩《ど》・畢《とりあみ》・弋《いぐるみ》（矢に糸をつけて鳥や魚を捕らえる道具）・弾《ぱちんこ》が用いられ、[43] 地上の動物には木製の罠《わな》（削格《さくかく》）、追い込み罠（羅絡《ららく》）、ウサギ用の罠（罝罘《しゃふ》）が用いられた。たとえば沢辺にはキジがおり、カゴの鳥より幸せそうにみえるが、[44] しばしばパチンコの犠牲になる。山奥には貂《てん》・鼬《いたち》・鼯《むささび》もおり、それらの毛皮は高く売れる。警察署長（亭長）が民をひきつれて狩りにゆき、トナカイ・シカ・キジ・ウサギなどを獲物とすることもあり、官民がいっしょになって稼ぎとした。[45] もっとも、当時は自然環境を維持するべく、人びとの山林への立ち入りは季節によって制限されており、そのため狩猟は期間限定の仕事であった。

木こりもおり、樹齢一〇〇年におよばんとする巨木を伐採し、儀礼用の樽《たる》をつくったりしている。[*46] 楸《ひさぎ》・柏《ひのき》・桑といった木材は斧《おの》や斤《まさかり》で伐採され、太さが三抱え四抱えなら高楼建築用の棟木《むなぎ》、七抱え八抱えなら貴族・豪商用の棺桶《かんおけ》などに使われた。[*47]

山では玉《ぎょく》も採れることがある。中国では古来、透明な西洋宝石類でなく、乳白色の玉製品を重んじる。

図8-4●玉璧（馬王堆2号漢墓出土。湖南省博物館所蔵）

新疆《しんきょう》ウイグル自治区の和田《ホータン》付近が産地として有名である。ひとつの玉製品をつくるには、原石を川辺で採取する者、それを鑑定する者、原石をみがいて玉とする者、玉を加工する人がおり、みな職人芸であった。戦国時代の伝説的な玉製品として和氏《かし》の璧《へき》があり、一五の城と交換されるほどの価値をもっていた（図8-4）。

牧畜から猿回しまで

ふと城外をみわたすと、ヒツジを放牧している者もいる。だいたいは使用人の仕事である。牧羊で財をなした者（たとえば猗頓《いとん》や卜式《ぼくしき》）もおり、とくに華北では広くおこなわれ、長江流域にもヒツジ飼いがいた。*48 そのなかには、仕事中に読書やらバクチやらに集中し、ヒツジを見失う者もおり、*49 主人にこっぴどく怒られている。

また長江上流域では山地民が、暖かい低地で冬を、寒い高地で夏を過ごす移牧《いぼく》を営んでいる。移牧とは、牧草をさがして広大な草原地帯を平行に移動するタイプの遊牧とは異なり、むしろ山地などで標高差を利用し、狭い範囲でおこなう牧畜である。山地と盆地では標高差・温度差があるため、牧草の育ちぐあいが異なり、たとえ直線距離は近いところであっても、山を登りおりするだけで、家畜は新たな牧草にありつける。ここに移牧の利点がある（図8-5）。

じっさいの牧畜では、遊牧も移牧も混在しているケースが多く、農業と牧畜を兼業する者も少なくなく、かれらの行動範囲も広い。たとえば、万里の長城付近はふつう農牧接壌地《のうぼくせつじょうち》帯《たい》とよばれ、それより北を遊牧地帯、南を農業地帯とすることが多いが、じつは長江流域でも牧畜はおこなわれている。その逆に、モンゴルといえば水平移動による遊牧がさかんと思われがちであるが、じつは山岳を利用した移牧も少なくなく、長城以北にも移牧はあった。図8-5は、長城付近のオルドス地方で移牧が行なわれていた証拠であろう。加えて、モン

図 8-5 ●移牧（オルドス市オトク旗鳳凰山漢墓出土壁画。徐光冀主編『中国出土壁画全集』〔科学出版社、2011 年〕所収）

ゴルや内モンゴルでは古来キビ栽培もなされ、長城以北の生業を遊牧のみだと評するのは正確でない。ウマの繁殖は長城以北が有利であるのはまちがいないものの、かといって、農と牧をきれいに区別しようとするのはゆきすぎである。[*50]

以上の漁業・狩猟・木こり・玉製品業・牧畜業などは、いずれも山林河川の恵みを頼りにしたものである。ただし、そうした山林河川を活用するときには、国家の禁令に抵触《ていしょく》しないようにせねばならなかった。たとえば戦国時代には、春（旧暦一〜三月）には材木を伐採することや、河川をせき止めることが禁じられ、夏（旧暦四～六月）には野焼きや、幼獣・幼鳥の狩猟、さらには鳥獣の卵やある種の植物の採集が禁じられていた。[*51] じつは古代の国家も、自然環境保護やサステイナビリティに多少とも注意を払っていたのである。

ほかにもさまざまな仕事がある。たとえば前漢中期の匡衡《きょうこう》は、農業をしながら、学費のために賃労働もした。[*52] 漢初の将軍周勃《しゅうぼつ》は若いころ、カイコを育てる道具（薄曲《はくきょく》）をつくりながら、葬式のたびに楽人《がくじん》として吹奏楽器の簫《しょう》を吹いた。[*53] 植木屋（場師《じょうし》）もいる。猿回しもおり、芧《とち》の実をエサとしてサルを手なずけている。[*54] これらの仕事は、「副業」というよりも、むしろりっぱな収入源であった。しかし、穀作を重視する官吏や歴史家の目には、それらはあくまでも「副業」、もしくは周縁的な仕事として映るほかなく、その実態は史書にあまり書き残されていない。

第9章　恋愛、結婚、そして子育て——午後二時頃から四時頃まで

昼寝の時間

空には太陽が輝いている。

三世紀末の詩に「明け方から文書を整理し、夕方になっても眠るヒマさえない」と歌われているように、繁忙期の官吏は朝から働きどおしである。だがそのほかの官吏は、そろそろ昼寝の時間であろう。

昼寝をする者の姿は、南北朝時代にみえる。[*1]そのはるかまえの戦国時代にも、荘子《そうし》が「昼寝をしたときに蝶々《ちょうちょう》になった夢をみた」云々《うんぬん》といっている。よって戦国時代と南北朝時代

にはさまれた秦漢時代でも、昼寝はあたりまえの習慣であったとみてよい。もっとも、当時は夢占いがさかんで、そのなかに昼寝のときにみた夢は占わないとのルールがあったので、[*2]昼寝の夢の意味を気にしているのは荘子くらいのものであろう。

このような昼寝の習慣について、現代日本人の多くは「ずいぶんよいご身分で」と思うかもしれない。だが昼寝は、現代の中国においても重視されている。昼寝は必ずしもムダなことではなく、むしろそれによって仕事の効率があがることがある。そのため、昼寝をたんに怠惰や非効率の象徴とみなすのは、じつは問題がある。とはいえ、現代中国では昼間に休憩時間と称して、役所や博物館などが閉まることもあり、客からすれば不便でもある。古代中国の人びとが昼寝の利点と欠点をどう考えていたかは興味深いところである。

ナンパではじまる恋心

ここで庶民の暮らしぶりに目を移すと、午後二時頃ともなれば、農作業をしている者や、市場で商品を売買する者など、みなさまざまである。そうしたなか、ムラの外へつづく道を十代の男女が歩いているのがみえる。どうやらかれらは恋人同士のようである。

古代中国の文献には、じつは「恋」字がほとんど登場せず、数少ない事例もせいぜい「思う」や「しのぶ」といった意味である。「恋愛」という熟語も存在しない。「愛」字は古くから男女間の「Love」を意味するものとしてみえるが、やはり使用例は多くない。西暦二世紀以降には、「情」字がいわゆる恋愛をさすようになるが、その使用例も多くはない。昔の儒者や歴史家は頭でっかちの者が多く、色恋沙汰《いろこいざた》にはほとんどみてみぬふりをしているようである。だがじっさいには、文字はみえなくとも、昔の人びとに恋愛感情がなかったわけではない。[*3]

むろん、ひとくちに「恋愛感情」といっても、その定義はたいへんにむずかしい。『日本国語大辞典［第二版］』には「特定の異性に特別の愛情を感じて恋い慕《した》うこと。また、その状態」とあるが、恋愛は異性間にかぎられるものではなく、「恋い慕う」という説明も「恋愛」の同語反復であり、あまり説明になっていない。むしろ恋愛の定義にかんしては、二〇一八年五月～一一月の小学館のキャンペーン「あなたの言葉を辞書に載せよう」で、一般人が寄稿した文のほうがよほど的《まと》を射ている。たとえば、「一瞬で人生を苦しくさせるし、それ以上に人生を幸せにしてくれるもの」、「相手を通して、自分自身と向き合うこと」、「感情の汲み取り合戦」等々。おそらく本書読者の皆さんも、くどくど説明するよりまえに、恋愛のなんたるかを知っているであろう。定義にこだわるよりも、さっさと秦漢時代の恋のようすをみてみることにしたい。

恋はしばしば道ばたでのナンパではじまる。桑摘《くわつ》みの季節になると、女性たちは桑畑で葉

図9-1●佩玉をつけ、曲裾をまとった女性（うぱ氏作画）

を摘む。それはウメの実が落ちはじめる晩春である。[4]そこに美女がいると、未婚か既婚かを問わず、男性陣はすぐに声をかける。もし佩玉《はいぎょく》をもらえればOKのサイン（図9-1）。

ある男は妻とともに田畑に出かけ、近くの桑畑で働く美女を口説いている。だが失敗して田畑にもどってみると、妻は怒ってその場を立ち去っていた。[5]なかには数年間の単身赴任を終えて郷里に帰った者が、途中で美女に声をかけたところ、じつは自分の妻だったという、喜劇とも悲劇ともつかぬ説話もある。[6]夫が道ばたで桑摘み中の美女をナンパし、振り返ってみると妻もべつの男性に言い寄られていたとの笑い話もある。[7]かの孔子さえ弟子をけしかけて、川辺で洗濯中の女性を口説かせ、失敗している。[8]似たような説話は春秋時代から南北朝時代の史料に数多くみえ、古来どこにでもみられる風景であったらしい。

いざナンパをするときには、戦国時代以前の貴族社会であれば、男性が女性に歌をうたい、女性がそれに返歌をするというやり方がとられた。それによって恋愛感情をたしかめあってゆくことを歌垣《うたがき》とよぶ。歌垣にさいしては、女性もドキドキしながらイケメンを求める。女性が「イケメンを求めたのに、ガマガエルがきた」と嘆く詩もあっておもしろい。[*9]もっとも、うまく詩歌をよめる者など、周代の貴族くらいのもので、庶民はもっとダイレクトにナンパをしていることが多い。

ともかくこのようにして人びとのあいだに恋愛関係が生まれる。なかには悶々《もんもん》とした日々を送る者もおり、ある男性は、城門を行き交う女性たちに目もくれず、好きな人に想いを馳《は》せている。[*10]どうやら奥手《おくて》らしい。

恋のかたちもさまざま

一方、恋愛関係は壊れることもある。城のはずれでは、ひとりの女性が「これであの人とももうお別れ。だれにもバレないうちでよかったのよ」と泣きながら、カンザシを燃やしている。どうやら失恋をして、彼氏にもらったプレゼントを燃やしているらしい。[*11]ほかにも尾《び》生《せい》という人物は、女子とデートの約束をし、橋のうえで待ち合わせをしたが、すっぽかされてしまった。しかしかれはたいへんマジメで、やがて水かさが増してきたにもかかわらず、その場から立ち去ろうとせず、とうとう橋にしがみついたまま溺死《できし》したといわれている。[*12]

春秋戦国時代の『詩経《しきょう》』でも、漢魏南北朝時代の『玉台新詠《ぎょくだいしんえい》』でも、恋の場所として歌われているのは東門である。なぜ東かはよくわからず、後者は前者をマネたものであろう。

じっさいには、東門でのみ逢瀬《おうせ》がなされたとはかぎらないが、たとえば繁欽《はんきん》（？～二一八年）の詩をみると、東門のそばで男性が女性をナンパし、そのまま女性のほうが恋慕《れんぼ》の情を抱いている。[13] いとしの男性からのプレゼントはたいせつにし、男性の置いていった衣服の残り香《が》をかいで、別離を悲しむ女性もいた。また城のそばで逢引《あいびき》する例もある。[14]

ストーカーまがいの例もある。後漢末に郡太守の史満《しまん》のむすめが、父の部下に恋をした。そこで部下が手を洗った水をもってこさせ、それを飲んだところ、子どもを身ごもったという伝説がある。[15] さも美しい伝説のように記録されているが、けっこうなヘンタイである。

結婚まえの男女の恋愛は、必ずしも法律によって罰せられるものではなく、そうした感情をおしとどめるのも、現実に不可能である。ただし、年若き未婚男性がいくら女性に手を出そうとも、それほど批難の対象とはされなかったのにたいして、女性に浮いた噂は禁物である。身分を越えた結婚もむずかしく、金もちの貴公子に惚《ほ》れてもつらいだけであろう。[16]

城外の小道を歩いてゆくと、小川が流れており、木漏れ日のもとで男女が愛を語らっている。手をつなぎ、つれだってここまでやってきたのであろうか。[17] 春秋時代には、女性のグループが男性のグループに声をかけ、いわゆる「逆ナンパ」をして、川の岸辺で集団プレイにおよんだ例もあるので、[18] 上記の男女もそのまま人目のつかぬ川辺でイチャつくつもりかもしれない。

もっとも、秦漢時代には、未婚の男女の性交にたいする目も少しきびしくなっており、さすがに現場を押さえられれば罪になりかねない。[*19] しかも、なにごとにもタテマエとホンネがある。婚前の男女関係には儒教的な制約がある。前漢後期になると、儒学はとくに官学として重んじられ、儒教によるタテマエは民間にも強い影響力をもちつつあった。儒教では夫婦でさえ、私室・衣服掛・タンス・お風呂はべつべつにすべきであるといったルールがあり、[*20] まして未婚の男女が手をにぎるなどもってのほかである。川で溺れている兄嫁にたいして、弟が手をさしだしてよいかが話題になるほどの世界なのである。[*21] うら若き男女が、父母や媒《ばい》妁人《しゃくにん》のことばをまたずに、塀や壁に穴をあけて相互に覗《のぞ》きあったりするだけでも怒られた。[*22] やはり恋愛は隠れてするほうがよい。

婚礼への道

城内に目を転じると、明日に予定されている結婚式の準備がすすめられている。春はとくに結婚式が多い。[*23] 当時一般には、男は三〇歳、女は二〇歳までに結婚するのがよく、[*24] じっさいには男も女も十代で結婚する例が多い。[*25] ここにいたるまでの道のりはさぞたいへんだったであろう。

結婚は天地《てんち》開闢《かいびゃく》以来の必然的かつ重大な礼とされ、結婚して子を残さぬ者は不孝とされた。かりに両親の許さぬ結婚であろうとも、生涯独身よりマシであるとされた。[*26] 国家としても、若者がとっとと結婚して子どもを産んでくれたほうが税収の増加につながるので、結婚相手紹介所の設置も検討しており、[*27] 早く結婚しない者には多く課税するという法律までつくっている。[*28] 結婚の法律上の手続きはカンタンで、役所とのあいだで割符をとりかわせばよい。[*29] むしろ問題は婚礼《こんれい》、つまり礼儀作法のほうである。この点は今も昔も同じである。

結婚時には両家のバランスを考慮にいれねばならない。例外もあり、たとえば陳平《ちんぺい》は若いころ貧乏な次男坊であったが、貧家のむすめと結婚するつもりはなく、かといって裕福な家はどこも相手にしてくれなかった。ある金もちの孫娘が五度も嫁入りし、そのつど夫と死別しており、つぎの相手がいなかった。その金もちは陳平の才能をみてとり、カネを貸して結《ゆい》納《のう》させ、披露宴《ひろうえん》代も工面《くめん》して結婚させた。[*30] これは富家と貧家の結婚がめったにないものであること、ほんらいは家同士のバランスが重要であったことをしめしている。

占いの館

婚前には占いが必須である。占いにはさまざまな種類があり、代表的なのは亀卜《きぼく》と筮竹《ぜいちく》で、夢占いや雲占いもある。占いの館は市場のなかの一区画にまとまっている。いまも子どもがそのようすを喜んでみている。[*31]

そのひとつに入店してみよう。室内はきれいに掃《は》き清められている。占い師は一日一〇〇銭、一ヶ月三〇〇〇銭も稼《かせ》げれば一人前で、行列のできる人気店もあった。そこでは、空いた時間帯に私塾も開かれ、師匠が弟子に講義をしている。女性客も少なくなく、恋愛や夫婦関係にかんする相談などにおうじている。当時は、庶民が年間におさめるべき人頭税が一人あたり一二〇銭で、それと比べても占卜の料金（一回数十銭から一〇〇銭くらい）は安くはない。[*32]

多くの人びとは、妻を娶《めと》るときや、子が生まれたときに占いにくる。商人や官吏も、いつ行商に出れば儲《もう》かるか、出世のためにはどうすべきかといった悩みをうちあけている。占い師は、吉凶を伝えるだけでなく、「この日に結婚したら、きっと妻の口はくさい」とか、「この子は将来きっと〇〇になる」とか、具体的なことを告げることもあり、とてもおもしろい。「明日は商取引に向いていない」とか「土木事業はべつの月にやるべし」などと助言する占い師もいる。そういう占いは市場の値動きにさえ影響を与える。

どの占い師がよいかは、友人などから借りた日書《にっしょ》（占いの書）を閲覧《えつらん》し、もっともぴったりな占法とその占い師を、クライアントみずからが選定するのがよい。[*33] もし未来からきた私たちが選ぶなら、手相占いなどが身近に感じるものであろう。そのときには手相占いの館に入り、左手をさしだして手相をみてもらうことになる。[*34]

婚礼の手順

つぎに婚礼の手順をみると、それは六段階に分けられる。

①納采《のうさい》（男が仲人をつうじて、女にプレゼントを贈る）

②問名《もんめい》（結婚を占うべく、女に氏名と生年月日をたずねる）

③納吉《のうきつ》（男が祖先のまえで占い、その結果を女に連絡する）

④納徴《のうちょう》（結納の品を交わす）

⑤請期《せいき》（男が婚礼日を選び、女に連絡する）

⑥親迎《しんげい》（花嫁を新郎宅に迎える）

親迎のときに母はむすめを門まで送り、「これからは向こうがお前の家です。つつしみ深くし、旦那さまに逆らわぬように」との教訓を与える。[*35] のちに夫婦同士で拝礼し、酒を飲み、来賓を招いて宴会を開く。

婚礼の出費は大きかった（表9-1）。[*36] たとえば小農民・手工業者・都市平民でさえも、婚礼まえに一回数十銭から一〇〇銭の占いを数回おこない、結納金（聘金《へいきん》）には一万余～数万銭がかかり、妻の実家も二〇〇〇銭前後を用意する。さらに披露宴に四〇〇〇～五〇〇〇銭が費やされる。婚礼の客はご祝儀を持参するはずなので、少しは出費を相殺できる。婚礼の

表 9-1 ●漢代の婚姻関連費用

階層	占卜費用	聘金支出	嫁入費用	酒宴費
小農・手工業者・都市平民	数百銭	一万～数万銭	二千銭前後	四、五千銭
中小地主・官吏	数百銭	二万銭～十余万銭	二、三万銭	数万銭
高級官吏・富商・豪族地主	数千銭	数十万～百余万銭	二、三十万銭 最高は数百万銭	不明
皇族・諸侯王	不明	二百万銭	数十万～千万銭	不明
上位皇族・皇帝	不明	皇后は二億銭。 他は数千万銭。	数十万～千万銭	不明

彭衛『漢代婚姻形態』（中国人民大学出版社、2010 年）にもとづく

翌日、新婦は舅《しゅうと》・姑《しゅうとめ》に食事をささげる。三ヶ月後、夫婦は宗廟にゆき、祖先に報告する。そうしてはじめて、その日の夜に夫婦は肉体関係に入る。まことに儒教のタテマエはきびしい。

妊娠

ある夫婦は結婚後もラブラブである。昔の官吏は、服喪三年間と婚姻後一年間には有給休暇が与えられたとされるが、漢代にそのしくみはない。[*37] そのため官吏のなかには、結婚直後に単身赴任を命じられる者もいた。そのときに夫はしばしば妻に手紙（書札《しょさつ》）を送る。「長く相《あ》い思う」や「久しく離別す」などのことばがあり、妻はそれを懐中《かいちゅう》に忍ばせ、夫を想いつづける。[*38] 別離のときには手をにぎる。[*39] 郡の決算報告書を中央朝廷に届ける官吏（上計吏《じょうけいり》）のひとりは、毎年の上京時にも妻と手紙をやりとりしており、その内容はまるで今生《こんじょう》の別れのように大げさである。[*40] 残さ

れた妻のなかには、仲よしの象徴である番《つが》いのおしどり（双鴛鴦《そうえんおう》）の刺繡入り布団《ふとん》をつくり、せめてものなぐさめにする者もいたであろう。[*41] ともかく夫婦関係がつづき、夫が帰宅すれば、やがて子を授かるかもしれない。

漢代の簡牘《かんとく》のなかには「胎産書《たいさんしょ》」[*42]という書物があり、細かく出産の方法がしるされている。たとえば、出産時の胞衣《えな》を日なたの垣根に埋めれば次子は男に、日かげの垣根に埋めれば次子は女になる。妊娠三ヶ月未満なら、スズメの卵を二個飲めば男子を授かる。白いオス犬の頭を煮て食べると、色白で美しい子を授かり、かつ安産である。また月経を終えて出血がとまってから一日目に性行為をすれば男子が、二日目から三日目に性行為をすれば女子が生まれる等々。

このように「胎産書」には非科学的な記述も多いが、月経と受精との関係に着目している点など、科学的な記述もふくまれている。ちなみに当時の女性が生理になったときにどう対処したかは、管見《かんけん》のかぎり、はっきりした史料がない。少なくとも生理のときにセックスを控《ひか》えたことがわかる程度である。[*43]

また「胎産書」にはこうもしるされている。妊娠一ヶ月目を留形《りゅうけい》という。妊婦は清潔で精のある食べ物をとり、酸っぱいスープ（羹《あつもの》）はよく煮て、辛いものや生臭いものは食べてはいけない。妊娠二ヶ月目を始膏《しこう》といい、辛いものや生臭いものは食べてはいけない。安静にして、セックスは控えねばならない。

妊娠三ヶ月目には胎児が徐々に形成され、妊婦がなにを目にするかで成長が決まる。ゆえに妊婦は低身長の障害者（侏儒《しゅじゅ》）やサルを目にしないよう配慮すべきである。さらにネギ・ショウガ・ウサギのスープを食べてはならない。また、もし男子が欲しければ、弓矢を側《そば》に置き、オスのキジを射て、オスのウマに乗り、オスのトラをみるべきである。もし女子が欲しければ、カンザシやミミダマを帯び、珠玉をたばねておく。こうした考え方の背後には、ジェームス・フレイザーのいう「類感呪術《るいかんじゅじゅつ》」と同じ思考様式がみてとれる。

妊娠五ヶ月目の妊婦は、暗いうちから起床して沐浴《もくよく》し、厚着をしてリビングにいく。日光を吸収して身体を温め、イネやムギ、さらにはウシやヒツジのスープを食べ、カワハジカミ（ミカン科）で味を調える。妊娠六ヶ月目には外出し、イヌやウマが走るのをみておく。さらに禽獣《きんじゅう》の肉を食べる。出産にさいしては、きよらかな水で胞衣《えな》を洗う。出産と胞衣は不浄とされ、忌避《きひ》される。

出産

いざ出産するときには、市場にある、湿っていてきよらかな土を盛り、縦・横が七〇～九〇センチくらい、高さが一〇センチくらいの台をつくり、そのうえに新生児をのせる。そして新生児の身体にまんべんなく土をつけ、湯浴《ゆあ》みさせると、その子は健康になるといわれる。また蓐《しとね》を焼き、その灰を入れたお湯に赤ん坊をつけると、のちに頭に腫瘍《しゅよう》ができて痒《かゆ》くなるようなことがなくなる。さらにそのお湯を少しばかり母親に飲ませると、余病《よびょう》にかからなくなる。

以上が出産時の手順である。このように細かいルールが定められている原因のひとつは、出産そのものが当時不浄なものとみなされていたためである。なかには「出産はほんらい万物の誕生と同じ原理にもとづくので、不浄でない」[*45]とする論者もいたが、少数意見にとどまる。[*44]また胎教《たいきょう》にかんしてはいくつかの伝承があり、どのやり方をとるかは親次第であった。

ちなみに、赤ん坊のなかには生まれる前後に殺されるものもいる。貧困のせいで子（とくに女子）が間引かれることもあり、[*46]必ずしもすべての子が歓迎されるわけではなかった。むすめを育てるにはカネがかかるため、間引の悪習は南北朝後期にもつづく。[*47]また服喪期間はほんらいセックス禁止なので、子ができても堕胎《だたい》するのが一般的であった。

このほかに「三人目の子どもが五月に生まれたら間引く」とか、「正月と五月生まれの子どもは成長すると父母に害をなすから間引く」といった習慣もあった。[*48]じっさいに、戦国時代に四〇余人の子をもつ者がさらに子どもを生んだとき、その母に「五月五日に生まれたので間引け」との命令を出している。[*49]いったん生まれた子を殺すことは、法律的には問題であるが、上記の慣習によって、もしくは身体障害児であれば殺してよい時代であった。[50]

幸運にも育てられることになった赤ん坊は、人びとの目にどのような存在として映《うつ》ったのであろうか。

子育て

現代の先進国では、子どもは「大人に守られるべき存在」「純粋でイノセントな存在」「愛情を注がれるべき存在」とされる傾向が強い。だが中世ヨーロッパでは、子どもは「小さな大人」「小さな労働者」として扱われる傾向が強かったとか。[51] 一九八四年の統計では、子を得ることについて、先進国の人が精神的満足を得ると答えたのにたいして、発展途上国の人は経済的・実用的満足（新しい働き手が増える）を得ると答える傾向がある。[52] つまり、子どもをどのような存在とみなし、いかに扱うかは、時代や家庭の経済水準によって異なるのである。

そこで秦漢時代をみると、子孫を残すことは最大の親孝行とされたので、子（とくに男子）はたいへんに重視された。国外逃亡を図る者さえ、玉《ぎょく》を放り出しても、赤ん坊は抱えて逃げるといわれるほどであった。[53] 死を達観している列子《れっし》派の人びとは「私にはかつて子がいなかったが、なんら悲しくはなかった。いま子が死んだが、それはかつての状態にもどった

図 9-2 ●子どもに乳を与える母親の像（徳陽市旌陽区黄許鎮出土。徳陽県博物館所蔵）

だけで、悲しむことはない」と強がっているが、[*54]それは例外である。もしふたりの赤ん坊が同じムラで同じ日に生まれようものなら、ムラの人びとは羊肉と酒をふるまってお祝いをした。[*55]

赤ん坊はベビー服（搔巻《かいまき》）をきて、両親や親戚に囲まれて育つ（図9-2）。たとえ貴族であっても、育児を侍女に丸投げするのではなく、父母は子の左右の手をとって服をきせ、ともに食事をとり、外で遊び、子の衣服や書籍は兄や姉のおさがりである。[*56]母や乳母だけでなく、父も赤ん坊をおんぶすることがあった。近所の男性が子を世話することもあった。[*57]たとえば後漢末に劉備は父を早くに亡くし、母子家庭で育ったが、近所にすむ親族とともに暮らしており、独りぼっちではなかった。七歳のときにはオジが見守るなか、親族の子どもたちと竹馬で遊んだ。[*58]

このように子どもはたいせつに育てられたが、甘やかしてばかりではロクな大人にならな

図 9-3 ●いたずらっ子（甘粛省敦煌市仏爺廟湾第 39 号墓壁画。甘粛省文物考古研究所所蔵。前掲『甘粛出土魏晋唐墓壁画』所収）

い。わが子がフルチンのいたずらっ子になるか、それとも幼くして身なりをととのえた子になるかは、ひとえに親の教育次第である（図9-3、図9-4）。そこで児童教育が問題となる。方法は家々で異なり、戦国時代には、子の教育によくないとの理由で、三度も引っ越しをした家もある（孟母三遷《もうぼさんせん》）。

南北朝時代の貴族の家ではこういう家訓がある。「天才は教育しなくとも大成《たいせい》する。バカは教育しても結局ムダだ。平凡な人には教育しないと人間らしくならない。……少なくとも三、四歳になり、大人の表情がわかるようになったら、すぐに躾《しつけ》をはじめ、やらせることはやらせ、やめさせることはやめさせるべきだ。五、六歳になったら、体罰を加えることも考慮すべきだ。世間の親は躾に無頓着《むとんちゃく》で、子どもを甘やかすばかり。食事の作法をはじめ、ことばや所作《しょさ》のすべてを放任し、怒るべきところでおだて、きびしくすべきと

図 9-4 ●後漢代の楽浪郡関連遺跡より出土した漆絵つきのカゴの側面。病没した主人に代わり、その孫を育てあげた奴隷の李善の故事による。左から善大家（主人）、李善、孝婢（女性の奴隷）、孝孫（主人の孫）（『楽浪彩篋塚』〔朝鮮古蹟研究会、1934 年〕にもとづく）

ころを愛嬌《あいきょう》だと笑ってすましている。そんな子どもが少々物心がついてくると、世のなかはこんなものだと思うようになり、そのうち手に負えなくなり、親はいまさらのように抑えにかかる。……」と。そしていたずらっ子はムチでしつけるべきだとする。[*59]

良家《りょうけ》の子ならば、六歳頃から数の数え方や、方角の名前を学びはじめる。たとえば「千金の家は、その子不仁《ふじん》なり」[*60]（金もちの息子ほどケチだ）ということわざがしめすように、家柄は子どもの性格にも影響を与える。子育てはいつの時代も容易でないのである。

ちなみに、七歳以後の子どもがイタズラをすれば、頭をひっぱたかれるのがふつうであろう。[*61]

子どもの世界

子どもは学び、そして遊ぶ存在である。

午後二時から四時ともなれば、夏ならセミがうるさい。セミは、なにも食べずに木のうえで鳴きつづけ、しかも脱皮することから、漢代には高潔・超俗《ちょうぞく》・節操の象徴とされた。高官の冠にはセミの装飾がほどこされている。またその脱皮するさまが、生まれ変わりのようであることから、古来、死者の口に玉製のセミをふくめる習慣（含蟬《がんせん》）があり、セミは神聖視されてきた。

セミは栄養価の高い食べ物でもあり、身体障害者の老人などがセミ採りの仕事を担った。[*62]だが子どもにとっては、セミはなによりも遊び相手として重要であった。[*63]セミはとりもちにくっつけてとる。[*64]もしくは、セミがよく鳴いている木を事前に調べたうえで、夜にその下で焚火《たきび》をし、そこで木をゆらしてセミを落とす方法がある。[*65]

子どもはほかにもさまざまな遊び方を知っている。擲瓦《かわらなげ》や格闘技（手搏）の「ごっこ」はもとより、ニワトリやアヒルをケンカさせたり、ウマやイヌによる狩猟やレースも日常茶飯事。[*66]セミのほかに、スズメやトンボをとったり、銭を使って遊んだり、木登りをすることもある。[*67]骰子《さいころ》を使った博戯《すごろく》や樗蒲《ちょぼ》は大人もたしなむほどに人気があり、囲碁《いご》などをうつ少年もいたであろう。

七歳くらいになると、農作業や織物業を手伝う子どもも増える。だがかれらはまだ遊びたいさかりで、蹴鞠《しゅうきく》（FIFA曰《いわ》く、サッカーの起源）などはお手のものである。ただし蹴鞠はケガをしやすいので、皇族の子弟は弾棋《おはじき》などがよいかもしれない。[68]

メンコやコマのように、なにかをぶつけあう遊び（搵《こう》）もさかんである。それは大人もする遊びで、大人なら銀や銅の帯金《バックル》などを賭ける。[69] 秦漢時代にはすでに甘い飴や蜜《みつ》もあったので、[70] 子どもも食べたかもしれない。遊び場にはヘビが出ることもあるので、多少注意が必要である。[71]

夏には川辺で水遊びする子もいたはずだが、戦国時代のたとえ話に「泳ぎのうまい越人《えつ》（南東の海辺の人）がくるのをまってから、華北で溺《おぼ》れている者を救おうとしても、それはムリな話だ」[72] とあるように、華北の人はあまり泳ぐ習慣がないらしい。ある者は、父親が水泳上手だったという理由で、その子を長江に投げこんでトレーニングさせているが、泳ぎのうまさが遺伝するとはかぎらないのだから、ほどほどにしておいたほうがよい。[73] ともかく溺れないように注意が必要である。

男の子はヤンチャで、遊び場などですぐケンカもする。「お日さまは、出はじめたときが僕らに一番近いんだ。だってそのときが一番大きいから。近くにあるモノは大きくみえるじゃないか」。「そうじゃないよ。出はじめたときは寒くて、お昼ごろは暑いだろ。お日さまに近いから暑く、遠いから涼しいんだ」。[*74] こうしてささいなことからケンカになる。子どものなかには父親自慢をする子どももいる。イヌの毛皮を着た盗人（狗盗《くとう》）の子が「うちの父ちゃんの裘《かわごろも》には尻尾がついてるんだぜ」と自慢すると、足切受刑者の子は「うちの父ちゃんは冬でも袴《はかま》をはかなくて大丈夫なんだぜ」という始末。[*75]

女の子をみると、オママゴトをし、塵《ちり》をご飯に、泥をお吸い物に、木を肉片に見立てて遊んでいる。[*76] おませな少女もいる。ある少女は、朝早くから鏡台に座り、化粧をしている。おしゃべりしながらルージュを引く。また女の子も朗読ができると自慢する。踊りのまねごともしている。庭をかけめぐり、未熟な果実や花をもいで遊び、雪の日には雪面をふみつけて喜んでいる。[*77]

ちなみに、三世紀頃にあったらしき凧《たこ》をのぞけば、三国時代以前に天空を馳せる人や器械はないが、子のなかには空の鳥をみあげて、「いつか僕も空を飛びたい」と思った者もいたであろう。そして郷里の古老から「聖王舜《しゅん》は若いころ、鳥の着ぐるみをきて穀倉から飛び降り、龍の着ぐるみをきて井戸から飛び立った」などの昔話を聞き、胸躍らせたかもしれない。空飛ぶ乗り物の伝説もあり、戦国時代の公輸子《こうゆし》は飛行器械を発明し、列子は飛行術を知っていたなどといわれていた。[*78] 子どもはいつの時代も想像力ゆたかであるが、古代中国の昔話はかれらを満足させるほど充実している。

第10章　宴会で酔っ払う——午後四時頃

いつからどこで酒を飲むか

古代中国の人びとはふつう一日のうちに、二回食事をとればよく、まえにものべたように、一回目は朝に、二回目は午後に食べる。午後二時頃から四時頃は餔時《ほじ》・下餔《かほ》とよばれる時間帯に入り、そのころ二度目の食事をとる。[*1] いっしょに酒を飲むこともあり、そうするとそのまま宴会となる。夕食後になってはじめて酒が供《きょう》されることもある。[*2]

ここで南北朝時代の詩歌をみると、「太陽は西の果ての水ぎわに沈もうとしており、楽しみは尽きないけれども、宴はそろそろおひらき」とあるように、[*3] 宴は夕方にはじまり、日没までに終わることが少なくない。これは秦漢時代も同じである。
しかしその一方で、べつの詩歌には「美しい宴会は日没におよび、絹のとばりのなかにはまだ月光が射しこんでいない」ともあり、宴会のなかには日没後におよぶものもある。[*4] 歓迎会や送別会のたぐいも日没前後に開催されることがあった。[*5] それらとは正反対に、開始が早い宴会もあり、正午から開かれるものもあれば、なかには早朝から開かれるものさえあり、その主人は前日にすでに市場で酒や肉を買い込んでいる。[*6]
ある屋敷をのぞくと、ささやかな晩酌《ばんしゃく》の準備中である。これから友人がやってきて、主人はかれとふたりで酒を酌みかわすつもりである。かれらは、ひさしぶりに道でばったり出会い、前もって「夕飯をいっしょにとろう」と約束したらしい。[*7]
まずは妻が客を出迎え、背筋をピンとしてひざまずき、「平安なりや不《いな》や」と声をかける。客を招きいれて着席させ、清酒とにごり酒を用意する。ここでようやく主人が登場し、客に酒をすすめると、客は「まずはご主人から」という。主人のかけ声とともに、妻が台所から料理をもってくる。料理とはいっても、かりに辺鄙な田舎であれば、たいしたものとてなく、せいぜい甘口の薄い酒と干魚が出されるくらいである。しばらくして宴会が終わると、やはり妻が門まで客を見送る。[*8]
ささやかな晩酌とは異なり、なかには市場の酒屋で飲む者もいる。たとえば、戦国末に侠客《きょうかく》の荊軻《けいか》は、燕国の市場で酒を飲み、友人と歌をうたったとか。[*9] また劉邦は若いころ、行きつけの居酒屋二軒で飲んだくれ、ツケで払っていた。

官吏が内輪で飲むときには、しばしば官舎で宴会が開かれた。たとえば、前漢初期に丞相の曹参《そうしん》は、酒びたりになり、その部下も官舎で毎日飲めや歌えの大騒ぎをしたという。[*10] 官吏や金もちは、もちろん高級料亭で飲むこともあった。人びとが酒を飲む場所は、まことに千差万別であったのである。これは現代社会とまったく同じである。

大きな宴会と余興

ここで一例として、大きな宴会の会場をのぞいてみよう。ある県の長官の屋敷では、重要な来客があり、入口にレセプションが設けられている。このような場にくる者はたいてい名刺（刺《し》）をもっているが、レセプションで主人への取次をお願いしたいならば、とくに謁《えつ》をさしだすのがよい。刺も謁も名刺のような木簡であるが、なかでも謁とはおもてに宛先、うらに本人の名前をしるすもので、宛先がはっきりしている。[*11]

漢代の書記官は、若いころに五〇〇〇字、もしくは八〇〇〇字の文章（または文字）を暗記して、暗唱もしくは筆記のテストを受けねばならず、昇進時には複数の書体《フォント》の読み書きも求められるので、[*12] こうした名刺の文字を書くのも読むのもお手のものである。一方、腕っぷ

図 10-1 ●鼓を打つ人物俑（四川省成都市天回山後漢涯墓出土。四川博物院所蔵）

しだけでのしあがった将軍のなかには、たとえば三国時代の王平《おうへい》や、五胡時代の石勒《せきろく》のように、文字を読めない者もいたが、さすがにみずからの名前くらいは書けたのではないか。かりに政治的な宴会であっても、飛び入りの参加は許されたようであるが、レセプションで費用をとられるうえ、身分が低ければ屋外の席があてがわれる。[*13]

宴席につくときには、席次《せきじ》に気をつけねばならない。朝食時に説明したように、席次にはルールがあるので、しっかり作法に従って着席しよう。つかつかと会場に入り、だまって座りたいところに座るというのは許されない。また室内で飲むときには、ちゃんとクツを脱ぐ。[*14]

上流階級の宴会なら、男性客のそばに女性がはべり、お酌をすることもある。芸妓《げいぎ》・遊女についてはあとでのべることにして、ここではほかの余興にふれておきたい。宴会では余興がおこなわれることがあり、ミュージシャンによる楽器の演奏などはその最たるものである（図10-1）。秦の始皇帝がわざわざ筑《ちく》の名手である高漸離《こうぜんり》を招聘《しょうへい》したように、歴代の皇帝や

図10-2●二十五弦の瑟（馬王堆1号漢墓出土。湖南省博物館所蔵）

王でさえも、音楽の名手には目がなかった。ミュージシャンは身分的には低かったが、同時にあこがれの的でもあった。もっとも、軍陣で将軍が宴会を開くときにかぎっては、音楽は原則禁止であったため、かわりに無音で剣舞などが演じられた。[*15]

大きな宴会では、曲芸師や手品師が華をそえることもある。とくに客人をもてなす宴会や、結婚の披露宴では、余興として音楽つきの人形劇（傀儡《かいらい》）も上演され、宴たけなわになると挽歌《ばんか》も歌われた。ほんらい人形劇の音楽は喪中に流れるものであり、挽歌は霊柩車《れいきゅうしゃ》をひっぱるときに流れるものであったらしいが、秦漢時代になると、そのようなことはおかまいなしであった。[*16]また、矢を壺に入れるゲーム（投壺《とうこ》）や、儒家的教養にもとづくことば遊びなどもおこなわれた。

歌舞も演じられた。琴・琵琶《びわ》・箏《そう》・箜篌《くご》（ハープ）・阮咸《げんかん》などの弦楽器や、笛《ふえ》・簫・笙《しょう》・篳篥《ひちりき》などの管楽器、さらには鼓・羯鼓《けっこ》・拍板《はくはん》などの打楽器の音色にあわせ、芸妓が歌い舞った（図10-2）。ひとくちに秦漢時代の音楽といっても、まるで現代の音楽業界と同じように、その流行には時代差があった。とくに後漢時代には西域文化が流入し、

図 10-3 ●曲芸のようす（四川省彭州市太平郷出土。四川博物院所蔵）

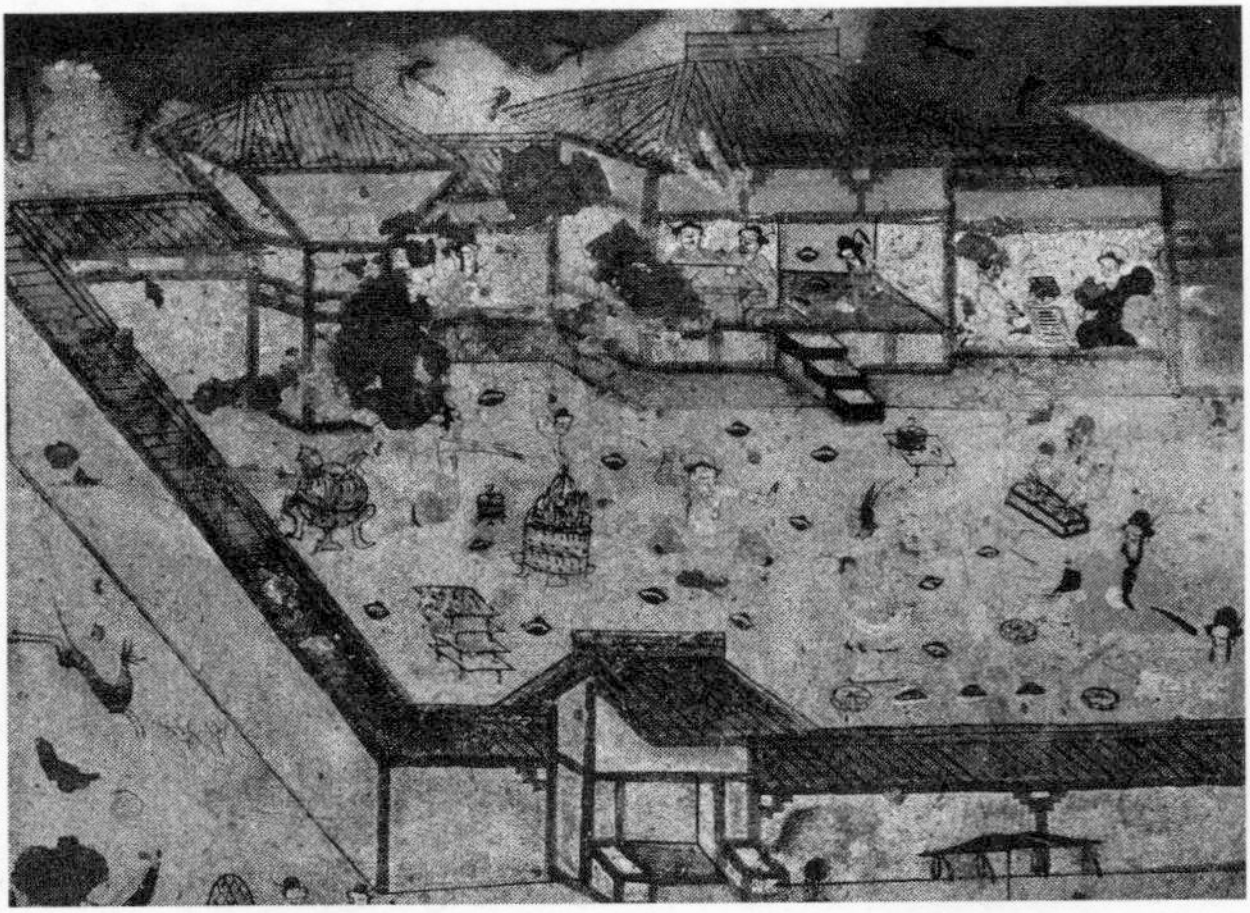

図 10-4 ●宴会とサーカスと手品（オルドス市オトク旗鳳凰山漢墓出土壁画。徐光冀主編『中国出土壁画全集』〔科学出版社、2011 年〕所収）

それが音楽業界にも変化をもたらした。たとえば後漢末の霊帝《れいてい》は、当時のファッションリーダーであり、西域伝来の文物や食事（胡服・胡帳《こちょう》・胡床・胡飯《こはん》・胡箜篌《こくご》・胡笛《こてき》・胡舞《こぶ》）を愛したといわれる。[*17]霊帝は政治的に暗君であったといわれることが多いが、ともかく当時最強のインフルエンサーであり、これ以降、朝廷では西域のメロディが響きわたるようになる。

ミュージシャンや役者のなかにはスターも登場し、たとえば歌手として漢代の韓蛾《かんが》・李延《りえん》年《ねん》、舞姫として漢代の趙飛燕《ちょうひえん》、芸人や役者（優《ゆう》・倡《しょう》）として春秋時代の優施《ゆうし》・優孟《ゆうもう》、漢代の郭舎人《かくしゃじん》などが有名である。タイからやってきたサーカス団などは、宮廷において、口から火を吐く芸、箱にいれた人間の身体をバラバラにする芸、ウシとウマの頭を交換する芸、ジャグリングの芸などを皇帝に披露したと伝えられている（図10-3、図10-4）。[*18]

図10-5●耳杯（長沙馬王堆漢墓出土。湖南省博物館所蔵）

お酒の種類

宴会には酒がつきものである。酒を飲むための容器はさまざまで、酒文化の栄えた殷周時代の青銅器は、温酒器と冷酒器に大別される。漢代にも祭祀の場ではいろいろな酒器が使われたが、娯楽として酒を飲むときは爵《しゃく》・耳杯《じはい》・角杯《かくはい》が使われるくらいである（図10-5、図10-6）。

図 10-6 ●角杯（洛陽市焼溝村 61 号漢墓壁画）

もっとも、爵のサイズにはヴァリエーションもあり、たとえば後漢末の劉表《りゅうひょう》は大の酒好きで、三種類の爵をつくり、それぞれ伯雅《はくが》・仲雅《ちゅうが》・季雅《きが》と名づけ、それらは各々七升（約一・四リットル）、六升（約一・二リットル）、五升（約一リットル）であったという。[19] 現代でいえば、さしずめ大ジョッキ、中ジョッキ、小ジョッキにあたるといえよう。

酒はアルコールをふくむ。漢代では、穀物のデンプンを糖に変え、糖をアルコールにしたものが一般的で、そのためには麹菌《こうじきん》（カビの仲間）を用いるか、穀物内のデンプン分解酵素を活用するか、もしくはヒトの唾液を用いて発酵をうながすことが必要である。漢代には麹菌による酒が主流で、おそらくクモノスカビあたりを使用したのではないか。

当時のお酒の種類をみてみよう。[20] 穀物による酒だけでなく、たとえば遊牧民なら乳製品の酒（馬乳酒《ばにゅうしゅ》、酪酒《らくしゅ》）を飲む。後漢時代には西域文化が流入し、宮廷でワインをたしなむ者も登場するほか、南北朝時代にはザクロ酒もある。[21] すでに前漢中期には皇帝の御苑《ぎょえん》のひとつである上林苑《じょうりんえん》に葡萄宮《ぶとうきゅう》なる宮殿があり、その名前からみて、西域より輸入したブドウの栽培がおこなわれており、ワインの製造もはじまっていたのではないか。とはいえ、ワインは漢代にはまだたいへん貴重であり、たとえば西域の亀茲《クチャ》を征服した者が膨大なワインを手に入れて大喜びしているので、あくまでも輸入品が中心であったとみられる。[*22]

ともかくこのようにさまざまな酒がある以上、このころには酒豪で勇名を馳せる者も登場している。いちどに八斗（約一六リットル）を飲むといわれた阮籍《げんせき》や山濤《さんとう》、舟のうえで季節の美味と酒をたしなむことを夢みた鄭泉《ていせん》、片手にカニのハサミを、片手に酒杯をもち、酒の池を泳ぐことを夢みた畢卓《ひったく》などは、まさに酒好きといってよい。[*23]

当時は未成年の飲酒も認められており、宴会でとび入り参加し、駆《か》けつけ三升（約〇・六リットル）を飲み干した一四歳の勇者もいたとか。[*24] 成人男性であれば、いちどの宴会で酒一石（約二〇リットル）を飲み干せば、まちがいなく酒豪と認定された。[*25] 前漢時代の酒のアルコール度数は三～五%、後漢時代は一〇%に達するらしいので、[*26] 酒一石は現在のビール二七瓶ぶんにあたる。

酒席のマナー

酒豪が大活躍するうらで、からみ酒にも注意が必要である。たとえば、お酒が入ると楽しくなり、途中で帰宅しようとする者の馬車の車輪をはずし、帰れないようにした陳遵《ちんじゅん》。[*27]

客が泥酔《でいすい》すると、その顔面を針でつついてたしかめた劉表。[*28] 酔っ払うと、客人の衣服を脱がせてフルチンにさせ、からかうクセがあった後漢末の張奉《ちょうほう》など。[*29] かの諸葛亮もわが子を戒《いまし》めたように、飲みすぎはよくない。[*30]

上司のアルコール・ハラスメントにも気をつけねばならない。皇帝や王のなかには、家臣に一気飲みを強《し》いる者もおり、家臣はそれで命を落とすこともある。[*31] 戦国趙の敬侯《けいこう》などは、何日間も家臣と酒を飲みつづけ、家臣が「もう飲めない」というと、ムリに竹筒でその口に酒を流し込んだという。[*32] なんらかの祝いの席では、身分の低い者のほうが身分の高い者に一気飲みをお願いすることもあり、身分の高下にかかわらず、それを断るといささか雰囲気が悪くなる。[*33] 少しまえの日本にみられた酒席と似たような慣習が、古代中国にはあったわけである。

もっとも、古代中国の酒席には、日本と異なるところもある。とくにおもしろいのは、古代中国の君主や上司は、部下に酒を強制するだけでなく、みずからも率先して酒を飲んだことである。春秋時代には、君主でさえ問題発言をすると、みずから罰杯をあおいだ。[*34] 昭和時代の日本には「酒を飲め」というばかりで、みずからはあまり飲まない上司がいたが、中国では古代から現代にいたるまで、年長者も上司もすすんで酒を飲むところがいさぎよい。

ちなみに、気が利く上司なら、事前に下戸《げこ》の部下のために甘酒などを準備しておいてくれるであろう。前漢時代の楚の元王《げんおう》は、学者の穆生《ぼくせい》と酒席をともにすると、いつも下戸である穆生のため、甘酒（醴《れい》）を用意したといわれている。[*35] もっとも、そのときにソフトドリンクまで認められたかはわからない。

さて、宴会に酒と肴《さかな》がそろい、一同が着席すると、さっそく人びとは酒杯に手をつけることになるが、そのさいにルールがあることにも注意を要する。こうした酒席上のルールを「酒令《しゅれい》」という。たとえば、年長者が飲みきるまでは、同席の年少者は酒を飲んではならない。[*36] なかにはそこまできびしくない宴会もあり、ある若者は、年長者のそばで酒を飲み、年長者が飲むたびにいっしょに酒を飲んでいる。そして、年長者が飲みきれずに吐きだしたときは、みずからもそのマネをして酒を吐いている。[*37] どうやら若者は年長者をかっこいいと考え、そのマネをして気分をよくしているようであるが、ほんとうは無礼である。

酒令のきびしい宴会では、トイレにいくために一時離席することはできても、[*38] もう飲めないとの理由から帰宅することは許されない。たとえば前漢時代に朱虚侯《しゅきょこう》は、朝廷における酒席の監督役とされた。かれは事前に、軍法のごとくきびしく酒令を遂行すると宣言し、やがて酔っ払って離席を図った者をみると、すぐさま追いかけて斬り殺した。[*39] こういう震撼《しんかん》すべき宴会もあるのであるから、古代中国の宴会に安易に列席するのは危険である。

終わり果てぬ宴会

宴たけなわとなり、酔客が帰宅の準備をはじめている。夜中の宴会では、室内に明かりをともしつづけねばならず、[*40]費用がかさむので、庶民の宴会は早々におひらきとなる。またかれらは市場の酒場で飲むことが多いが、夜六時頃には市場も閉まる。

酒場は市場以外のところにもあり、そこでは営業時間の制約がないので、もう少し飲んでもよい。そうした居酒屋は儲かるので、福祉政策として、子のない老夫婦による営業が許可されていた。[*41]ほかの農民などが城外で酒を売ることは原則的に禁じられていた。[*42]

夜六時をすぎると、都市内部では夜間通行禁止令が出され、前漢中期のもとの将軍（当時は失職中）の李広《りこう》でさえ、かつてボディガードと野外に出て酒を飲んだとき、帰宅の途中で警察に捕まって拘留されたことがある。[*43]

夜中の宴会には明かりが必要である。その費用を工面できる金もちや官吏にとっては、むしろここからがお楽しみである。宴会のなかには、日没後もまったく終わりのみえぬものもある。かつて前秦《ぜんしん》の君主苻堅《ふけん》（三三八～三八五年）は、釣堀《つりぼり》の近くで宴会を開き、「今日の宴会は、だれかが酔って池に落ちたらやめにしよう」といった。[*44]休日ともなれば、夜中まで飲み食いする官吏は少なくない。[*45]それだけでなく、たとえば春秋時代の韓宣子《かんせんし》は酒宴を開いたとき、途中で三度も部屋をかえた。[*46]つまり三次会まで開催されたのである。六世紀には「酒を飲んで芳晨《ほうしん》（早朝）におよぶ」との詩もよまれ、早朝まで飲みつづけることもあった。[47] 四世紀にも、きよらかな夜空のもとで、美女が酔いながら歌う光景がそこかしこでみられた。[48]

だがべつの宴会では、夜半に明かりが消えるとともに、イタズラをする者も登場する始末で、[49] オールナイトの飲み会はだいたいロクなことにならない。しかも一夜ですめばよいものの、ヘタをすると連日連夜飲むこともある。酒池肉林で悪名高き殷の紂王《ちゅうおう》は七日間連続で飲んだともいわれる。ゆえに戦国時代に趙《ちょう》襄《じょう》子《し》が五日間も酒を飲み、それを冗談めかして家臣に自慢したところ、逆に、「殷の紂王まであと二日ですな」と皮肉られている。[50] 君主ともなれば、一〇日間も酒を飲まずにいるほうが特殊であるともいわれるが、[51] さすがに毎日はしんどいであろう。

二日酔い

さて、酒を飲むと、身体にアルコール成分が吸収される。アルコールは肝臓にたどりつくと、アセトアルデヒド、さらには酢酸《さくさん》と水に分解される。アセトアルデヒドには毒性があり、肝臓で代謝されずに血液中に流出すると、二日酔いの原因となる。アセトアルデヒドを分解する酵素はふたつあり、そのうちのひとつの機能は第一二番染色体に左右される。南中国の人びとは二〇％前後がその染色体の変異型をもつため、下戸になりやすい。[52] すると、漢代の南中国にも下戸が多かった可能性が高い。

宴会をつうじて、一部の人びとは泥酔し、二日酔いになる。二日酔いを酲《てい》や、朝酲《ちょうてい》などとよぶ。二日酔いどころか、三日酔いになった者もおり、三日僕射《みっかぼくや》とよばれた。[53] 空閨《くうけい》を恨む女性の心情を「心の中は二日酔いのように辛い」と歌った詩歌が残されており、[54] 当時の人びとも二日酔いに苦しんだとわかる。

二日酔いの結果、気持ち悪いだけならば幸せなほうである。問題は、泥酔した将軍が戦争に遅れ、斬首された例があるように、[55] 仕事にさしさわりが出ることである。飲みすぎて宴会中に吐く者もいた。親しき者のあいだでは、寝ゲロを吐く者がいてもやむをえない程度の認識であり、[56] 一昔まえの日本の大学生となんら変わらない。

男性だけでなく、女性が吐くこともあった。なかには道ばたにゲロを吐いたうえ、毒を盛られたのではないかとかってに勘違いし、そのゲロをなめて「大丈夫だわ」といった女性もいるとか。[57] もはやたくましすぎて唖然《あぜん》とするばかりである。

かりに道ばたに吐いても、漢代の大都市であれば、地面にいわゆるマンホールがあり、まえにのべたとおり、下水管も備わっているところがある。そのため水に流すことも可能であった。ただし、ゲロを吐かずにすむなら、それに越したことはあるまい。そこでまずはトイレにいっておこう。宮殿に立小便でもしようものなら、有罪になりかねないので、[58] トイレをさがすことにする。

トイレはどこだ

漢代のトイレにはいくつものタイプがあり、しゃがむタイプが多い。それは現代日本で和式とよばれているが、漢代のほうが古いので、じつは漢式とよんでしかるべきである（以下、混乱を避けるために和式とよぶ）。たとえば河南省内黄《ないこう》県の三揚荘《さんようそう》遺跡で出土したトイレは、一見すると和式か洋式か判断しにくく、じっさいに現在論争もあるが、私見では和式である。

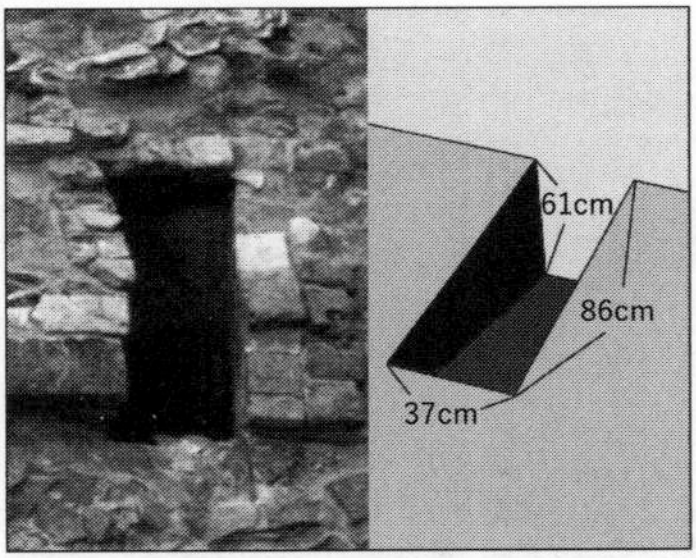

図10-7●漢代の和式トイレ（河南省の内黄三揚荘遺跡出土。左の写真は林源氏提供）

もしそうではなく、洋式だとすると、写真（左）では手前に足がくるはずであるが、穴の奥は浅く、大便をすると流れにくい。また穴の幅は三七cmもあり、直接座るとおしりが落ちる。よって和式だとみられる（図10-7）。

一方、座るタイプ（いわゆる洋式）もあり、たとえば安吉《あんきつ》県天子湖工業園楚墓からは、漆塗りの便座が出土している（図10-8）。よって、「洋式トイレ」という言い方も、正確性には疑問が残る。中国と西洋のどちらの起源が古いかは今後じっくり検討してみる必要がある。便

図 10-8 ●漆塗りの便座（安吉県天子湖工業園楚墓出土。安吉県博物館所蔵）

座にはイス型だけでなく、[*59]便座と床との高低差がないものもあり、後者はおしりを便座につけ、両足をまえに投げだして排便する。[*60]高級なトイレのそばには、排便後に下半身を洗い、衣服を替えるための部屋もある。[*61]ゆえにトイレは更衣《こうい》ともよばれた。

男女のトイレをしっかりと区別している例もあるが、ふつうは男女共用である。[*62]トイレが建物の二階部分に建てられ、そのすぐ下に豚小屋が設置されているものが多い。つまりトイレ本体（廁《し》）とブタ小屋（溷《こん》）の一体型である。大便・小便をすると、便器から豚小屋に排泄物が落ちる。ブタはなんでも食べる動物なので、排泄物はブタに処理され、残らないしくみである。[*63]そのブタはのちに人間に食べられるのであるから、みごとな食物連鎖である。

トイレは高級か否かを問わず、かなり臭かった。そのため高級トイレなどには、鼻につめ

図10-9●漢代の公衆トイレ（陝西省考古研究所「西安南郊繆家寨漢代厠所遺址発掘簡報」〔『考古与文物』2007年第2期〕所収）

るための乾棗《なつめ》が置いてあったり、南方産の香粉や香水が置いてあったりする。[*64] このほかに大便を穴にたくわえておき、あとで田畑の肥料とするタイプのトイレもあった。

トイレはそれぞれの豪邸に備わっているだけでなく、都市には公衆トイレ（民溷《みんこん》）もあった（図10-9）。[*65] トイレ掃除の刑罰もあることが知られており、どうやら受刑者がトイレの清掃を担ったとみられる。トイレには個室だけでなく、[*66] 複数のトイレがひとつの部屋に備わっているものもあった。後者は、現代中国にもみられるいわゆる你好《ニーハオ》トイレ（個室の壁がなく、みなが下半身まるだしで顔をあわせるトイレ）と同じである。漢人が「はずかしい」と考えるポイントは、現代日本人のそれと大きく異なるらしい。

ここでは宴会中ということもあって、会場内のトイレにいっておこう。男子が小便をするときは、現代日本では立小便が一般的だが、立小便用の便器の漢代遺物はみつかっていない。

また、大便をした現代日本人は、ウォシュレットを使うかどうかはともかく、最終的にはみなティッシュペーパーでおしりを拭いていると思うが、当時、紙はまだ貴重品である。つまりティッシュペーパーはないのであり、そのかわりに使用済の木簡が用いられた。木簡は折って先端部分を焼くことで、おしりに付着した大便をこそぎ落とせるようになっている。それを廁籌《しちゅう》という。じっさいに、商丘芒碭《しょうきゅうぼうとう》漢墓からは石製便座が出土し、そのそばからは廁籌もみつかっている。ただし廁籌の数にもかぎりがあるので、おしりを水で流して手で拭くだけの者もいたろう。なお夜間には大便用おまる（清器《せいき》、行清《こうせい》）や、しびん（虎子《こし》）のたぐいを用いる者もいた（図10-10[*67]）。

図10-10●青磁製の虎子（江蘇省南京市の趙士岡孫呉墓出土。中国歴史博物館所蔵）

用を足すだけでなく

トイレはしばしば歴史を動かす舞台ともなった。たとえば前漢時代にクーデターに遭《あ》った呂産《りょさん》は、官舎のトイレに逃げこみ、そこで殺された。*68 曹操の父曹嵩《そうすう》も、後漢末に敵に狙われ、トイレに逃げこんだ。*69 このように、追いつめられた人がつぎつぎにトイレにかけこんだ理由は、多くのトイレが豚小屋のうえにあり、そこから壁づたいに屋敷外に逃げやすいからである。後漢末の呂布《りょふ》は部下に襲われ、じっさいにトイレから屋根づたいに外へと逃げている。*70

以上のように、トイレは臭く、豚小屋と一体化していることが多い。そのためか、トイレは宮殿のどまんなかにはなかったようである。前漢時代には長安の未央宮《びおうきゅう》、後漢時代には洛陽の朝堂において会議が開かれたが、会議が長引くとたいへんであった。皇帝のそばには尿瓶やおまるをもった臣下が控えている。臣下はトイレにいける雰囲気ではなかったらしく、老臣の張湛《ちょうたん》などは会議中に失禁している。*71

ここでトイレをのぞくと、ウンウンうなっている人がいる。便秘で痔《じ》になる者もおり、注意が必要である。当時の痔の治療法のひとつは、他人にそれをなめてもらうというものであるが、はたしてだれがおこなってくれるであろうか。*72 もっとも、痔もちも悪いことばかりではない。たとえば戦国時代には、春に黄河を祭るさいに人間が生贄《いけにえ》とされることもあったが、痔もちは穢《けが》れているとされ、生贄とされることはなかった。*73 禍転じて福となすというやつである。

またべつのトイレに入ろうとしたところ、なんと室内からあえぎ声が聞こえる。どうやら男性が女性をトイレにつれこみ、そこでセックスをしているらしい。ある女性は、もともと脾臓《ひぞう》を病んでいたところ、さらにトイレではげしくセックスをして汗をかいたため、その場で死んでしまったという。*74

ともあれ、いくつかの宴会は早くもおひらきになっており、酔っ払った人びとが徒歩で帰りはじめている。高貴な者や金もちは馬車や牛車で帰っている。馬車に乗った酔客が危うげに大通りをすすんでおり、一部の歩行者から顰蹙《ひんしゅく》を買っている。*75 酔っ払って馬車から落ちる人もいたが、意外と大怪我にはならないとか。*76 ともかく私たちはもう少し夕方の町並みを歩いてみることにしよう。

第11章　歓楽街の悲喜こもごも――午後五時頃

夕方の歓楽街

夕日が照りかえす。ひとりの女性が窓ぎわによりかかり、ぼーっとしている。失恋でもしたのであろうか。楽器を手もとにおき、そばのテーブルには山菜らしきものが乗っている。きらびやかな家のようすから、高貴な家柄の女性とみられる。ふつうならここで詩でもよむのかもしれないが、そういう気分でもないらしい。夫の単身赴任中に、ひとり酒を飲む女性はほかにもいる。*1

ふと目を転ずると、路地裏にある遊郭の二階にも、似たような女性がいる。窓ぎわに物憂《ものう》げにたたずんでいる。高級官吏御用達《ごようたし》の遊郭らしい。独り言を盗み聞きすると、「あの人……いまごろは甘泉宮《かんせんきゅう》で詩でもよんでいるのかしら」とつぶやいている。甘泉宮とは首都の離宮のひとつ。しかし、まさか皇帝と接点をもっているわけではあるまい。どうやら彼女は朝廷に出入りする官吏に想いをよせているようである。

上流階級の宴会には美女が花をそえる。[*2] 酒席にはべる芸妓は扇《おうぎ》（軽扇《けいせん》、団扇《だんせん》）で顔を半分ほど隠しており、それが艶《つや》やかさを増す。客のとなりに好みの妓女が座るとはかぎらない。ようやく好みの妓女がくると、男は酒杯をあけ、彼女も酒杯をあけて返礼をする。ここから彼女を口説き落とせればたいしたものである。[*3] ちなみに、市場の酒場などでも美女に逢える可能性はある。ある酒場では十代の美しく彫りの深い異国のむすめが働いており、さっそく貴人がナンパをしている。[*4] 郷里に美しい「処子《しょし》」（処女）がいると聞けば、貴人は金品を贈ってでも入手を試みるものである。[*5]

芸妓のファッション

遊郭の一階では、きらびやかな格好をした女性が一列になり、客をまっている。彼女たちは、夕方には化粧直しをすませている。[*6] 後漢初期の都では、高身長のスラリとした美女がモテる。後宮《こうきゅう》にも一六〇cmを超える長身の美女が勢揃《せいぞろ》いし、とくに後漢時代には明帝の馬《ば》皇后、和帝の鄧《とう》皇后、霊帝の何《か》皇后など、身長七尺（約一六一cm）を超える皇后がならぶ。前漢の宮女が身分不問だったのに比べ、後漢は家柄で宮女を選ぶ傾向が強まっているので、はたしてどこまでルックスや体型を重視していたかは疑問も残るのであるが、それでもこのようであった。周囲をみると、さすがに一六〇cmを超える美女は少ないが、みな細い腰をきつくしばって、さらに細くみせようと努力している。

図11-1●漢代の長沙王后家の銅熏炉（馬王堆漢墓出土。湖南省博物館所蔵）

芸妓は、ほほ紅《べに》あざやかで、美しいピアスもしており、えもいわれぬ香木の香りをただよわせている。香木にナツメを少々ブレンドした香りがはやっていたらしい。彼女らは、西洋の香水のようにプシュッと吹きかけるのではなく、香木を焚いた煙を衣服にあてることで、やわらかな香りをかもしだしている（図11-1）。

化粧も念入りにしないと、客がどこかにいってしまう。フェイスパウダーをぬり、ととのえた眉毛にアイブロウを加える。ほほには紅だけでなく、黄色のラメを散らせる女性もいる。マニキュアはない。後漢時代の女性の明器《めいき》をみても、爪にはとくに技巧が凝《こ》らされておらず、現代ほどに爪に留意はしていないようである。素足に、きれいな布のクツをはく。

遊女はみな色彩ゆたかな服を着ており、ほとんど重複はない。美を競う女性にとって、他人の服装とかぶるのはイヤなものだからである。[*7] みな色とりどりの扇をもち、長いカンザシをさし、それも美貌を際立たせる。衣裳は衣裳箱に保管されているが、ある女性は上客と逢うべく、ひときわ美しい「羅裙《らくん》数十重」を身につけている。[*8] まるで日本の十二単《じゅうにひとえ》のごとく、何枚も衣服を重ね着しているわけである。さあ、いよいよ接客の時間である。客にまぎれて私たちも宴席にお邪魔し、しばらく楽しむこととしよう。

店に入ると女性陣が出迎えてくれる。桐《きり》や槐《えんじゅ》の植えられた中庭をとおり、各個室に入る。客のひとりがさっそくお気に入りの芸妓にプレゼントをさしだした。「今日はこれを君に買ってきたよ」。よくみると、彫物のあるタイマイ製のカンザシと、鴛鴦《おしどり》の織り込まれた絹織物で、ともに一級品である。その芸妓は内心飛び上がらんばかりに喜んでいるが、ぐっとこらえて上品に「ありがとう。うれしい」とつぶやく。やはり古今東西、女性は流行のアクセサリーに目がないらしい。逆に、女性からも意中の男性にプレゼントが贈られることもあり、相手のことを考えて品物が選ばれている。[*9] ある男性は、恋する女性から花束を贈られているともあれふたりの邪魔をするわけにはいかない。少し目をそらして二階の窓から歓楽街のようすを眺めてみよう。

退勤後の官吏の行き先

朝廷には、はっきりした退勤時間はじつは設定されていない。皇帝と会話を交わして政策を決めるような高官たちは、皇帝の退廷命令があって、はじめて帰宅することになる。皇帝が退廷命令を出すのを忘れ、宴会でもはじめたときには、いつまでたっても帰れない。煌々《こうこう》と明かりをともし、ひっそりとした宮殿のなかで勅命をまたねばならない。[*10] かりに皇帝の臨席しない会議であれば、さすがに日暮れには閉会となり、まだ話し合うべきことがあれば、翌日に再開することになる。[*11]

そのほかの官吏は、よほどの案件がないかぎり、この時間帯にはすでに仕事を終えて、家路についているか、どこかの宴会に列席している。[*12] なかには、詩歌に「早朝に小走りで宮殿に参内し、夕方には洗髪して郊園《こうえん》（郊外の自宅）で寝る」と歌われているように、[*13] 夕方になって自宅でフロに入る者もおり、もしくはべつの詩歌に「朝に宮城に参内し、夕方には宿直所に帰る」と歌われるように、[*14] 宮中の宿直場所にもどる者もいる。このように退勤する官吏たちとは逆に、皇帝のすまう禁中《きんちゅう》を守備する黄門郎《こうもんろう》は、今から洛陽の青鎖門《せいさもん》にゆき、夜警をつかさどることになる。[*15]

いよいよ日が暮れてきた。帝国は夜の顔をみせはじめる。宮殿内の燭台《しょくだい》にはつぎつぎに明かりがともる。首都の大きな橋にも明かりがともり、いろいろな門に扃《かんぬき》がかけられはじめる。大都市には、建業《けんぎょう》（現在の南京《なんきん》付近）の南苑《なんえん》のように、遊郭の連なる区域があり、妻の目を盗んで昼間から享楽《きょうらく》に耽《ふ》ける者もいる。そのためこの時間帯になると、歓楽街のそこかしこで「日が暮れるまえにはお帰りになったほうがよいわ」という遊女の声が聞こえる。夜まで遊びつづける客は、泥酔して問題を起こすこともあり、少々危険である。だが、かれらはお金を落としてくれるので、遊女らは客の身体を気遣うふりをしつつ、たくみにひきとめている。ただし、遊女も嫉妬をするので、女遊びもほどほどにしておかないと、「狡《ずるい》童《ひと》」[16]とか「且《ばかちん》」[17]などと怒られるかもしれない。

古代中国の貴人たちは複数の女性をしたがえるのが常《つね》。さすがに人妻に手をだせば罪になるものの、正妻以外に妻をもつことは法的にも認められており、なかには役所に婚姻届を出さずに妻を迎える者（いわゆる事実婚の例）もいた。[18]つまり遊びすぎはダメだとしても、みずからの権力と財力によって女性を囲うことは、問題視されていないのである。今日もそういう人びとが色街にくりだす。貴族の子弟は、カンザシをさしてフェイスパウダーをぬっており、平安貴族に少し似ているところがある。[19]

芸妓をめぐる争い

長安の色街は、人通りの多い大通りではなく、そこからはずれた細い路地に沿って発達した。そのため色街は狭斜《きょうしゃ》ともよばれる。色街の起源は戦国時代にさかのぼり、文献には女閭《じょりょ》や婦閭《ふりょ》といったことばが散見し、国家公認の色街をさす。耳を澄ますと、男女の話し声がガヤガヤと聞こえるばかりでなく、芸妓が動くたびに、彼女たちの腕輪や佩玉がチャラチャラと音を立てている。

芸妓の歴史は古く、酒席にはべって音楽などを供する女性と、性を売る女性との違いはそれほど明瞭ではない。たとえば、春秋末期に越王句践《こうせん》は軍隊内に慰安施設をつくったといわれるが、それは売春施設の起源であろう。[*20]また漢代には、兵士の妻などとして、隠れて従軍する女性もおり、彼女たちは妻といっても、状況からみて戸籍に登録された正式な妻ではなく、内縁の妻とも、売春婦ともいいうる存在であった。[*21]

酒席などにはべる芸妓はよく卑賤といわれるが、[*22]美しい芸妓はつねに人気者で、晋代の緑珠《りょくじゅ》など、後世に名を残す芸妓もいる。一説によると緑珠は、大金もちの石崇《せきすう》がかつてハノイ付近に出張したさい、その美貌を聞いて買い取った妓女である。もしそうだとすると、彼女は東南アジア系の美人であったのかもしれない。また後漢時代には、皇族の劉康《りゅうこう》が、音楽を得意とする妓女の宋閏《そうじゅん》を愛し、のちに皇族の劉錯《りゅうさく》も彼女に入れこんでいたという。[*23]

このような芸妓の奪いあいは、漢代にさかのぼるものであり、じっさいに前漢の哀帝《あいてい》は、家臣が芸妓をめぐって浪費をしているさまを嘆《なげ》いた。*24

もっとも、芸妓の人生は必ずしもつねに華々しいわけではない。なかには金もちに身請けされたあと、鬱々《うつうつ》と寂しい日々を送る者も少なくなく、「昔は風俗嬢、今は遊び人の妻」と歌う悲劇の詩歌が残っている。*25

そのあとも芸妓の歴史はつづき、南北朝時代にも多くの貴族がお世話になっている。たとえば、帝室に連なる貴人の劉孝綽《りゅうこうしゃく》は、あるとき芸妓と一夜をともにし、早朝にゴソゴソと起きだしたところ、建物の外はすでに出勤途中の官吏であふれていた。同僚の何遜《かそん》はそのようすをみて、劉孝綽をからかっている。*26 ともかく以上のきらびやかな生活は、庶民とは無縁である。女性と年中遊ぶことなど、古今東西、お金もちの男性くらいにしかできない。

男女の性愛

ある男性は友人の家を訪問中である。この時間帯になってもお開きにすることはなく、むしろ主人も客もともにゲームに夢中になりはじめている。妻もしかたなくゲーム盤に見入っている。客は負けそうなのか、ひじかけ（几《き》）に身を乗り出している。勝負はまだまだつづくようである。*27 こうしたゲームは、お金を賭けると違法となるが、*28 賭博でなければ容認されていたようで、よくみるとそこかしこの家々でおこなわれている。近所の家に目を転じてみよう。

数軒先の家では男女が裸《はだか》でからみあっている。[*29] めでたく結婚し、本日が初夜らしい。女は「家業に努め、台所をとりしきり、りっぱな妻となる」と決意してきたものの、いかんせん夜の営みについては見当もつかない。衣服を脱いで化粧をほどこし、なんとか旦那さまを喜ばせたいところだが、はたしてどうなることやら。[*30]

図11-2●漢代の接吻（四川省瀘州市合江県漢墓出土陶俑。索徳浩『四川漢代陶俑与漢代社会』〔文物出版社、2020年〕所収）

べつの家をのぞいてみると、さきほど遊郭でみた男と女がいる。女は遊郭随一といわれる美女、男はあの官吏である。翌朝帰って正妻に皮肉られることも恐れず、どうやら酔いに任せて「お泊まり」を選んだようである。客のいる部屋では、とばり（羅幃《らい》）やカーテン（翠帳《すいちょう》）がおろされる。[*31] そこには枕と布団が用意されている。

男は、手慣れた手つきで女の服を脱がしていく。それとほぼ同時に、両者はキスをしはじめた。キスは恋人同士の愛情表現として、紀元前から洋の東西で営まれてきた行為である。キスもいろいろで、性交まえにはやはりディープキスもなされる（図11-2）[*32]。

ここで男が、女の胸もとに手を伸ばしはじめた（図11-3）。女の胸の大きさをしるした古代文献はみあたらず、男性がそこにどれほどフェティシズムを抱いていたかはわからない。だが男性が女性の胸に手を伸ばしている石像もある以上、興味津々《しんしん》な男もいたといえよう。

図11-3●接吻から愛撫へ（1941年眉山市彭山区出土。南京博物院編『四川彭山漢代崖墓』〔文物出版社、1991年〕所収）

男の手は下腹部のほうへさがってゆき、ついに女の秘部の茂みに達する。馬王堆《まおうたい》漢墓出土の女性ミイラをみると、ミイラには腋毛《わきげ》がなく、手入れをしていた可能性もあり、漢墓からは毛抜《けぬき》もみつかっているが、陰毛はそのまま残っている[*33]。

なお現在、日本の女性の多くは腋毛を剃るか脱毛し、現代中国では腋毛を残す女性が少なくないが、これを文化の進度によるものだと断ずることはできない。たとえば一部のハリウッド女優がファッションの一環として陰毛や腋毛を残すことにこだわっているように、毛の有無はあくまでも文化や流行の違いである。

　ところで、漢代の知識人のあいだでは房中術《ぼうちゅうじゅつ》なるものが知られていた。これは、セックスをつうじて不老長寿・健康維持を図る技法・思想である。たとえば馬王堆漢墓からは『十問《じゅうもん》』『合陰陽《ごういんよう》』『天下至道談《てんかしどうだん》』『胎産書』『養生方《ようせいほう》』『雑療法《ざつりょうほう》』という房中術の関連書籍が出土している。それによれば、女性の陰部はかたちや色ごとに分類され、花や動物を彷彿《ほうふつ》とさせる名がついている。細かい命名と分類は、漢人の女性器にたいする関心の強さをしめす。

　男性はゆっくりと女性の服を脱がす。さきにのべたように、当時の女性はブラもパンティもつけていないので、攻略は容易である。古代中国の男性がクンニリングスをしたかどうかはいまいちはっきりしないが、レズビアンはたがいにクンニ（対食《たいしょく》）をしたことが知られており、女性の愛液をすくって飲むと元気になるとも信じられていたので、男性が女性にたいしてクンニをしていても不思議はない。[*34] もしそうすると、古代ローマ人は女性にクンニをしなかったらしいので、[*35] 漢代の男性は古代ローマ人よりも女性に尽くす存在であったといえようか。なお、女性が男性のためにフェラチオをしたかどうかははっきりしないが、『十問』にはそれとおぼしき記載もある（クンニにかんする記載とも読める）。じっさいには人によってさまざまであろう。

準備がととのった。いよいよ挿入である。セックスは、正常位や後背位によるだけでなく、女主導の騎乗位もおこなわれた。[*36] 馬王堆漢墓出土の帛書《はくしょ》によれば、男のみならず、女にオーガズムのあることも、すでに当時知られていた。いよいよ行為は終盤に近づいていく。

自慰と性具

これまでのぞき見てきたセックスはたいへん上手なものであった。だがセックスがうまくいかない例もある。秦漢時代には巨根が重視されることがあり、その代表例に嫪毐《ろうあい》がいる。かれがペニスで車輪をもちあげたのは有名な伝説である。すると逆にいえば、短小の男性は人知れず劣等感を抱いていたのではないか。じっさいに、魏晋時代のある貴族は妻を娶《めと》ってセックスしようとしたが、彼女はたいへん太っていて挿入できなかった。そこで「こいつには女陰《じょいん》がない」と逆ギレして離縁した。のちに妻は再婚相手とぶじに結ばれたらしいので、この離婚は前夫の劣等感や焦躁感によるようである。[*37] 真相はともかく、こうした小話は、古代人もセックスの悩みを抱くことがあったことをしめしている。

では、お相手のいない年頃の女性はいかに性欲を満たしたのか。大半の女性はそうしたことなど考えず、いそいそと布団にくるまって寝ていたかもしれない。だが、一部の女性はひそかに自慰《じい》をはじめたであろう。というのも、じつは漢代女性墓から、ペニスを摸《も》した道具

図11-4 ●漢代の張形（満城漢墓出土。河北博物院所蔵）

が出土しているからである（図11-4）。病床の女性が家族や友人に「私が愛用したこれを、死後の世界でも使うため、ぜひ墓に入れておくれ」などと遺言する情景は想像もできないが、ともかくお墓に入っていた。類似物の出土例はほかにもあり、かたちは精巧《せいこう》でフィットするもので、宮女の私物と目されている。[*38] 宮女は皇帝以外の男性と出会うことがなく、ヘタをすると生涯独身で過ごさねばならず、これをなぐさみにしたのかもしれない。

なかにはレズビアンもおり、彼女らが使用したとも考えられる。少なくとも図11-4は、女性がふたりで同時に楽しめるしくみになっている。このほかにも西暦四世紀頃の小説には、性的欲求が満たされずに思いつめ、朝に晩に酒でまぎらわせる女性が登場する。[*39]

男性も似たような道具を使用した可能性がある。なぜなら前漢の中山靖王《ちゅうざんせいおう》墓や、盱眙《くい》大雲山漢墓（江都王劉非墓）、さらには瀘州《ろしゅう》龍馬潭区麻沙橋《まさきょう》漢代庶民墓などか

図 11-5 ●セックスと自慰（四川省楽山県蔴壕崖墓出土。四川博物院所蔵）

らも類似の道具がみつかっているからである。漢代以降、性具のヴァリエーションは増え、明代には角先《かくせん》生《せい》・広東人事《かんとんじんじ》・緬鈴《めんれい》などのことばもみえ、あんなことやこんなことに使うらしい。かりに道具がなければ、みずからの手で自慰をすることもあり、図11-5の左側の者はまさにその一例である。だが本書ではこれ以上これらの問題に目を向けることはしない。残念ながら史料がほとんど残っていないし、なによりもこれ以上詮索《せんさく》するのは無粋《ぶすい》であろう。

さまざまな性愛のかたち

男色《だんしょく》もある。[*40] そのお相手を孌童《れんどう》という。たとえば春秋時代に、衛の霊公《れいこう》は美少年の弥子瑕《びしか》を寵愛《ちょうあい》した。ただし恋愛感情もルックス次第で、あるとき弥子瑕がモモを食べ、残りを霊公に渡すと、霊公はそれを喜んで食べたが、弥子瑕のルックスが衰えると、霊公はモモの話を急に思い出し、「君主に余ったモモをさしだすとはけしからん」と怒り、弥子瑕を罰した。[41] だから美少年のほうも気が気でなく、一計を案じる者もいる。

楚の安陵纏《あんりょうてん》は王に愛されたが、王が死んだら自分も死ぬと宣言し、さらに愛された。戦国時代の龍陽君《りゅうようくん》も有名である。かれは魏王に寵愛され、あるときふたりで釣りにいった。魏王は魚を釣るたび、さきに釣った小魚を捨てた。それをみた龍陽君は「王はすぐ目移りなさる性格ゆえ、私もいつか捨てられる」と泣いたため、魏王は以後、美少年の採用を禁じた。[42]

孌童はみな女性的である。たとえば龍陽君は「夭夭《ようよう》たる桃李《とうり》の花[43]」と評されており、桃李とはほんらい美女の代名詞である。龍陽君らはさらに仙女《せんにょ》にも比せられ、美女にため息をつかせるといわれた。[44] つまりかれらはマッチョな男性でなく、女性っぽい美少年であった。男色は漢代にもおこなわれ、たとえば哀帝《あいてい》は董賢《とうけん》を寵愛した。董賢はよく哀帝の腕枕で昼寝し、哀帝はかれを起こさぬよう、わざわざ袖《そで》を断ちきってベッドから離れたとの言い伝えもある。漢代の枕の実物をみると、硬めで四角柱のものなので、腕枕をしたあとで、すっと腕をぬきとることくらいはできそうであるが、つっこむのはやめておこう（図11-6）。ちなみに、男性同士の恋愛でも、顔の好みは人それぞれであり、なかには醜い男性を愛した王もいた。[45]

さきほど少しのべたように、秦漢時代にはレズビアンもいる。むしろ宮廷内に目を向けると、後宮にいるのは皇帝以外、ほぼ女官か宦官であり、そこでは女官同士や、女官と宦官の恋愛や性的関係が生まれることがある。女官同士が夫婦になることもあり、彼女たちがたがいにクンニをするということから、そうした女性同士のカップルは「対食」などとよばれた。[*46]

ともあれ、同性愛はそれほど差別されていたわけではなく、同性間でセックスをする者が生涯をつうじて異性間セックスに手を出さなかったともかぎらない。むしろ男女の結婚を補完するかたちで、同性間の性愛が営まれることもあり、少なくとも上層階級の性愛のかたちは多様であった。[*47]

図11-6●枕（馬王堆漢墓出土。湖南省博物館所蔵）

ただし、不特定多数との乱交や、獣姦《じゅうかん》などは、人倫《じんりん》に悖《もと》るものとみなされた。[*48] 近親相姦もダメで、いとこ同士が合意のもとでセックスをしても罪になる。[*49] 前漢時代の帝室には性的倒錯者もおり、人と獣を交わらせて子を生ませたいと考え、ムリに宮女をよつんばいにさせ、ヒツジやイヌと交接させる者がいたが、皇帝から罰せられている。[*50] また裸の男女が交わる絵を室内に飾り、オジや姉妹らと眺めながら飲酒する王もおり、やはり処罰されている。[*51]

第12章　身近な人びとのつながりとイザコザ――午後六時頃

一家だんらんの光景

日が暮れてきた。森林地帯では、キーキーとサルの鳴き声が響きわたり、もの悲しい雰囲気につつまれている。[*1] 人びとは農作業を終えて家路についている。狩猟に出ていた人びとが急いで県城にもどろうとしているが、もはや城門は閉ざされている。初老の男が、道沿いに点在する警察署（亭《てい》）の関係者によびとめられ、「もとの将軍だろうとなんだろうと、もう通行禁止だ」と怒られている。[*2] かれは今夜、亭の宿舎に泊まらざるをえまい。ほとんどの市場も閉まっており、活気があるのは特別に開かれている田舎《いなか》の夜市《よいち》くらいのものである。

県城レベルの大都市では、これ以降、主要道路を自由に歩き回ることはできず、人びとはそれぞれの里のなかにとどまっている。ただし、里のなかではなお散歩も飲食もできる。家族だんらんのため、家々では火を焚《た》いている。昼間に働きどおしであった者は、ようやく湯浴みができるので、家族がそのためのお湯を準備している。もし水や火種《ひだね》がなければ、となりの門戸をたたくとよい。*3

もっとも、郷里の人びと全員がつねに仲よしであったとはかぎらない。なかには、うわべだけの友人・知人(面朋《めんほう》、面友《めんゆう》)*4として、ムラでともに生活を営む人びともいたはずである。ここで、それぞれの家のなかをのぞいてみると、家族が火を囲んでいるところであり、その話題のひとつは人間関係にかんするもののようである。

当時の礼儀作法によれば、家族であっても男女のあいだには壁があり、ひとつの席には座らず、ひとつの衣かけを用いることもせず、クシや手ぬぐいも共有しない。とくに弟と兄嫁はたがいに安否確認の挨拶さえせず、いらぬ疑いを周囲からかけられぬように配慮せねばならない。そして外での話題は家のなかにもちこまず、家庭内の話題は外にもちださないこととされている。*5しかしじっさいには、小さな家のなかでは男女まじって着席し、内外のさまざまなことが話題になる。

ムラのなかのもめごと

当時、人間関係が壊れる一因は、人びとの価値観がさまざまで、そのあいだに齟齬《そご》が生じやすいことにある。たとえば、昔馴染《むかしなじみ》のために便宜を図る者、公の財をばらまく者、俸禄を軽んじて己《おの》れの信念を貫く者、法を曲げてでも親族を助ける者、官職をなげうってまで友人に尽くす者、世間を離れ、支配から逃れる者、ケンカばかりで命令に背く者、恵みをほどこして大衆人気を得る者等々。*6 かれらは各々の信念をもち、しばしば対立する。多様な価値観の共存は、現在にはじまったことではないのである。

こうした人間社会を安定させるには、一定の秩序が必要である。ゆえに孟子《もうし》はこうのべる。君子は、禽獣草木《きんじゅうそうもく》にはいつくしみの心（愛）、民には思いやりの心（仁）、親族には親しみの心（親）で接するべきだ、と。だがじっさいにはそう簡単なことではなく、なんらかの事情でイジメが発生する例もある。戦国末期の秦の裁判文書をみてみよう。*7

あるムラの甲ら二〇人が、同じムラにすむ丙《へい》を県廷《けんてい》に連行し、「丙には寧毒言《ねいどくげん》（後述）のクセがあり、私たちは丙といっしょに食事をとりたくないので、訴えにやってきました」といった。そこで丙を尋問すると、「私の母方の祖母は、悪口の罪で三十余歳のときにムラから追放されたことがあります。私の家で祭祀があって招いても、甲らは来ようとせず、かれらも私を祭祀の会食などに招いてくれたことはありません。里の祭祀であつまって会食するときも、かれらは私と飲食器をともにしたがりません。甲らや里の人びとは私と飲食をとりたがらないのです。ですから、私はけっして寧毒言などしておらず、そのほかにどんな罪も犯しておりません」と供述した。ここでいう「寧毒言」については、当時言霊《ことだま》を信仰する習慣があって、悪口をいう者を恐れたとの説や、南方中国人は口内に病原菌を有するとの伝承にもとづいてその飛沫感染を恐れたとの説があるが、ともかくここには仲間はずれにされた男の悲哀がかいまみえる。

当時のことわざに「千人に後ろ指をさされた者は、病気でなくとも死ぬ」とあるとおり、[*8]はげしい仲間はずれやイジメは、とうぜん悲劇をもたらすであろう。かりにケンカになったとしても、暴力は禁じられているので、県や郷の役所に訴え出るほかはない。もっとも、当時は民にも帯剣が許されており、一対一の決闘などに用いられるほか、ボウガン（弩《ど》）などを備えた家もあった。[*9]後漢時代の明器にも、帯剣した農夫の像がある。そのためケンカはしばしば刃傷沙汰へと発展しやすい。

またケンカは家族同士でも起こる。当時のことわざにも「実父でもトラになり、実兄でもオオカミになりうる」とあるとおりである。[*10]ただしそのときに上下関係に配慮しないと、たいへんな罪になる。たとえば戦国時代の秦国の法律では、曽祖父母をなぐれば黥城旦春《げいじょうたんしょう》。黥とはイレズミ、城旦春とは重労働の刑である。かりに自家の奴隷の態度が悪くとも、家族の一存で殺すことはできず、県の長官の判断を仰がねばならない。[*11] 一日の仕事が終わって自宅に帰っても、このように必ずしもつねに幸せな時間がまっているとはかぎらない。ひとつ屋根の下で顔をつきあわせるからこそ、それは家族だんらんの時間になることもあれば、地獄の時間になることもある。

ちなみに、唐代の例であるが、親子九世代におよぶ大家族をひきいる男がおり、あるとき皇帝がその秘訣をたずねると、かれはだまって「忍」字を百回書き、皇帝もそれに涙したとか。[*12] いささか時代を異にするとはいえ、大家族をまとめあげることのむずかしさを端的《たんてき》にあらわした例であるといえよう。

嫁姑問題は昔から

漢代の女性は、現代と同じように、しばしば嫁姑関係と夫婦関係に頭を悩ませていた。まず嫁と姑は、ほんらい血がつながっていないのに、家庭内で顔をあわせるため、うまくいかなければ地獄であり、そこに逃げ道はない。

ある女性は夫にこう嘆いている。「私は一三歳で機織《はたおり》を覚え、一四歳で裁縫《さいほう》を学び、一五歳でハープ（箜篌《くご》）が弾《ひ》け、一六歳で『詩』『書』を暗唱できました。一七歳であなたの妻となりましたが、心のなかではいつも哀しい思いをしていました。あなたはお役人となり、仕事第一で私にかまけてはくださらず、私は空虚な部屋で留守を守り、顔をあわせる機会もほとんどありませんでした。ニワトリが鳴くころから機を織り、毎晩ちっとも休まず夜なべして、三日間で五疋《ひき》の絹を織りあげても、義母さまはまだ遅いとお気に召さない」[*13]と。嫁姑問題はいつの時代も深刻である。

もちろんすべての嫁姑関係が悪かったわけではない。たとえば漢代には、周青《しゅうせい》という嫁が姑にたいへん孝行を尽くし、姑は「私も年だし、若い者に迷惑をかけつづけるわけにはいかない」といって自殺したほどである。[*14]結果は悲劇であるものの、嫁と姑の関係は良好すぎるほどであったわけである。

このほかに、ある寡婦は姑から再婚をすすめられたが、姑の世話をしつづけるといって聞かず、さもなくば自殺するとまでいい、二八年間も亡き夫の母の面倒をみつづけたとか。[*15]また河南郡の楽羊子《がくようし》の妻も姑に尽くしたことで有名である。よそのニワトリが庭に迷いこんだとき、姑がそれを殺して食べようとすると、「私どもが貧乏ゆえ、義母さまに他人の鶏肉を食べさせることになった」と泣いたため、姑は鶏肉を捨てた。さらに強盗が家にやってきたときは、身を挺《てい》して姑を守り、あげくに自殺したため、強盗は逃げたという。[*16]

このように姑に尽くす嫁がいる一方で、嫁に配慮する姑もいた。ある姑は実家の祭祀を手伝うため、夕方までに帰るといって家を出た。じっさいには夕暮れまえにムラ近くまでもどってきたが、その日は祭日で、ムラに残された嫁は宴会の真っ最中。そこで姑は、自分がいては嫁がリラックスできないと配慮し、ムラの門外で夕方まで時間をつぶしたという。[*17]
以上のように、嫁と姑のなかには良好な関係を保っている者もいた。だがそれはやはり異例であった。だからこそ、そうした記録があえて史料に特筆されているわけである。しかも漢代においては、妻は舅や姑に暴言を吐いただけでも斬首刑であり、妻が姑のことを官府に訴え出ても、基本的には受理さえされなかった。[*18]

壊れゆく夫婦関係

問題は嫁姑関係だけではない。かんじんの夫婦関係も、倦怠期《けんたいき》によって亀裂《きれつ》が入るものである。たとえば妻が夫を卿《けい》（あんた）とよぶ家庭もあり、夫が「やめなさい」というと、妻は「卿に親しみ、卿を愛しているから、卿を卿とよぶのよ。私が卿を卿とよばなければ、だれが卿を卿とよぶのよ」という始末。[*19] 当時のことわざに「忘れものをしやすい者は、引っ越しのときに妻さえ忘れる」とあり、[*20] もはや冗談にしか聞こえないが、そこにも家庭にウンザリしている男性の苦悩がかいまみえる。

一方、むすめの婚姻をかってに決めた父親が、それに文句をいった母親にたいして「子どもや女の知ったことではない」[*21]といった例もある。いかにも亭主関白がいいそうなセリフである。また戦国時代の列子《れっし》は貧乏で、あるとき君主が列子にプレゼントをしたが、なんと列子はそれを断った。妻は胸をたたいて列子に怨み言をのべたが、列子は「ご主君はだれかにいわれてそうしたのだ。みずから望んでプレゼントをしようとしたのではない。そういったプレゼントにはうらがあるものだ。だから受けとるべきではないのだ」といった。[*22]さすがは列子、みずからのポリシーを貫いたわけである。だが妻としては、そんなことはどうでもよく、ともかく贈り物で家計を潤《うるお》したかったはずであろう。

夫婦関係がギクシャクする原因はほかにもたくさんある。たとえば前漢時代の朱買臣《しゅばいしん》は、若いころ貧乏で、薪《まき》を売りながら書物を声に出して読むのが常であった。まるで日本の二宮《にのみや》金次郎《きんじろう》である。しかし妻は、いっこうにうだつがあがらず、ダサい音読をつづける夫に嫌気がさし、とうとう離婚を申しでており、朱買臣もそれを認めている。[*23]

夫婦関係が壊れる一因として浮気もある。まえにのべたとおり、当時は男女問わずナンパをすることがあり、相手が既婚か否かは二の次であるため、結果的に浮気も生じやすい。とくに遊び人の夫や彼氏は問題である。子を生んだ妻をほうっておき、新たにべつの女とねんごろになる夫もおり、妻はいらだちを隠せない。彼女は、それでも不誠実な夫を「君《くん》」（あなた）とよび、夫の男性親族を「兄《けい》」（お義兄《にい》さん）とよびつづけねばならぬことに疑問を感じはじめている。[*24]

なかには包容力のある女性もいる。ある女性は、早朝から機織をしていたところ、夫が朝帰りをしたが、あらためて浮気夫のためにご飯を準備し、今後も仲よく過ごそうといったとか。[*25]だが、これほどの女性はめったにおらず、じっさいには「妓楼《ぎろう》の女と浮気男の妻はどちらが幸せか」などと煩悶《はんもん》する女性のほうが多かったようである。[*26]

もちろん、女性のほうが間男《まおとこ》をひきいれることもあった。[*27]ふたりの男性がひとりの女性をめぐってケンカし、傷害事件におよぶこともある。[*28]じっさいに漢代には、人妻と関係をもった男が夫に顔を斬りつけられるという事件が起こっている。[*29]このほかに、人妻を寝取ったのがじつはヘビの神で、のちに夫に殺されたとの伝承もあり、[*30]もはや邪神が怖いのか、人間が怖いのかわからない。また夫や、夫の父母の葬式中に、その棺のそばで夫以外の男性と関係をもった女性などもいたが、ともかく不貞は法律上、現行犯のみ有罪とされたらしく、不貞をした側はけんめいに否認している。[*31]

じつは近年の研究によると、不倫をするか否かはその人のもつ遺伝子に左右されるため、どれほど善悪を強調し、罰則を強めようとも、その根絶はムリである。[*32]つまり不倫は、たんに正義や倫理の問題としては処理しきれないのである。こうして古代中国にも不倫はなくならず、じっさいに当時の人びとは不倫についての疑念をたがいに抱きつづけた。

かりに誠実な男性であっても、単身赴任中にまわりから怪しい目でみられることは避けられなかった。たとえば単身赴任中のある男性は、衣服がほつれたときに、みずから裁縫をすることができなかった。そこで近所の人妻のことばに甘え、彼女に裁縫をしてもらったところ、のちにその人妻が夫に疑われて一大事となっている。[*33] またべつの男性は、隣人の妻が亡くなったときに涙を流しただけで、まわりから生前の彼女との関係を疑われている。[*34] まわりの人びとのまなざしというのは、今も昔も面倒なものである。ろくに事情もわからずに、みずからの狭隘《きょうあい》な価値観をおしつけてくる人びとのようすは、現代のSNSの書きこみとなんらかわらない。

さらに、ある夫婦が昼間に廟《びょう》でおまいりをしたときには、妻は無病息災と百束《たば》の麻織物をお願いしている。夫が「なんと小さな願いだね」というと、妻は「これ以上だとあなたが妾を買うかもしれません」とのこと。[*35] 夫婦といえども、相手を信頼しつづけるのはむずかしいものである。

不孝と離婚のはざまで

こうした諸問題をへて、やがて離婚の話がもちあがる。事ここに至っては、妻に暴力をふるう夫も出てくる。かりに妻が凶暴であれば、夫は妻をムチ打つかもしれない。そうした理由があってムチ打つくらいなら、夫は無罪であった。[*36] 逆に、妻が夫をなぐれば有罪であり、[*37]

ここに夫尊婦卑の思想をみてとることができる。

現在もよく耳にするように、離婚は結婚よりもたいへんである。「離婚」の語が登場するのは魏晋時代であるが、それ以前から離婚事件そのものは存在する。その理由はさまざまで、ある史料では、夫婦間の価値観の不一致が原因で離婚となり、財産分与が問題となっている。そして離婚をするには、夫婦そろって役所に申請する必要があった。[*38]

離婚は法律上、「棄妻」とよばれ、バツイチの女性自身もそうよばれた。ひとたび離婚が成立すれば、もうふたりは赤の他人である。かりにその夜に元夫が元妻を襲えば、それは強姦罪として扱われる。[*39]

離婚後に貧乏にならぬようにと、事前にヘソクリをためこむ妻もいる。戦国時代には、ある者がむすめを嫁にやることになり、「必ずこっそりヘソクリをためこむのだぞ。結婚しても追い出されるのはふつうのこと。最後まで添い遂げられるのはマグレだ」と助言している。のちにその嫁は隠しごとをしているとして姑に疑われ、結果的に離婚しているが、そのときすでに嫁の財産は二倍にふくれあがっていたという。[*40] 真偽不明の説話ではあるが、十分にありうることである。

では、どのようなときに離婚は成立したのか。まず注意すべきは、妻と離婚できない三条件（三不去《さんふきょ》）があったことである。[*41] それは、舅・姑がなくなったときに妻がしっかり喪に服した場合、かつて苦労をともにした（その結果、現在は裕福になっている）場合、すでに実家を失っている（そのため帰る家がほかにない）場合をさし、そうしたときには、かりに夫が彼女との離婚を望んでも、なかなか周囲には認められなかったらしい。

逆に、妻と離婚できる七条件（七去）もあり、①子どもができないこと、②妻が淫乱であること、③妻が舅・姑に従順でないこと、④妻がおしゃべりなこと、⑤妻に盗みぐせがあること、⑥妻がすぐ嫉妬すること、⑦妻が病気もちであることである。さらに、妻が夫に敬意をもって接しないという点も、離婚の大きな原因となった。[42]

とくに子どもができないことは重要で、たとえ妻が美人で、気立てがよく、仕事も熱心にこなすとしても、離縁される可能性が高い。[43]三国時代に曹植《そうしょく》も「子どもがなければ実家に帰るのがふつうだ。子もちの妻は空に輝く月のようだが、子のいない妻は流れ星のごとく、その場を去ってゆくものだ」と歌っている。[44]なぜなら、結婚とはもともと、夫の家に子孫を残すための儀礼であったからである。離婚時に子どもの親権を夫婦で争うなどという現代の常識は、じつはそれほど長い歴史をもっているものではないのである。

そもそも儒学のいう不孝とは、父母に孝養を尽くさぬことで、なまけること、勝負事・賭けごと・酒に依存すること、金儲けに走って妻子ばかりを厚遇すること、欲に任せて事件を起こし、父母に恥をかかせること、ケンカ・口論をして父母を危険にさらすことをさす。[45]当時の人びとにとっては、どれほど土地をもとうとも、美貌の妻をもとうとも、天子になろうとも、父母に気に入ってもらえないなら意味がない。なかでも子孫を残さぬことは最大の不孝であった。もちろん医学的には、不妊の原因は必ずしも妻にあるわけではないが、当時は妻の責任に帰せられることが多かったのである。

再婚への道

このほかにも離婚の例は多い。たとえば、後漢時代に鄧元義《とうげんぎ》という人がおり、父の鄧伯考《とうはくこう》は政府の高官であった。あるとき鄧元義が帰郷していたとき、妻はあとに残って姑の面倒をみた。だが姑はつらくあたり、妻を部屋に閉じこめて、食事もろくに与えなかった。それを知った鄧伯考は、息子の嫁を実家に帰してやり、彼女はやがてべつの政府高官と再婚した。[*46]

以上とは逆に、妻から離婚を切りだす例もなくはない。たとえば、前漢時代に淮南王の太子は三ヶ月間にわたって太子妃と寝室をともにせず、両者は離婚にいたっている。[*47]これは、妻から離婚をきりだした例である（ただしそれは夫がそうしむけたのであるが）。またある妻は、不倫した夫に激怒し、「男は心意気が大事。お金なんて関係ないわ」と離婚している。[*48]妻が体調を崩し、実家に帰り、療養が長引き、そのまま離婚する例もある。[*49]万里の長城を警備すべく派遣された者は、妻子を家に置いていくものであるが、その期間はあまりに長く、なかには夫から、「どうぞ再婚し、私をまたないでください」といい、妻に再婚を薦めることもあった。[*50]

女性が再婚をするときのハードルは一見高い。とくに妻は、かりに夫の性格・行動に問題があるときにも離婚せず、夫と死別したときにも、再婚しないことが美徳とされた。[*51]だがじっさいには、前漢の功臣陳平《ちんぺい》の妻は結婚するたびに夫を亡くし、五度目に生涯の伴侶となる陳平と出会っている。[*52]結局、庶民にとっては儒学的礼儀よりも、実生活を生きぬき、子孫繁栄を実現することのほうがたいせつであったのである。

ともあれ、家族だんらん、もしくは家族会議の時間はもうそろそろ終わりである。一、二時間ではあまりに短い気もするが、もはや日も暮れ、あたりは暗くなっている。明かりをつける材料もなければ、それを準備するお金もない家庭では、あとは寝る準備をするよりほかはない。

第13章　寝る準備――午後七時頃

明かりのもとで残業する女性たち

夫婦のなかには、夜中までそろって畑仕事に精を出している者もいるが、[*1] あたりは暗く、手もとや足もともおぼつかない。いいかげん帰ったほうがよさそうである。この時間帯は「夜食」や「夕食」ともよばれ、一日三食の者はいまごろになって三回目の食事をとっている。しかし貧乏な家には明かりもなく、もう寝る準備に入っている。

女性のなかには、この時間帯になっても自宅に帰らず、畑で残業にはげんでいる者もいる。しかも当時の少なからぬ女性は、夫とともに農作業に従事したのち、機織や子育てをしたり、

図 13-1 ●機織のようす（江蘇省銅山県洪楼村出土。中国国家博物館所蔵画像石。拓本模写）

家族の食事をつくるなど、多忙な毎日を送っている。もちろん彼女たちは、生まれつき男性よりもマルチタスクな能力をもっていたわけではない。[*2] その仕事ぶりは、あくまでも努力のたまものであった。夫の衣服は妻がつくるのがふつうなので、[*3] 農繁期の妻はたいへんである。結果、詩歌に「寒婦《かんぷ》、晨夜《しんや》に織る」や「寒機《かんき》、暁《あかつき》にも猶《な》お織る」などと歌われるように、夜中まで機織に従事する女性がいるわけである[*4]（図13-1）。

暗くなった部屋のなかで仕事をつづけるには、明かりが必要である。宮殿レベルには、美しく技巧に富んだランプがあり、光の調節さえ可能であった。たとえば「陽信家」の銘が入ったランプをみてみよう。それは、武帝の姉の陽信公主《ようしんこうしゅ》にかかわるもののようである

（図13-2）。これは、帝室関係者のあいだでやりとりされた贈り物で、ひとつひとつの部品に、小さく銘と数字が入っている。一見したところ、職人芸による独創的な一品のようであるが、じつはひとつひとつの部品はみな大量生産品であり、それらを組み合わせることによって、独自色を出しているのである。[*5]

　こうしたランプに燃料を入れ、そこに蘭のエキスをそっと忍ばせておけば、部屋全体に香りもひろがる。[*6] 火はおもに脂《あぶら》（牛脂《ぎゅうし》か）によるが、それはかなり高価であった。そのため、かわりに一尺（約二四㎝）ばかりの萩《はぎ》の枝を買ってきて、折って燃やしてもよく、そのほかにロウソクのようなものもすでにあったようである。[*7]

図13-2●ランプ（河北省満城漢墓出土。中国河北博物院所蔵）

　当時の詩歌に「貧窮、夜紡《つむ》ぐに鐙燭《とうしょく》無し」[*8]と歌われているように、こうした明かりの費用はけっして小さくはない。

　そこでムラの女性は、残業をするときには、ひとつの大部屋にあつまって機織などの仕事をする。[*9] そうすれば、明かりの費用を減らせるからである（図13-1）。もちろん、参加女性がひとしく明かりを用意する余裕をもっているとはかぎらず、それがいさかいのタネになることもある。[*10] それを防ぐためには、なんとか話し合って協力してゆかねばいけないのだが、ゲーム理論のいう「囚人のジレンマ」におちいる女性もいる。

こうしたイザコザを抱えつつも、女性だけのコミュニティがつくられ、年長者が若手に技術指導をしてゆく。貴族の女性のうち、一三歳程度から機織を覚え、一四歳で裁縫を学び、一五歳で楽器をたしなみ、一六歳で『詩経』や『書経《しょきょう》』でもそらんじることができれば、みごとなものである。[*11]

女性たちは、ほかにも任意に互助《ごじょ》的なまとまりをつくることがあり、それぞれにお金を出しあって葬儀代にあてる例などが知られている。このように任意に結成される互助的なまとまりは「単《たん》」とよばれ、必ずしも宗族《そうぞく》や里人《りじん》などときれいに重なるグループではない。[*12] そのときに支払うべき金銭は、現代日本の互助会費や町内会費のようなもので、面倒な支出ではあるが、「もしも」のときには役に立つものである。古代中国のように戦乱や天災の影響を受けやすい社会では、これは欠くべからざる保険であって、これも女性同士が仲よくせねばならなかった理由である。

おもいびとへ手紙をしたためる

女性のなかには、この時間帯になってから、出張中の彼氏や夫に向けて、手紙を書く者もいる。手紙とはいっても、当時まだ紙はあまり普及しておらず、せいぜい漢方薬をいれる包装紙などとして用いられるにすぎず、人びとは紙のかわりに木簡や竹簡、もしくは絹織物などに文字をしるした。

ある貴婦人は侍女に明かりをもたせながら、手紙を書いている。[*13] 早く返事が欲しいとの願いをこめ、末尾に「勿勿《ぶつぶつ》」（早く返事をの意）と書くが、遅くとも南北朝時代までに「勿勿」の原義はほぼ忘れられている。[*14] 現代人がろくに原義もわからずに「敬具」などのことばを用いているようなものである。

すべての女性が文字を書けたわけではない。上流階級出身の女性さえ、優先すべきは衣服のつくり方であって、学問を優先すれば怒られた。[*15] さきほどのべたように、一六歳で書物を読めればたいしたものだが、それはあくまで織物業や音楽が一人前になってからのことである。よってじっさいには女性の手紙は代筆であることが多い。

ともあれプライベートの手紙は、友人などに託すことにしよう。国家の郵便施設（郵《ゆう》）もあるが、それはもっぱら中央と地方の役所をつなぐために活用され、詔《みことのり》の伝達などがおこなわれるのであって、その配達人に私信を託すのはほんらい認められていない。[*16] そのため単身赴任中の夫に手紙を送りたいならば、その地方に赴《おもむ》く予定の者を探し出して、みずからの手紙を託したほうがよい。なお、唐代には伝書鳩《でんしょばと》を活用した例もあるが、[*17] 秦漢時代にはそうした例はない。

ひとたび手紙を送ったとしても、それがしっかりと相手に届くかどうかはわからない。かりに届いたとしても、その返事がいったい何ヶ月後にくるかもわからない。そういったなかでやりとりされる手紙は、現代とは比べものにならぬほどの意味をもった。

フロに入って寝る準備

残業もほどほどにして、そろそろ寝る準備に入ることにしよう。大陽が沈み、あたりは夜の闇につつまれはじめている。道ですれ違う人びとの顔もぼやけている。日本では古来、道ゆく人に「あなたは誰ですか」とたずねなければならないという意味で、日没直後の時間帯を「誰《た》そ彼《がれ》」とよぶことがあるが、まことに言い得て妙である。

この時間帯に城外を歩くのは危険きわまりなく、城内の通行も制限されているため、もはや路上に民間人はほとんどいない。農民も作業をやめ、家々の煙火を頼りに家路についており、子どもが家のまえでまっていることもある。[*18] 旅人もこれ以上先を急ぐのをやめて、旅籠《はたご》にチェックインをして、遅ればせながら夕食をとっている。[*19] そのほかの人びとは寝る準備をしているか、あるいはもう寝ている人もいる。

それぞれの家では、この時間帯に湯浴みをする者がおり、髪の毛を洗っている。湯浴みののち、濡れた髪をそのままにして寝てしまう者もいるが[20]、風邪をひくといけないので、髪の毛はしっかり乾かしたほうがよい。バスタブにつかる者もいたらしく、かりに君主のバスタブのなかに小石でも入っていれば、湯をつかさどる役人（尚浴《しょうよく》）は罰せられた[21]。

湯浴みの場所は、だいたいトイレのすぐそばにある。そのため、そこは臭気に満ちている。その建物の構造については、すでに説明済である。湯浴みをする部屋にはバケツがあり、さっと頭からお湯をかぶる。トイレで大便をした者も、当時はトイレットペーパーがないため、下半身を清潔に保つべく、湯浴みの部屋で、お湯を用いていちいち身体を洗った。そのためにトイレと湯浴みをするところは隣接していることが多いわけである。湯浴みをするところはこのように臭いため、現代日本のフロとは異なり、あまりリラックスできる環境ではなかったとみられる。

湯浴みのペースは人によってさまざまである。第六章でものべたように、キャリアの官吏は官舎に泊まり、おおよそ五日に一度、休日をとって実家に帰った。休日はほんらい自宅に帰って身体を洗うための日であるとされ、休沐《きゅうもく》・洗沐《せんもく》の日とよばれていた[22]。ただし戦国時代にも前漢初期にも、官吏のなかには、じっさいには休みを数十日ぶんまとめて与えられている者もおり、休日のとり方は人によってさまざまであったようである。[*23] なかには、前もって役所に入金をして申請しないと、休日をとれないこともあり、結果的に一年以上無休の官吏もいた。[*24] かれらが湯浴みをすることなく、毎日の生活を過ごせたとは思えない。かりに、かれら自身がガマンできたとしても、まわりの同僚からすれば臭くてたまらない。よって「休沐」とは、あくまでも休日の名目にすぎず、じっさいにはそれ以外の日にも官吏は官舎において簡単に湯浴みをしていたのであろう。

とはいえ、官吏や民は毎日かかさずに湯浴みをしていたわけでもない。その傍証《ぼうしょう》として、漢代には『沐書《もくしょ》』とよばれる書物があり、頭髪を洗うのに縁起のよい日がしるされていた。かりに漢代の人びとが毎日湯浴みをしておれば、そもそも『沐書』なる書物が著わされることもなかったであろう。一方、それとは反対に、貴族レベルになれば、トイレで大便をするたびに下半身をお湯ですすぎ、衣服を着替えるといったこともありうる。ただしそれは「更《こう》衣《い》」とよばれ、しっかりした湯浴みとしては数えられていなかったとおぼしい。ともあれここでは衣服を脱いで、裸になり、湯浴みを体験しておこう。[*25]

さて、ようやく就寝となる。早朝に確認したように、夫婦のなかにはひとつの掛け布団で寝る者もいれば、べつべつの布団で寝る者もいる。君主に仕える女性は、明かりを手にして寝室に入ると、火を消してネグリジェのようなものに着替えて君主をまつ。そして朝まで添い寝をして、「鶏鳴」の時刻を知らせる太鼓がなったら退室する。[26]ただし、まえにのべたように、寝言をいう君主などは機密漏洩《ろうえい》を恐れ、ひとりで寝た。皇帝のなかには、この時間帯にお忍びで外出する者もいるが、[27]もうそれにつきあうのはやめにしよう。

ここで室内のようすに目をやると、木製の窓枠（牖）から外気が入り、月光が射しこんでいる。木戸《きど》やカーテン（軽幔《けいまん》、軽帷《けいい》、瑶帳）の開閉によって、室内の人たちは換気と採光を調節している。南北朝時代には一種のブラインド（細簾《さいれん》）もあった。[28]格子状の窓（房櫳《ぼうろう》）は風通しがよいものの、雨風には弱い。草原地帯にはテント（ゲルやユルタ）暮らしもおり、天井に日光を入れる穴があり、適宜開閉できた。牖の枠《わく》のうえにクツを置いている家もあり、[29]小物を置くのに最適であった。

夜空のもとで

空には月が煌々と光っている。ある寝屋では、出張中の夫をまつ妻が孤独のなかで月を眺めている。彼女の眺める月は、ひときわ白く輝いてみえる。月は冷たく輝き、人びとの嘆きや哀しみを映し出す。魏晋南北朝時代の詩歌集の『玉台新詠《ぎょくだいしんえい》』には、恋人や夫婦間で交わした詩歌がみえ、しばしば月に嘆きや哀しみが歌い込まれている。その逆に、ゴキゲンな人びとは天真爛漫《てんしんらんまん》に月の美しさを賞《め》でている。十五夜の満月の美しさに魅了される者は古来少なくなく、「三五月、鏡の如し」[*30]や「十五、正に団団《だんだん》」[*31]などとよばれた。
月だけでなく、夜空はすべてが解釈のるつぼであった。いつの時代も夜空は、観察者の心情におうじてその姿を変える。たとえば、ある寝室をのぞくと、男性が芸妓を必死に口説いており、「私の真心を何でしめそうか。そういって私はふりむいて夜空を仰ぎみながら、あの北辰星《ほくしんせい》をさした」などというキザな詩歌を残している。[*32] このときの「北辰星」にかんしては、北極星とする説とそうでないとする説があるが、ともかくなんらかの不動の一点をイメージしているのはまちがいなく、かれはそれによって自身の心がゆるぎないことをしめしたのである。一方、男女の関係を「商《しょう》・参《しん》に似ている」と表現する詩歌もあるが、それは商《しょう》星《せい》(さそり座のアンタレス)と参星《しんせい》(オリオン座の三つ星)が離れていることにもとづく比喩で、遠距離恋愛の寂《さび》しさをしめす。
夜空は人びとにとってまさしく異界であり、宇宙人がいると信じる者もいた。古代中国においては、異界からの使者は青い衣をまとった子ども、もしくは青い鳥であるとされることが多い。死者の魂は伝説の崑崙山《こんろんさん》を終着点とし、もしくは崑崙山からさらに天界へと向かう。崑崙山には西王母《せいおうぼ》という仙人がおり、青い鳥(もしくは三本足のカラス)を使役しているともいわれている。[*33]
また太陽にはカラス(だいたい三本足)が、月にはウサギとヒキガエルがすんでいるとみなされていた。[34]当時から「そんなアホな」と批判する学者もいたが、多くの者はそれを信じていた。[35]ただし、月とヒキガエルの関係については異説が多く、西王母がかつて羿《げい》という人物に不死の薬を賜ったところ、羿の妻の嫦娥《じょうが》がそれを盗んで服用し、月に逃げてヒキガエルになった等々の伝承がある。いずれにしても事実ではないので、みな自由に解釈をしているわけである。

月や太陽以外の星にも生命体がいたと信じられており、たとえば西暦二六〇年には、長江のほとりで遊んでいた子どもたちのもとに、青い着物を身につけた六、七歳の子どもがあらわれ、「私は火星人だ」と名乗ったとか。[36]宇宙人の存在に思いを馳せる人間の心裡《しんり》は、今も昔も変わらない。

月夜の晩にオバケを恐れる人がいるのも、現在と同じである。ある人物は、うつむいて自分の影をみてオバケだと誤解し、さらにみずからの頭髪をみてオバケだと勘違いし、一心不乱にうしろを向きながら走り、途中で恐怖のあまり死んでしまったという。[37]古代中国に著わされた『山海経《せんがいきょう》』『列仙伝《れっせんでん》』『神仙伝《しんせんでん》』『捜神記《そうじんき》』をはじめとする文献には、たいへん多くの仙人やオバケが登場しており、似たような説話は数知れない。ともかく心をおちつけて、就寝をしよう。

夢の世界へ

ようやく布団に寝ころがったものの、夏には蠅《はえ》や蚊《か》が飛び交い、なかなか寝つけない。魏晋時代以後には蚊帳《かや》（葛幃《かつい》）の存在が確認できるが、[38]はたして秦漢時代の蚊帳も同じものであったかどうかはよくわからない。一方、冬には、貧乏人は毛布さえなく、飼犬を抱いて寝る者さえおり、やはり寒さのせいで寝つくのは容易でない。[39]まるで英国人作家ウィーダの小説『フランダースの犬』のラストシーンのようである。

それでもしばらくすると、人びとの寝息が聞こえはじめる。熟睡している者もおれば、夢をみている者もいる。一般にはよく、入眠から四五〜六〇分以内がレム睡眠状態で、夢はレム睡眠時にみるといわれるが、じっさいにはノンレム睡眠時にも人は夢をみるものである。[40]問題は、それが心地よいものかどうかである。はたして古代中国の人びとはどのような夢をみていたのであろうか。

秦漢時代には夢占いの書があり、そこから夢の内容をかいまみることができる。[41]それによれば、夢の内容だけでなく、夢をみた日や時間帯におうじて、その意味が変わるという。夢の内容もさまざまで、たとえば黒い毛皮・衣服・冠をかぶる夢、ヘビが口のなかに入る夢、男が女になる夢、宮中で歌う夢、ニワトリが鳴くのをみる夢、身体から草が生えてくる夢などがあったらしい。

かりに悪夢をみたならば、伯奇《はくき》や窮奇《きゅうき》といった動物がそれを食べてくれるとか。それらが具体的にどの動物をさすかはわからないが、少なくとも窮奇は当時実在し、皇帝の保有する御苑のなかにいたとの記録がある。秦漢時代にはすでに貘《ばく》もいたものの、貘が夢を食べてくれるわけではなかったようである。*42

ともかく、私たちの一日もそろそろおしまいである。寝ころがっているうちに、もはや瞼《まぶた》も重たくなってきた。ひょっとして、翌朝に目を覚ますと、私たちは現代の日常にもどっているかもしれない。あるいは、古代中国の世界から抜けだせず、明日も古代中国をさまよっているかもしれない。いずれにせよ、平凡な私たちの日常はこれからもつづいてゆく。

エピローグ――一日二四時間史への道

秦漢時代の日常生活とは

本書では、古代中国（とくに秦漢時代）のある一日の生活風景について、朝から晩までの時間軸にそって紹介をしてきた。「未来からやってきた怪しい人物が、皇帝の許可をもらって帝国のなかを散策する」という架空の設定のもと、私たちはロールプレイングゲームをしているかのように、秦漢帝国を歩き回ったことになる。

これによれば、秦漢時代の日常生活はきわめて独特である一方で、そのなかには東アジアに幅広くみられる要素もあった。たとえば、漢字で文章をつづる文人、結髪《けっぱつ》して冠をかぶる男性、銅銭を用いて商売をする商人、時間を計測するための漏刻《ろうこく》などは、古代日本にもみられる。また唾壺《だこ》は、昭和時代の日本でも結核予防のために学校や駅などに設置されていた。さらに男性が「僕」という一人称代名詞を用いる点、正式な場では正座をし、リラックスした場では足をくずす点、満腹になれば腹鼓を打つ点、ハシを用いて食べ物をとる点、食事のときに席次を重視する点、妊娠した女性が胎教《たいきょう》をする点、愛情表現として男女がキスをする点、正常位や騎乗位で性行為をする点、いわゆる洋式や和式トイレで用を足す点などは、現代日本にもみられる光景である。

このほかに、近現代の小説に似たような情景が描かれていることもあり、想像力がかき立てられる。たとえば、ハンセン病患者の追放は松本清張『砂の器』(一九六一年)、吃音者の苦悩は三島由紀夫『金閣寺』(一九五六年)も描くところであり、秦漢時代のハンセン病患者や吃音症患者にかんする簡潔な史料を補って余りある。むろん、秦漢時代と近現代を直接むすびつけるのは短絡的にすぎるとはいえ、そこになんらの共通項もみいだされないとすれば、それは逆に、あまりにも歴史的想像力を軽視した考え方とすべきであろう。

このように秦漢時代には、東アジア史に幅広くみられる生活風景の要素がふくまれるだけでなく、それ以外のさまざまな地域の要素もふくまれていた。小説をひもとくと、貧乏人がみずからの頭髪を売って金銭を得る光景は、アメリカのオー・ヘンリー『賢者の贈り物』(一九〇五年)が描いている。また、文字の読めない者が読める者に書物を音読させる光景は、ドイツのベルンハルト・シュリンク『朗読者』(一九九五年)にくわしい。こういった事例はそれこそ枚挙にいとまがない。要するに、秦漢時代の日常風景には、伝播によるか否かにかかわらず、古今東西さまざまな場面でみいだされる要素がふくまれているのである。

だが、すでにのべたように、秦漢時代の日常風景は、全体的にはきわめて独特なものである。ひとたび現代中国と秦漢時代、もしくは現代日本と秦漢時代の日常風景を比べてみれば、そのあいだには多くの相異点がみいだされる。これらの文化は、たんに相互に異なる要素を有していただけではない。むしろここで重要なのは、じつは細かくみてゆくと、たったいまのべたように、ひとつひとつの文化的要素には共通するものが少なからずある一方で、それらが組み合わせ次第で大きな相異をみせているという点である。

たとえば、秦漢時代には和式トイレや洋式トイレが用いられており、そばには家畜小屋がある。両者を別々に有する文化はほかにもあるが、両者をセットで用いる文化は多くない。男性が筆を耳のうえにのせる光景は昭和の日本にも散見し、また官吏が冠をかぶる光景は古代日本にもみられるが、冠をかぶった官吏が耳に筆をのせる光景は古代中国以外にあまりみられない。世界にはほかにも唾壺をもつ文化があり、君主のそばに側近官がいる光景もめずらしくないが、高位の側近官が唾壺をかかげる光景は多くなさそうである。筆者はここにこそ秦漢時代の独自性の一端がにじみでているものと考える。

これはあたかも色鉛筆による絵画のようなものである。もしふたりの画家が同じ色鉛筆のセットを用い、同じモチーフの絵を描いても、両者の絵はまったく異なるものとなるのがふつうであろう。これと同じく、ある文化がべつの文化とまったく異なる様相を呈しているからといって、両者の構成要素がすべてひとつひとつ異なっているとはかぎらない。私見では、これこそが本書をつうじて得られた、日常生活にたいする考え方であり、したがって「秦漢時代の日常生活とはどのようなものか」との問いに一言で答えることはムリである。読者それぞれが本書の読了後にぼんやりと脳裡《のうり》に描くイメージ、これが本書の結論である。

すべての道は興味からはじまる

こうして描きだされた生活風景は、本書でくりかえしのべたように、秦漢時代だけでなく、その前後の時代（戦国時代と魏晋時代）にもほぼ変わりなくみられるものであった。王朝がめまぐるしく交替し、英雄たちもつぎつぎにあらわれては消えてゆくなかで、人びとの平凡な日常風景はゆっくりと受けつがれる。本書はその実態を明らかにしようとするものであった。その執筆の学問的な背景について、最後にもう少しくわしく説明をしておこう。

もとより中国古代史といえば、数々の「英雄」や政治的事件に焦点をあてるのが常であった。専門書をひもとくと、歴史を支える制度・経済・文化に注目する書籍や、考古発掘の成果を紹介する書籍があり、いまや私たちは、さまざまな視点から中国古代史に近づくことができるが、それでも人物史や政治史の人気はなお不動であるといってよい。

だが一方で、ひとたび古代中国の日常生活に迫ろうとすると、意外なことに、まとまった情報を提供してくれる一般書や研究書は多くない。なかには、日常史研究に先鞭《せんべん》をつけたマイケル・ローウェ氏[*1]、蒲慕州《ポームーチヨウ》氏[*2]や、文物に着眼した林巳奈夫《はやしみなお》氏[*3]、孫機《そんき》氏[*4]、風俗全般に説明を加えた彭衛・楊振紅両氏[*5]、テーマごとに検討をすすめた王力《おうりき》氏[*6]、渡部武《わたべたけし》氏[*7]、侯旭東《こうきょくとう》氏らの研究があり、いずれも重要である[*8]。最近では、秦代の日常史にかんする張不参《ちょうふさん》氏や宮宅《みやけ》潔《きよし》氏の概説書も出され、それらは秦代の、しかも簡牘にも焦点をあてたものである[*9]。しかしそのなかにあっても、漢代の日常史を一日二四時間の流れにそって総括し、平易なことばでつづった新書は、依然みあたらないようである[*10]。

これにたいして西洋史の分野では、かねて日常史にかんする研究の蓄積があり、それをふまえて最近では、アルベルト・アンジェラ『古代ローマ人の24時間』も刊行された[*11]。筆者は二〇一〇年頃にその原著を書店で目にして、はたと考えこんでしまった。「中国古代史を学び、経済・法律・社会のしくみについて調べ、少なからぬ先行研究を読破してきたつもりでいたが、それでは私は、古代中国の一日二四時間史をきれいに思い描けるであろうか。たとえば、古代中国の人びとが朝何時に起床したか、歯みがきをしたか、泥酔して寝ゲロをしたことがあるか、いかなるかたちのトイレでどのように用を足したか、夜には寝巻を着たか、室内ではクツをはいたか。こうした問題にさえ、じつはすぐに答えられないのではないか」と。

そこで筆者は、数年まえに『中国古代の貨幣――お金をめぐる人びとと暮らし』（吉川弘文館、二〇一五年）を出版した。本書は、副題にみられるとおり、秦漢時代の貨幣・市場・日常生活に焦点をあてたものである。それは筆者にとって日常史研究への第一歩であったが、その範囲は貨幣や市場にかかわるものにしぼられていた。なぜなら筆者自身はこれまで、中国古代貨幣経済史について研究してきたからである。幸いにして経済史研究のほうは一定の目処《めど》がたち、日本語の専門書二冊を刊行したほか[*12]、欧米圏の論文集や大学教科書も分担執筆するにいたっている[*13]。しかし、日常史全般の理解を深め、一日二四時間史を描く試みのほうは、いまだ道半ばであった。ひとたび「もし中国古代史の世界にワープしたならば、どのような生活が待ち受けているか」を考えはじめると、頭のなかには際限なく新たな疑問が浮かんでくる。

そうした疑問に答えるため、その後も筆者は日常史にかんする先行研究をあつめ、多くの研究者と対話を重ねた。たとえば古代中国の子どもにかんしては王子今氏[*14]、食事にかんしては王仁湘《おうじんしょう》氏[*15]、占いにかんしては工藤元男氏[*16]、女性史にかんしてはブレット・ヒンシュ氏など[*17]、すでに個別のテーマには掘りさげられたものもある。だが、それらも二四時間史全体を見通したものではなく、細かい点で隔靴掻痒《かっかそうよう》の感は残りつづけた。こうなれば、みずから一次史料を一頁《ページ》ずつひもといてゆくほかにない。これが本書の初発の「問い」である。

資料の史料化

こうして数年間にわたって準備してきた筆者は、二〇一六年度の大学の授業で日常史の講義をおこない、学内頒布《はんぷ》用の教科書をつくった。そしてその内容をさらに毎年少しずつ充実させていった。早稲田大学・慶應義塾大学・東京学芸大学・立教大学・帝京大学での講義をつうじて、さまざまなレベルの学生からさまざまな質問を受けるたび、それをもちかえって検討し、一日二四時間史のなかに位置づける作業をつづけた。それによって筆者自身、新たに知ったことがらが数多くあった。

研究をすすめるにあたっては、利用可能なすべての史料を用いた。「歴史学者として文献しか使わない」という狭いやり方はとらなかった。すでにフランスのアナール学派第一世代の歴史学者も論じているように、歴史学とは現代の視点から過去を分析する学問であり、歴史家は使えるものをすべて使い、問題に向き合う存在である。[*18] ゆえに本書でも、いわゆる伝世文献だけでなく、簡牘（木簡・竹簡の類《たぐい》）、レリーフ（画像石・画像磚・壁画）、土器、明器、石像、遺体、建築遺構などの資料《マテリアル》も歴史学の材料（史料《テクスト》）として活用した。資料の歴史的背景を明らかにすべく、その出土地に赴《おもむ》いて現地調査もおこなった。いわゆる「フィールド歴史学による資料の史料化」である。

その一方で、伝世文献もけっして軽視はしなかった。むしろ生活史に目を向ける研究者が昨今とりわけ簡牘史料に注視しているのとは異なり、数年間をかけてみっちりと広範囲にわたって伝世文献を読みとくことで、そのなかにちらばる日常史関連の史料をあつめていった。そのさいには史書や思想書だけでなく、いわゆる小説類の利用もいとわなかった。中国には古来、オバケや妖怪などにかんする説話が多く残され、おもに漢代以後に志怪小説《しかいしょうせつ》とよばれる文学カテゴリを形づくってゆく。それはフィクション性がきわめて強いため、近現代歴史学では史料として軽視されやすい。だが、「昔あるところに老夫婦がおり、おじいさんは山へ柴刈りに、おばあさんは川へ洗濯にいった」とあれば、その老夫婦が実在したか否かはともかく、昔話が生まれたころに山で柴刈りし、川で洗濯する者はいてよい。さもなくば、昔話は前提から崩壊し、その読者や聴衆は内容に入ることさえできまい。その意味で、説話は日常史研究にも活用しうるのである。まことにアナール学派の歴史家が指摘するように、歴史学にとっては問題意識こそが重要なのであって、そのためには使えるものをすべて使うべきなのである。

かくして筆者は、秦漢時代の日常生活を広く掘りさげていった。その作業はきわめて時間を要するものであったが、これほどおもしろい執筆体験ははじめてであった。たとえば、古代中国の人びとの歩き方は都市と田舎でちがっていたか、頭髪の薄い者はいかなる感情を抱き、いかに社会に位置づけられていたか、古代人は寝巻で寝ていたか否かなどは、めぼしい先行研究すらみあたらなかった。

もちろん碩学《せきがく》からすれば、それらはいわずと知れた常識であったかもしれない。だがハゲの話題ひとつとっても、東方学会・中国社会科学院共催の国際学会で報告したところ、のちに日中の多くの専門家から「聞いたことがない内容だ」との好評をいただいた。そこで筆者は、一部のテーマを学術論文としてまとめることにしたが[*19]、それだけでは一日二四時間史を俯瞰《ふかん》するというプロジェクトの面白味が失われてしまう。そこで、細かく掘りさげてゆくべき論点については学術論文とし、そのほかの大まかな生活風景にかんしては別途、新書化することにした。

歴史を動かす民衆

かくして本書では、古代中国の一日二四時間史の日常風景を大まかに描いた。筆者としては、中国古代史に興味をもつ学生や社会人の方にも、純粋に楽しめるものとして仕上げたつもりである。また秦漢時代前後をテーマにした映画・ドラマ・漫画・小説などの愛好者や、その制作者の方にとっては、本書は時代考証の一助ともなるであろう。

ただし筆者自身は、じつはたんに中国古代史の豆知識を好事家《こうずか》に届けることだけをめざして本書を書いたわけではない。それはたしかに筆者の知的探究心を原動力とするものではあったが、いざそれを書籍化するにあたって、その学術的意義はほかにもあると考えている。前掲『古代ローマ人の24時間』の著者アンジェラ氏がジャーナリストなのにたいして、筆者はまがりなりにも東洋史を専攻する大学教員なので、本書の史学史における位置づけをもう少しマジメに説明しておきたい。さもないと、本書の意義をたんに「西から東に一日二四時間史のアイデアを移植しただけのもの」とし、「西洋史学のほうが東洋史学よりもすべてにおいて進歩的である」と誤解する方もおられよう。じっさいには、東洋史も西洋史もべつべつの学説史（つまり問題関心）のうえに築かれてきた学問体系なので、西洋史研究のアイデアをそのまま東洋史研究に活かそうとする試みは、あたかも折れた梅の木に桜の枝を接木《つぎき》するごとく、すんなりうまくいくわけではないのである。

民衆史や日常史という問題系は、これまでマルクス主義歴史学者・ドイツ社会史研究者・文化史研究者・アナール学派歴史学者らによって、民俗学者や文化人類学者との対話をもふまえながら、ゆっくりと涵養《かんよう》されてきたものである。[*20] これに加えて、中国古代史の分野では、いわゆる京都学派の人びとがつとに独自の視座から、日常史に関心を向けつづけてきた。そして、内藤湖南《ないとうこなん》から谷川道雄《たにがわみちお》氏へといたる過程で、民同士のつながりや、共同体のあり方にかんする論争がくりひろげられてきた。[*21]

しかしマルクス主義史学は、国家と民との対立関係や、民の生産様式の解明に力点を置く傾向が強い。そこでは、人のつくりあげた社会のしくみが人の手を離れ、逆に個々人を左右する法則性をもちうること（いわゆる疎外《そがい》）に注意が向けられると同時に、民衆への視座が保持されているが、マルクス主義史学のいう民衆とはあくまでも階級闘争にかかわる存在である。

一方、谷川氏は生産史観と距離をおいたうえで、「歴史を主体的につくりあげてゆく民」の生きざまを描いた。それは、民衆がつねに正しい判断をするという意味ではなく、民衆がいつも正義の存在であるという意味でもない。谷川氏によれば、民衆はさまざまな制約のなかで、そのつどあちらこちらに頭をぶつけながら、それでも主体性をもって共同体をつくりあげてゆく存在である。そしてそうした生き方の集積が、歴史を方向づけてゆくのである。このようにマルクス主義と京都学派の思想はあたかも水と油のようなところがあった。だが、そこにはうっすらと共通点もあり、それは「歴史を切り拓いてゆく存在、もしくはその契機」として民を描いていることであった。程度の差こそあれ、かれらは民の活力を信じていた。

こうした問題意識のもとでは、たとえばハゲ・トイレ・痰・口臭・起床時間・自慰《じい》等々をキーワードとする、卑俗《ひぞく》でリアルな生活風景は、考察の埒外《らちがい》に置かれやすい。「そんなことがわかったところで、歴史の動きはつかめない」というわけである。

一方、本場の中国には、農村社会でのフィールドワークを敢行した費孝通《ひこうつう》氏以来、人類学の伝統がある。[*22] また一九二七年には中山大学民俗学会が設立され、機関誌『民俗週刊《みんぞくしゅうかん》』が刊行されるなど、民俗学《フォークロア》への関心も高まっている。一九八〇年代には全国的な民俗学の学会も組織されている。[*23] そこに大日本帝国満鉄《まんてつ》調査部が編纂した『中国農村慣行調査』などを加えれば、農村風景の一大タペストリーとなろう。

だが、中国の人類学や民俗学はディシプリンとして、けっして安定的な発展をとげているわけではない。[*24] また、それらの研究の主眼は現代社会（とくにそのなかに残る伝統文化や農村風景など）の解明に置かれており、必ずしも古代に目を向けたものではなく、古代中国の日常生活史は研究上の空隙《くうげき》として残されていた。

時代に流される民にも光を

かかる状況に楔《くさび》を打ちこんだのが、日常史にかかわる秦漢時代の簡牘の発見である。それによって欧米では、ローウェ氏や蒲氏の日常史研究が生みだされた。それはアナール学派的な日常史研究の萌芽《ほうが》とも評せるものであり、欧米の史学史的伝統を継承した成果であった。[*25]

ここでいうアナール学派とは、フランスの歴史家リュシアン・フェーブルやマルク・ブロックを火つけ役とし、一九三〇年代から勃興した学問的潮流の担い手たちのことである。かれらは、政治史ばかりに注意を払う伝統的な歴史学を批判し、民衆の生活風景に焦点をあてた力作を、とりわけヨーロッパ史の分野においてつぎつぎと生みだした。ローウェ氏や蒲氏もその影響を受けている。

けれども、初期の日常史研究は、簡牘の発見をきっかけとして誕生したものであり、その潮流は日本にも受けつがれているが、その後の研究者はもっぱら簡牘の内容理解に努めるにとどまり、簡牘の内容を越えて総合的に日常史研究を発展させようとの試みにはかぎりがあった。[*26] これにたいして筆者が求めているのは、さらに生々しい風景描写であった。そしてそれは、「細部に神は宿る」との格言どおり、細部にこだわる試みとなる。

そこで筆者は、本書をつうじて、古代中国の人びとの細々した所作の意味を時代背景に即して解きほぐそうとした。それは、クリフォード・ギアツの解釈人類学のめざすものに近い。[*27] すなわち本書は、古代中国の時代相・帝国像・文化全体を大上段から論じるのではなく、古代社会に暮らす人びととその細々《こまごま》した所作《しょさ》にたいする解釈をつみかさね、ささいな日常風景に迫ろうとするものである。そして、「国家と戦う民」「虐《しいた》げられる弱き民」「共同体を形成して時代を担ってゆく民」にのみ注目するだけでなく、むしろ「大きな社会の流れのなかで、ゆるやかに流されつつ、そのことに自覚的でない民」の日常にも注目していった。

このような研究は、マルクス主義の系譜を継《つ》ぐ民衆史研究や、谷川道雄氏らの民衆史研究とはいささか趣《おもむき》を異《こと》にする。なぜなら、さきほどものべたように、そうした民衆史研究では「国家と戦う民」や「虐げられる弱き民（の鬱憤《うっぷん》）」が歴史的原動力とされやすいからである。高邁《こうまい》な志を抱くマルクスやサルトルの後継者たちとは異なり、筆者のまわりには毎日をぼんやり暮らしている人びとがあふれており、古代中国にもそうした人びとは少なくないように思われた。

かれらもけんめいに生きてはいるが、かといって二四時間つねにがんばっているわけではない。しかもこうした「生」のあり方は、じつは階級に関係なく、ほぼすべての人間がもちうる側面であろう。古代中国の皇帝さえも、朝から晩まで天下安寧を考えているのではなく、つまらない会議に参加しているときには鼻毛を抜くのに必死で、トイレをしたあとはりっぱな大便にみずから満足し、宴会では美女に夢中かもしれない。筆者がめざしたのは、そうした人びとの日常的な「生」のあり方をもすくいとることであった。

それは、民俗学の視座を尊重することでもある。かつて柳田国男《やなぎたくにお》は「『春秋《しゅんじゅう》』の昔から、筆者が是《これ》ぞ伝ふるに足ると認めた事実だけを竹帛《ちくはく》に垂《た》れたのが歴史である。……史官は最初から歴史の一部を無歴史《むれきし》にしようとする意図を持って居《い》たともいへるのである。……今日《こんにち》の歴史の閑却《かんきゃく》して居る部分に、我々が知りたい歴史、即《すなわ》ち自分の謂《い》ふ史外史《しがいし》が存《そん》するのである」[28]とのべたが、柳田本人は結局中国古代史研究に向かわなかった。しかも赤松啓介が批判したように、柳田民俗学には性や裏社会にたいする分析が欠けている。本書は、この柳田の怒りと赤松の批判を真正面から受けとめ、徹底的に「資料の史料化」を図り、日常史を解明する試みでもあった（ただし紙幅の関係上、裏社会の問題は別著で扱う）。

いかに「日常性」を捉えるか

以上が本書の学説史的位置づけである。それによって浮かびあがってきたのは、くりかえすように、古代中国の人びとのほぼ変化なき日々の姿であった。それは、かりに昨日を今日に、今日を明日に、明日を昨日に入れかえたところで、ほとんど変わりのない毎日をさす。それは、筆者自身がいつも経験している日々に似ている。こうした日常生活の総体を「日常性」とよんでおこう。

もちろん個々人の日常には変化もある。しかしそれは微細なゆらぎであって、そのなかで「日常性」は定常状態を維持している。そのおおまかな把握こそ、本書の目的であった。こうした日常性は、その一方で、なんらかの事件や逸脱によって大きく崩れることがある。個人的なレベルでは、就職、出産、結婚、離婚、介護、死別などがそのきっかけになりうる。また二〇二〇年春以来のパンデミックによって、それまでの日常生活が大きく変わってしまった読者も少なくあるまい。そして、そうした事件や逸脱こそが、「日常性」の存在を逆に浮き彫りにしていると気づくのではあるまいか。

現在、「日常への回帰」や「新しい日常への移行」を主張する者は、激動の時代に生きるからこそ、「日常」を懐かしみ、回顧し、もしくは新たな安定を求めているのであり、そのときかれらの脳裡《のうり》には、かつての日常にかんするイメージがあるはずである。古代中国においても、くりかえされる天災や戦災のなかにこそ、そうした「日常性」がひそんでいる。古代中国は激動の歴史であったがゆえに、しっかりと史料を読みこむと、かえって古代中国の日常性が視差的に捉えうるのである。

せっかちな読者は、こうした考えを停滞史観とみなし、「動かぬ歴史に意味はない」と批難するかもしれない。だが、世の中に「動く歴史」しかないとすれば、なんとせわしい毎日であろう。じっさいには、多くの民は今も昔も変化の少ない毎日を生きているのであり、そのことをしっかり描くのも歴史学の重要な仕事である。それを「懐古趣味」や「停滞史観」と断ずる論者がいるとすれば、それは狭い視野から歴史学を捉えた結果にほかならない。

しかも筆者自身は、本書によってみずからの歴史学が完結するとのべたことはない。むしろ筆者は、これまで二冊の専門書を執筆し、そこで「動く歴史」を詳細に論じてきた。にもかかわらず新たに本書を執筆した理由は、歴史がほんらい「動く歴史」と「動かぬ歴史」の両方よりなり、そのどちらを欠いても精確な歴史叙述に近づけないからである。その意味で、筆者の著作群は相互補完的関係にある。

こうした歴史の捉え方は、フェルナン・ブローデルが提唱したものである。ブローデルによれば、歴史とはいくつもの変化や持続が層《レイヤー》として積みかさなってできたもので、そのどれかひとつに焦点をあてるだけでは十分でない。たとえば現代史を読み解くさい、環境史家ならば、地球が数十年から百年間のスパンで温暖化している点に注目し、その意味を検討することであろう。一方、政治史家ならば、数年から数十年の短いスパンで政権与党が変化している点に注目し、その転換点が社会に与える影響を調べるかもしれない。だが同じ現代史であっても、筆者からみれば、一九八〇年（出生）、一九九九年（高校卒業）、二〇一二年（大学教員として自立）のほうがはるかに重要な転換点である。読者からすれば、柿沼陽平史と環境史・政治史とをならべること自体、ありえない暴論ということになるが、筆者個人からすれば、柿沼陽平史こそ最重要である。まして環境史と政治史のどちらを重視するかは、各人バラバラであろう。かくして、歴史のどこに転換点を見出すかは観察者によって相異し、「動く歴史」と「動かぬ歴史」も見方次第で逆転しうることになる。これこそいわゆる時代区分論争が終わりをみない理由である。しかしこれはまた同時に、時代区分なき歴史認識もありえないということを意味する。

以上のように考えるならば、一日二四時間を平凡な日常史として描く試みは決して「懐古趣味」や「停滞史観」といった範疇に収まるものではない。それは、中国古代史を多角的に捉えるための尺度のひとつなのである。そしてその層《レイヤー》とはべつに、環境史・政治史・経済史・人物史などの層《レイヤー》が積み重なることによって、私たちは中国古代史を立体的に眺めることができる。歴史はそこではじめて深く理解されうるのである。その意味で、「日常性」の解明には大きな意義がある。

かくして本書は生まれた。いざ書き終わってみると、秦漢時代の日常生活について大ざっぱに一括して論じたがゆえに、つぎなる課題として、人びとの階級差・地域差・時代差への興味があらためてわき出てくる。これははじめから予期されていた論点であり、その意味で、本書の試みはもとより道半ばである。

じっさいに、これまで多くの民衆史家や民俗学者は、ある人間集団に注目するたび、「常民」・「庶民」・「大衆」・「プロレタリア」・「サバルタン」・「下層民」・「プレカリアート」といった用語をあてはめ、そのつど用語の定義に頭を悩ませてきた。研究対象を画定しないかぎり、まともな研究はできないとはいえ、ほんらい人間というものは千差万別であり、きれいにグルーピングしようとしてもうまくいかぬのが常だからである。かくして中国古代史研究者も、長きにわたって「貴族とはなにか」「豪族とはなにか」といった議論を延々つづけてきたのであり、「民」という用語もそれと同様のむずかしさがある。

しかし本書でのべたように、幸か不幸か、中国古代史関連史料は量的にかぎりがある。そこに描かれている日常生活に焦点をしぼるかぎり、議論が際限なく拡散してゆくことはない。むしろ、どこかでふんぎりをつけ、民の日常生活をいったん大まかに説明することのほうが、今後の議論の活性化に役立つであろう。そして、それでもなお捉えきれない古代中国の日常的世界の把握をめざして、今日も筆者は研究をつづけている。その意味において、中国古代史研究は終わりなき旅なのである。

あとがき

本書は、私の五冊目の単著である。そのうち、『中国古代貨幣経済史研究』（汲古書院、二〇一一年）と『中国古代貨幣経済の持続と転換』（汲古書院、二〇一八年）は専門書、『中国古代の貨幣――お金をめぐる人びとと暮らし』（吉川弘文館、二〇一五年）と『劉備と諸葛亮――カネ勘定の『三国志』』（文藝春秋、二〇一八年）は一般書である。

本書は、体裁としては「新書」であり、一般書に分類すべきものである。叙述のあり方からしても、本書はいわゆる専門書（つまり学術論文のあつまり）とは異なる。ふつう学術論文は、まずその分野の先行研究を総括し、現在までに何がどこまで明らかになっているかを明示したうえで、なお論じ残されている問題点をさがし、そこに徹底的に分析を加えるというかたちをとる。これにたいして本書は、「読者が古代中国（とくに秦漢時代）にタイムスリップし、一日二四時間を生き抜く」という架空の設定のもと、ロールプレイングゲームのような体裁をとりながら、古代中国の日常風景に検討を加えていくというものであり、「先行研究との細かい相異点を逐一提示したうえで私見を開陳する」という学問的手順をふんでいない。その意味で、本書はいわゆる狭義の専門書ではない。

しかし一日24時間史の試みは、アンジェラ氏の古代ローマ史研究から着想を得ているとはいえ、少なくとも中国古代史の分野では先例のないものである。そのなかには、従来学界でまともに議論されたことがない論点も多数ふくまれている。その意味で、本書はたんに自他の研究成果をまとめなおしただけのものではない。そこで本書では、新書であるにもかかわらず、末尾に細かく巻末注をつけた。巻末注にこだわった理由は、本書が多くの方にとってなじみの薄い内容をふくみ、その論拠が微細な史料の寄せ集めであって、巻末注なくしては第三者の検証を仰ぐことがむずかしくなると危惧したからである。もしご異論があれば、細かく史料をたどって御示教いただければ幸いである。

叙述のさいには、複雑な内容を複雑なまま、それでいて中学生や高校生にも楽しんでもらえるように、できるだけ文体をやさしくするように工夫した。自分なりの新発見をふくみながらも、日常史の息づかいを伝えるべく、野鄙《やひ》な言葉づかいも避けなかった。深遠で典雅な文体を採らず、漢字を少なくし、一文一文を短くし、ストーリーを物語調にととのえ、意味のとおりやすい文体になるよう心がけた。その試みが成功したか否かは、読者のご感想にゆだねるほかはない。

本書をつくる作業は、私にとって、もっとも楽しい仕事のひとつであった。不惑の年齢にもかかわらず、思わず「私は本書を書くために生まれてきたのではないか」という昂揚した感覚を抱いたほどである。そして勝手ながら、その喜びをいま読者の皆さんと共有できることを心からうれしく思っている。本書をつうじて少しでも「中国古代史はおもしろい」と考える学生があらわれればと願ってやまない。

本書の執筆にあたっては、たいへん多くの方にご助力を賜わった。

すでにのべたように、私は古代中国二四時間史の研究を約一〇年間にわたってつづけており、関連講義を早稲田大学・慶應義塾大学・東京学芸大学・立教大学・帝京大学で行なってきた。また熊本県立八代高校では高校教員向けに講演を、八王子学園都市大学では市民向けに講義を行なったこともある。二〇一五年には『中国古代の貨幣――お金をめぐる人びとと暮らし』(吉川弘文館)を、二〇一八年には教科書『中国古代の日常生活』を上梓し、とくに後者は帝京大学の八王子キャンパス内の紀伊國屋書店で学生向けに販売され、そこにすでに本書の原型がしめされている。そのあとも研究者や学生との質疑応答を重ね、少しずつ内容に修正・増補を加えていった。講義は意外にも好評で、立教大学や帝京大学では受講者が毎年二〇〇人以上にものぼった。かれらとのやりとりや、毎回の授業後によせられる質問の数々が、私の思考や表現力を少しずつ鍛えあげてくれた。まずはこのような講義・講演の参加者の皆さんに御礼申し上げる。

また本書は、中国古代史を多面的に掘り下げたもので、もとより筆者個人の専門領域をはるかに超えている。そこで記述のミスを最大限減らすべく、各分野の専門家にあらかじめ目を通していただいた。なかでも水間大輔（中央学院大学教授）、小林文治（長江流域文化研究所招聘研究員）、長谷川隆一（早稲田大学文学学術院助手）、鮫島玄樹・森田大智（ともに早稲田大学文学学術院修士課程）の各氏に謝する。なおも問題はあるかもしれないが、全責任は私にあり、あとは江湖のご批正をまつしかない。かりに誤りがあるとしても、中国古代のことわざに「智者の千慮にも必ず一失があり、愚者の千慮にもまた一得がある」や「狂夫の言でも、聖人はこれを選び取る」とあるように、賢明な読者はむしろ本書から有益な知見をすくいとってくださることであろう。

図版の掲載にかんしても、多くの方々にご尽力をいただいた。すなわち、本書の特色のひとつは、きわめて多くの図版や表を掲載していることであり、その大半は、筆者が中国各地を訪れるたびに長年とりためてきた写真や、各地の博物館に所蔵される文物の画像である。なかには本邦初公開の図版もあり、交渉には多大な労力を要した。結果的に図版の公開にご同意くださった湖南省博物館、四川博物院、成都博物館、河北博物院、甘粛省文物考古研究所、敦煌市博物館、荊州市博物館、沂南県博物館、安吉県博物館、陝西省文物考古研究所、朱然家族墓地博物館、科学出版社、文物出版社、国立故宮博物院、ボストン美術館の関係者の方々には厚く御礼申し上げる。中国側との交渉にあたっては、王震中先生（中国社会科学院院士）などの関係者のほか、とくに畏友の王博氏（中国社会科学院古代史研究所助理研究員）と凡国棟氏（湖南省文物考古研究所研究員）にご協力いただいた。王氏と凡氏がおらねば、かくも貴重な図版の数々をそろえることはむずかしかった。長きにわたる友情とご厚意に心から御礼を申し上げたい。

加えて、三揚荘遺跡の３Ｄ画像や現地の写真は、林源教授（西安建築科技大学建築歴史与遺産研究所）よりご提供いただいた。面識なき筆者がとつぜん連絡したにもかかわらず、親切にご対応くださった西安建築科技大学の関係者と林氏に御礼申し上げる。さらに図版には、私の元学生うぱさんによるイラストがふくまれている。私からの細かい指示にいやな顔ひとつせず、みごとにプロの仕事をしてくれた。

また私は、二〇二〇年四月に工藤元男先生の後任として母校に戻ってきたのであるが、コロナ禍と重なり、右往左往するばかりであった。そうしたなか、工藤先生からメールで励ましのお言葉をいただき、さらに私を同僚として温かく迎え入れてくださった李成市先生、柳澤明先生、飯山知保先生からも有形無形の支えを得られたことは僥倖であった。飯山先生がコース主任として身近な仕事を一手にひきうけてくださったからこそ、私は本書の執筆時間を確保できた。先生方には心より御礼申し上げたい。
最後に、中央公論新社の藤吉亮平氏と田中正敏氏、そして畏友の会田大輔氏に謝する。会田くんのご紹介で藤吉さんと酒席をともにし、「いつか原稿をもってきてください」といわれてから数年。ようやく自分なりに原稿を仕上げたが、藤吉さんはすでに異動していた。間に合わなかったことをお詫びしたところ、編集長の田中さんをご紹介くださった。田中さんは、改めて力強く本企画を推してくれただけでなく、「文末に逐一巻末注を入れたい」という筆者のわがままにもつきあってくれた。たいへんすばらしい校閲者にも巡りあえた。このように身近に理解者を得られたことは、まことに執筆者冥利に尽きる。ここにあらためて深く御礼申し上げる。なお本書はＪＳＰＳ科研費ＪＰ２１Ｋ００９１３による研究成果の一部である。

二〇二一年八月

柿沼陽平

注記

プロローグ

1 『漢書』巻四四淮安王劉安伝。
2 『漢書』巻二三刑法志。
3 永田英正『漢代史研究』（汲古書院、二〇一八年、一一三～一六三頁）、渡辺信一郎『天空の玉座――中国古代帝国の朝政と儀礼』（柏書房、一九九六年、一八～一〇四頁）。
4 『文選』巻二〇応貞「晋武帝華林園集詩」。
5 『史記』巻九六張丞相列伝。
6 『史記』巻一〇七魏其侯列伝。
7 『後漢書』巻九孝献帝紀中平六年九月条、李賢注引『漢官儀』。『漢書』巻六八金日磾伝によれば、侍中は皇帝の起床まえも起床後も近侍している（侍中金日磾は病気のときだけ少し離れていた）。
8 『史記』巻一二〇汲黯列伝。本文の解釈に関しては閻愛民・趙璐「"踞厠" 視衛青与漢代貴族的 "登溷" 習慣」（『南開学報（哲学社会科学版）』二〇一九年第六期、一三九～一四七頁）。
9 『世説新語』排調篇注引裴景仁『秦書』、『晋書』巻一一四苻堅載記下苻朗載記、『北史』巻九八徒何段就六眷列伝。
10 『南史』巻十九謝裕列伝。
11 『太平御覧』巻七〇三服用部五唾壺引「魏武帝上雑物疏」。
12 『史記』巻一〇七魏其侯列伝。
13 『漢官六種』所収元・陶宗儀輯『漢官儀』。
14 『東観漢紀校注』巻十四呉良伝。
15 『玉台新詠』巻第一古楽府詩六首「日出東南隅行」。
16 宮宅潔『中国古代刑制史の研究』（京都大学学術出版会、二〇一一年、一一四～一一六頁）。
17 『三国志』巻四二蜀書周羣伝。
18 大庭脩『秦漢法制史の研究』（創文社、一九八二年、一〇一～一六四頁）、石岡浩「三国魏文帝の法制改革と妖言罪の弾圧――古代中国法の一分岐点」（『法制史研究』第五九巻、二〇〇九年、一～五二頁）。
19 水間大輔『秦漢刑法研究』（知泉書館、二〇〇七年、十七～三六頁）。
20 金秉駿「中国古代における対外貿易のかたち――敦煌懸泉置漢簡を手掛りとして」（『東方学報』第九一冊、二〇一六年、五三〇～五五〇頁）。
21 梁啓超「中国四十年来大事記（一名李鴻章）」（『飲冰室合集』専集之三、中華書局、一九三六年、初出一九〇一年）。
22 柿沼陽平「中国古代の人びととその「つながり」」（『つながりの歴史学』北樹出版、二〇一五年、二～二九頁）。
23 Michael Loewe, *Everyday Life in Early Imperial China* (Batsford: B.T.Batsford Ltd, 1968)、林巳奈夫『中国古代の生活史』（吉川弘文館、一九九二年）、王力主編『中国古代文化常識』（四川人民出版社、二〇一八年）、Mu-chou Poo, *Daily Life in Ancient China* (Cambridge: Cambridge University Press, 2018).
24 『論衡』巻第二率性篇。

序章

1 尾形勇『中国古代の「家」と国家』（岩波書店、一九七九年、八〇～一一六頁）、侯旭東『近観中古史』（中西書局、二〇一五年、一～三〇頁）。先秦時代の姓氏に関しては陳絜『商周姓氏制度研究』（商務印書館、二〇〇七年）参照。
2 『漢書』巻八六王嘉伝。
3 『史記』巻四八陳渉世家。
4 『三国志』巻十八魏書文聘伝。
5 『三国志』巻八魏書張燕伝裴松之注引『典略』。
6 『三国志』巻四八呉書三嗣主伝孫休伝永安五年条裴松之注引『呉録』所載孫休詔。
7 『顔氏家訓』巻第二風操篇。
8 『漢書』巻五〇鄭当時伝。
9 『漢書』巻八宣帝紀元康二年条。
10 『漢書』巻五〇鄭当時伝。
11 『漢書』巻七五夏侯勝伝。
12 『三国志』巻三六蜀書馬超伝裴松之注引『山陽公載記』、同裴松之注。裴松之が論ずるように、『山陽公載記』の記載は誤りであるが、上司の字をよぶのが失礼である点は裴松之も認めている。

13 『顔氏家訓』巻第二風操篇。
14 陳夢家『漢簡綴述』（中華書局、一九八〇年、一一九頁）。
15 『独断』巻上。以下、『独断』・『西京雑記』は福井重雅編『訳注 西京雑記・独断』（東方書店、二〇〇〇年）参照。
16 『漢書』巻四三酈食其伝。白芳『人際称謂与秦漢社会変遷』（人民出版社、二〇一〇年、一〇二～一一六頁）。
17 『顔氏家訓』巻第二風操篇。
18 『楽府詩集』巻第四六清商曲辞・呉声歌曲・読曲歌。
19 『世説新語』惑溺篇。
20 『独断』巻上。
21 『史記』巻一〇〇季布列伝。
22 晏昌貴『秦簡牘地理研究』（武漢大学出版社、二〇一七年、二八六～三二五頁）。
23 甘粛省文物考古研究所編『天水放馬灘秦簡』（中華書局、二〇〇九年、七三～七六頁）。
24 馬王堆漢墓帛書整理小組編『古地図 馬王堆漢墓帛書』（文物出版社、一九七七年）。
25 睡虎地秦簡「法律答問」（第一八六簡）。以下、睡虎地秦簡のテクストは陳偉主編『秦簡牘合集（壹）』（武漢大学出版社、二〇一六年）参照。
26 睡虎地秦簡「秦律十八種」傜律（第一一五～一二四簡）。
27 張家山漢簡「二年律令」戸律（第三〇八簡）。
28 『韓非子』外儲説左下。
29 侯旭東『近観中古史』（中西書局、二〇一五年、一四三～一八一頁）、馬増栄「読山東青島土山屯一四七号墓出土木牘札記――考古脈絡、〝堂邑戸口薄（簿）〟、〝邑居〟和〝羣居〟」（『簡帛』第二一輯、二〇二〇年、一九九～二一五頁）。
30 林源・崔兆瑞「河南内黄三揚荘二号漢代庭院建築遺址研究与復原探討」（『建築史』二〇一四年第二期、一～十一頁）。
31 孫聞博「走馬楼呉簡所見〝郷〟的再研究」（『江漢考古』二〇〇九年第二期、一一二～一一八頁）。
32 西川利文「漢代における郡県の構造について」（『文学部論集（仏教大学）』第八一号、一九九七年、一～十七頁）。
33 木村正雄『中国古代帝国の形成――特にその成立の基礎条件（新訂版）』（比較文化研究所、二〇〇三年、二一九～八二七頁）。
34 柿沼陽平『中国古代の貨幣――お金をめぐる人びとと暮らし』（吉川弘文館、二〇一五年、一二五～一二八頁）。
35 徐龍国『秦漢城邑考古学研究』（中国社会科学出版社、二〇一三年、六〇～一一九頁）。
36 宮崎市定『宮崎市定全集7 六朝』（岩波書店、一九九二年、八七～一一五頁）。
37 張家山漢簡「二年律令」襍律（第一八二簡）。
38 『漢書』巻二八地理志上京兆尹条。

第1章

1 塩沢裕仁『千年帝都 洛陽――その遺跡と人文・自然環境』（雄山閣、二〇一〇年）。
2 『論衡』巻第十一談日篇。
3 村松弘一『中国古代環境史の研究』（汲古書院、二〇一六年、一六五～一八三頁）。
4 『論衡』巻二率性篇。
5 原宗子『「農本」主義と「黄土」の発生』（研文出版、二〇〇五年）、濱川栄『中国古代の社会と黄河』（早稲田大学出版部、二〇〇九年、一四四～一七〇頁）。
6 照葉樹林とそこに生じる文化の特徴に関しては中尾佐助以来の研究がある。佐々木高明『照葉樹林文化とは何か』（中央公論新社、二〇〇七年）。
7 網野善彦・宮崎駿「「もののけ姫」と中世の魅力」（『網野善彦対談集2 多様な日本列島社会』岩波書店、二〇一五年、二一三～二二六頁）によれば、宮崎駿氏は照葉樹林文化論の学問的影響を受けて『もののけ姫』を製作している。その照葉樹林文化論はほんらい南中国に焦点をあてたものである。よって中国古代の南方の歴史的風景が『もののけ姫』と類似するのはとうぜんである。
8 Mark Elvin, *The Retreat of the Elephants: An Environmental History of China* (London: Yale University Press, 2004), 9-18.
9 陳寅恪「桃花源記旁証」（『陳寅恪集 金明館叢稿初編』生活・読書・

新知三聯書店、二〇〇一年、一八八〜二〇〇頁)。
10 工藤元男「禹を運んだ道」(『中国古代の法・政・俗』汲古書院、二〇一九年、五〜三三頁)。
11 『論衡』巻第十一談天篇。
12 『三朝北盟会編』巻三。
13 王震中（柿沼陽平訳）『中国古代国家の起源と王権の形成』（汲古書院、二〇一八年、四六四〜四七三頁）。
14 『漢書』巻十一哀帝紀建平二年六月条。
15 董壽「漏刻与漢代時間観念」（『史学月刊』二〇二一年第二期、一八〜三〇頁）。
16 『独断』巻下、『説文解字』壴部。
17 陳侃理「十二時辰的産生与制度化」（『中華文史論叢』二〇二〇年第三期、一九〜五六頁）。
18 『玉台新詠』序。
19 『玉台新詠』巻二「棄婦詩一首」。
20 『文選』巻二九傅玄雑詩。
21 『淮南子』説山訓。
22 『詩経』巻第三国風鄘風蝃蝀、『詩経』巻第十五小雅魚藻之什采綠、『荀子』哀公篇、『新序』巻四雑事、『文選』巻二八詩戊楽府下鮑照「放歌行」。
23 『漢書』巻四四淮南王劉安伝。
24 『漢書』巻八宣帝紀地節二年五月条。
25 『魏書』巻二七穆崇列伝付穆亮列伝。
26 『文選』巻二四詩丙贈答二陸機「答張士然」。
27 Tsuyoshi Shimmura, Shosei Ohashi, and Takashi Yoshimura, "The Highest-Ranking Rooster has Priority to Announce the Break of Dawn," *Scientific Reports 5*, 11683 (July 2015).
28 『入唐求法巡礼行記』開成三年（八三八年）七月十九日条。
29 『韓非子』揚権篇、『淮南子』巻二〇泰族訓。
30 福井重雅『漢代儒教の史的研究』（汲古書院、二〇〇五年、五〜二五八頁）。
31 『礼記』巻第三曲礼上。
32 睡虎地秦簡「封診式」（第五〇〜五一簡）。
33 淮北市博物館「安徽淮北相城戦国至漢代大型排水設施発掘簡報」（『中原文物』二〇一〇年第二期、四〜十二頁）。
34 『玉台新詠』巻五范靖婦「詠燈」。
35 『荘子』外篇天運篇、『論衡』巻第一六講瑞篇、『入唐求法巡礼行記』開成三年（八三八年）七月十三日条。
36 Machiko Nakagawa et al.,"Daytime Nap Controls Toddlers, Nighttime Sleep," *Scientific Reports 6*, 27246 (June 2016).
37 『列女伝』貞順陳寡孝婦。
38 『韓非子』外儲説右上。
39 『玉台新詠』巻一無名人「古詩為焦仲卿妻作」。
40 『史記』巻一〇孝文本紀『集解』引文穎曰。
41 『漢書』巻六四朱買臣伝上。
42 『漢書』巻一高帝紀上。
43 宮崎市定『宮崎市定全集7 六朝』（岩波書店、一九九二年、八七〜一一五頁）。
44 張家山漢簡「奏讞書」案例二二。
45 水間大輔「秦・漢初における県の「士吏」」（『史学雑誌』第一二〇巻第二号、二〇一一年、一八〇〜二〇二頁）。
46 王子今『秦漢名物叢考』（東方出版社、二〇一六年、二一八〜二二九頁）。
47 『列子』天瑞篇。
48 『説文解字』夕部。

第2章

1 睡虎地秦簡「法律答問」（第三〇〜三一簡）。
2 『漢書』巻五八公孫弘伝。
3 『玉台新詠』巻第二潘岳悼亡詩。
4 『史記』巻七五孟嘗君列伝、『文選』巻二二鮑照行薬至城東橋。
5 『文選』巻二〇丘遅。
6 冨谷至『文書行政の漢帝国』（名古屋大学出版会、二〇一〇年、五〇〜一〇三頁）。
7 陳偉（柿沼陽平訳）「秦と漢初の文書伝達システム」（藤田勝久・松原弘宣編『古代東アジアの情報伝達』汲古書院、二〇〇八年、二九〜

五〇頁)、鷹取祐司『秦漢官文書の基礎的研究』(汲古書院、二〇一五年、二〇三~四四〇頁)。

8 額済納漢簡 (E.P.T.52.83)。

9 『後漢書』巻三九劉趙淳于江劉周趙列伝序。『後漢書』の巻数は以下、中華書局本による。

10 『太平御覧』巻四三一人事部七二勤引『夏仲御別伝』。

11 大塚邦明「老化と高齢者の時間医学」(『日老医誌』第五〇号、二〇一三年、二八八~二九七頁)。

12 Samuel E. Jones et al., "Genome-Wide Association Analyses of Chornotype in 697,828 Individuals Provides Insights into Circadian Rhythms," *Nature Communications 10*, Article Number 343 (January 2019).

13 『説苑』巻第十六談叢。

14 『漢書』巻二恵帝紀二年春正月条。

15 『呂氏春秋』巻第二二慎行察伝。

16 『魯迅『古小説鉤沈』校本』所収『幽明録』第六九条。

17 黄朴華主編『長沙古城址考古発現与研究』(岳麓書社、二〇一六年、九〇~九二頁)。

18 加藤瑛二「中国黄河流域の古代遺跡の立地環境」(『立命館地理学』第十四号、二〇〇二年、三七~五〇頁)。

19 『後漢書』巻一光武帝紀下建武十一年八月癸亥条。

20 『礼記』内則、『史記』巻一〇五倉公列伝、張家山漢簡「引書」(第一~七簡)。

21 『南海寄帰内法伝』巻第一八朝嚼歯木。

22 松木明知「華佗の麻酔薬について(会長講演)」(『日本医史学雑誌』第三一巻第二号、一九八五年、一七〇~一七三頁)。

23 Hui-Lin Li, "An Archaeological and Historical Account of Cannabis in China," *Economic Botany 28*, no.4 (October-December 1974) : 437-448.

24 Hongen Jiang et al., Ancient Cannabis burial shroud in a Central Eurasian Cemetery. *Economic Botany 70*, (October-December 2016) : 213-221.

25 『大正新脩大蔵経』巻一六経集部所収後漢・安世高訳『仏説温室洗浴衆僧経』。

26 聞一多「釈齲」(『聞一多全集』第二巻、大安、一九六七年、五五七~五五八頁)。

27 『漢書』巻八〇宣元六王淮陽王欽伝。

28 『白氏長慶集』巻第十感傷二「自覚」、『白氏長慶集』巻第二三律詩「病中贈南鄰覓酒」、『韓愈全集校注』(四川大学出版社、一九九六年、一一二五頁)。

29 『史記』巻九六張丞相列伝。

30 『後漢書』巻一〇皇后紀上明徳馬皇后条、李賢注引『方言』。

31 『長沙馬王堆一号漢墓古尸研究』(文物出版社、一九八〇年、二九頁)。

32 工藤元男『占いと中国古代の社会――発掘された古文献が語る』(東方書店、二〇一一年、二一~六七頁)。

33 『韓非子』内儲説下。『太平御覧』巻一八五居処部十三屏条引『漢官典職』。

34 『曹操集』文集巻三与諸葛亮書。

35 『太平御覧』巻二二九職官部十七侍中条引応劭『漢官儀』。

36 以下、男性の髪型と禿頭については柿沼陽平「中国古代禿頭攷」(『中国文化の統一性と多様性』汲古書院、二〇二二年刊行予定)。

37 原田淑人『増補漢六朝の服飾』(東洋文庫、一九六七年、六五~九八頁、一〇五~一一六頁)。

38 閻歩克『服周之冕――《周礼》六冕礼制的興衰変異』(中華書局、二〇〇九年、一五九~二〇二頁)。

39 林巳奈夫『漢代の文物』(京都大学人文科学研究所、一九七六年、五九~七四頁)。

40 『独断』巻下。

41 福井重雅「中国古代儒服詮議」(『早稲田大学大学院文学研究科紀要』第四分冊、二〇〇五年、六一~七六頁)。

42 武田佐知子『古代国家の形成と衣服制』(吉川弘文館、一九八四年、一一九~一八二頁)。

43 『韓非子』外儲説左上。

44 『史記』巻八高祖本紀。

45 『独断』巻下。

46 『続漢書』輿服志下。

第3章

1 柿沼陽平「岳麓書院蔵秦簡訳注――「為獄等状四種」案例七識劫婏案」(『帝京史学』第三〇号、二〇一五年、一九三~二三八頁)。
2 柿沼陽平『中国古代貨幣経済史研究』(汲古書院、二〇一一年、二八三~三〇七頁)。
3 『後漢書』巻六七党錮檀敷列伝。
4 『玉台新詠』巻第五庚丹「秋閨有望」。
5 林巳奈夫『漢代の文物』(京都大学人文科学研究所、一九七六年、一~四五頁)。
6 『太平御覧』巻六九五服章部一二袴条引謝承『後漢書』。
7 粗末な衣料として「褐」が散見し、毛織物説、麻織物説、フェルト説等がある。だが睡虎地秦簡「秦律十八種」金布律(第九〇~九三簡)は「大褐一」の原料を「枲十八斤」とし、当時の褐は確実に麻製である。
8 『韓非子』五蠹篇。
9 張家山漢簡「二年律令」金布律(第四一八~四二〇簡)。
10 『文選』巻第二四詩丙贈答二曹植「贈白馬王彪」。
11 『文選』巻第二三詩丙哀傷潘岳「悼亡詩」。
12 黄正建『走進日常』(中西書局、二〇一六年、一九七~二〇一頁)。
13 『続漢書』五行志五注引『風俗通』。
14 『捜神記』巻一四第一五八話。以下、『捜神記』(二〇巻本)のテクストと説話番号は李剣国輯校『捜神記輯校 捜神後記輯校』(中華書局、二〇一九年)による。
15 『史記』巻一一七司馬相如列伝。
16 睡虎地秦簡「秦律十八種」司空律(第一三三~一四〇簡、第一四七~一四九簡)、『漢書』巻五一賈山伝。
17 『礼記』王制。
18 『論衡』巻第一二謝短篇。
19 早稲田大学簡帛研究会(谷口健速・柿沼陽平担当)「尹湾漢墓簡牘訳注(1)訳注」(『中国出土資料研究』第一三号、二〇〇九年、二六三~三二四頁)。
20 『説苑』巻第七政理篇。
21 『説苑』巻第四立節篇。
22 原田淑人『増補漢六朝の服飾』(東洋文庫、一九六七年、二二一~二二三頁)。
23 『史記』巻七項羽本紀。
24 『韓非子』外儲説左上、『白虎通』巻九衣裳。
25 原田淑人前掲書、五七~六三頁。
26 『漢書』巻六五東方朔伝。
27 『文選』巻第二四詩丙贈答二潘岳「為賈謐作贈陸機」。
28 『晋書』巻二五輿服志。
29 『晋書』巻二五輿服志。
30 福井重雅「中国古代儒服詮議」(『早稲田大学大学院文学研究科紀要』第四分冊、二〇〇五年、六一~七六頁)。
31 原田淑人前掲書、一五五~一五九頁。
32 『玉台新詠』巻一古楽府詩「日出東南隅行」。
33 『呂氏春秋』巻二五似順論処方篇。
34 『説苑』巻第七政理篇。『晏子春秋』雑篇雑下にほぼ同文がみえ、「靈公」に作る。
35 『玉台新詠』序、『玉台新詠』巻一枚乗雑詩。
36 『玉台新詠』巻五沈約「少年新婚為之詠」。
37 『史記』巻八六刺客列伝。
38 『文選』巻二三阮籍詠懐詩。
39 『荀子』君道篇、『韓非子』二柄篇。
40 『春秋左氏伝』昭公二八年。
41 『世説新語』惑溺篇、劉孝標注引『粲別伝』。
42 『呂氏春秋』巻一四孝行覧遇合。
43 『淮南子』人間訓、高誘注。匂いと香料にかんしては、狩野雄『香りの詩学――三国西晋詩の芳香表現』(知泉書館、二〇二一年)も参考になる。
44 『列女伝』巻三仁智伝十四魏曲沃負条。
45 『後漢書』巻十皇后紀上和熹鄧皇后条。
46 『東観漢紀校注』巻十二馬廖伝、『後漢書』巻二四馬援列伝付馬廖列伝。
47 『捜神記』巻十四第一七〇話。
48 銭熙祚校訂『漢武帝内伝』(守山閣叢書所収)。

49『東観漢記校注』巻六明徳馬皇后伝。

50『東観漢紀校注』巻十二馬廖伝、『後漢書』巻二四馬援列伝付馬廖列伝。
51 湖南医学院主編『長沙馬王堆一号漢墓古尸研究』（文物出版社、一九八〇年、五一～六二頁）。
52『漢書』巻八七揚雄伝上。『晋書』巻二七五行志上。『三国志』巻五三呉書薛綜伝。『太平御覧』巻三七三人事部一四髪条引謝承『後漢書』。
53 Zhang, Bing et al., "Hyperactivation of Sympathetic Nerves Drives Depletion of Melanocyte Stem Cells," *Nature* 577 (January 2020)：676-681.
54『韓非子』顕学篇。

55『後漢書』巻三四梁統列伝付梁冀列伝、李賢注引『風俗通』。

56『荘子』外篇天運篇。

57『詩経』衛風碩人。

58『釈名』巻五釈首飾黛条。漢代の貴婦人の墓（長沙馬王堆一号墓）からは大小の鏡のほかに、小さな奩が五つ、鏡をぬぐうための擦一点、木櫛二点、刷毛三点、角製のかんざし一点、毛抜き一点などがおさめられ、漢代には毛抜きがある。『事物紀原』巻三画眉条。

59『玉台新詠』序。

60『玉台新詠』巻一漢時童謡歌。『玉台新詠』巻六費昶「詠照鏡」。

61『釈名』巻四釈首飾、『中華古今注』巻中、『事物紀原』巻三妝条、『博物志校証』巻四物類、『太平御覧』巻七一八服用部二一引『続漢書』。
62 村澤博人『顔の文化誌』（講談社、二〇〇七年、三三～三六頁）。
63『淮南子』説林訓。

64『玉台新詠』巻七皇太子（南朝梁簡文帝）聖製楽府三首「豔歌篇十八韻」。

65『玉台新詠』巻八劉孝威「郡縣遇見人織率爾寄婦」、『漢書』巻七六張敞伝。

66『釈名』釈首飾。

67『玉台新詠』序。
68 工藤元男『中国古代文明の謎』（光文社、一九八八年、一六〇～一六三頁）。
69『後漢書』巻八六南蛮西南夷列伝。

70『詩経』国風邶風旄丘、『詩経』小雅都人士。

71『荘子』内篇徳充符篇。
72 黄正建『走進日常』（中西書局、二〇一六年、一～十一頁）。
73 小寺智津子『ガラスが語る古代東アジア』（同成社、二〇一二年）。
74『捜神記』巻一四第一七一話。
75 岡村秀典『鏡が語る古代史』（岩波書店、二〇一七年）。

第4章

1『史記』巻九二淮陰侯列伝。

2『文選』巻第五三論三嵆康「養生論」。

3『新序』雑事一。

4『史記』巻八九張耳陳余列伝付張敖列伝。

5『漢書』巻四四淮南王伝。

6『白虎通』巻三礼楽篇。なお『荘子』内篇逍遥遊篇には一日三食とあるが、これは外出時で、野外に一泊旅行をした話であろう。

7『文選』巻十九詩甲束晳「補亡」。

8『説苑』巻第四立節篇。

9『漢書』巻六六車千秋伝。

10『塩鉄論』巻第六散不足篇。

11『荘子』内篇人間世篇。

12『荘子』内篇人間世篇、『初学記』巻三歳事部夏第二所引『鄴中記』。

13『呂氏春秋』巻十二季冬紀季冬、『論衡』巻第一七是応篇。

14『玉台新詠』巻一古楽府詩「隴西行」。

15『顔氏家訓』巻第一治家篇。

16『荘子』内篇応帝王篇。

17『論衡』巻第一六商蟲篇。
18 篠田統『中国食物史の研究』（八坂書房、一九七八年、三～三五頁）。林巳奈夫「漢代の飲食」（『東方学報（京都）』第四八号、一九七五年、一～九八頁）も参考になる。
19『後漢書』巻八三逸民列伝井丹列伝。
20 Houyuan Lu et al., "Millet Noodles in Late Neolithic China," *Nature* 437 (October 2005)：967-968.
21 西嶋定生『中国経済史研究』（東京大学出版会、一九六六年、二三五～二七八頁）。
22 篠田統前掲書、三～三五頁。
23 『続漢書』五行志一。
24 佐藤洋一郎『食の人類史』（筑摩書房、二〇一六年、一二一頁）。
25 岡崎敬「中国古代におけるかまどについて――釜甑形式より鍋形式への変遷を中心として」（『東洋史研究』第十四巻第一・二号、一九五五年、一〇三～一二二頁）。
26 『史記』巻七項羽本紀。
27 『荘子』雑篇譲王篇。
28 『後漢書』巻六一周挙列伝。
29 『呂氏春秋』巻二六士容論務大篇。
30 浅川滋男『住まいの民族建築学――江南漢族と華南少数民族の住居論』（建築資料研究社、一九九四年、一三九～一四五頁）。
31 郭文韜（渡部武訳）『中国大豆栽培史』（農文協、一九九八年、二三～四二頁）。
32 『玉台新詠』巻二甄皇后（武帝の誤か）「楽府塘上行」。
33 『史記』巻五三蕭相国世家。
34 『大戴礼記』夏少正八月条。
35 『淮南子』説林訓。
36 柿沼陽平『中国古代貨幣経済の持続と転換』（汲古書院、二〇一八年、一二三頁）。
37 桂小蘭『古代中国の犬文化』（大阪大学出版会、二〇〇五年、六頁）。
38 『九家旧晋書輯本』所収臧榮緒『晋書』巻一四顧栄伝。
39 『後漢書』巻六七党錮列伝付羊陟列伝。
40 睡虎地秦簡「秦律十八種」伝食律（第一七九～一八〇簡）。
41 『九家旧晋書輯本』所収臧榮緒『晋書』補遺一巻。
42 『史記』巻一二九貨殖列伝。
43 『後漢書』巻八一独行陸続列伝。
44 篠田統前掲書、三六～六八頁。
45 『塩鉄論』巻第六散不足篇。
46 『呂氏春秋』巻四孟夏紀用衆篇（『淮南子』説山訓に同じ故事あり）、『文選』巻第二七詩戊楽府上曹植「名都篇」。
47 『世説新語』汰侈篇。
48 『韓非子』揚権篇。
49 『韓非子』内儲説下。
50 青木正児『中華名物考』（東洋文庫、一九八八年、七九～八六頁）。
51 林巳奈夫「漢代の飲食」（『東方学報（京都）』第四八号、一九七五年、一～九八頁）。
52 中村亜希子・神野恵「古代の山椒」（『香辛料利用からみた古代日本の食文化の生成に関する研究』奈良文化財研究所、二〇一四年、二三～二九頁）。
53 青木正児『中華名物考』（東洋文庫、一九八八年、一一二～一一三頁）。
54 『呂氏春秋』巻三季春紀尽数篇。
55 『世説新語』捷悟篇。
56 『世説新語』排調篇。
57 和仁皓明「古代東アジアの乳製品」（『乳利用の民族誌』中央法規出版、一九九二年、二三四～二五一頁）。
58 田中克彦「モンゴルにおける乳製品を表わす語彙について」（『一橋論叢』第七七巻第三号、一九七七年、二七九～三〇〇頁）。
59 『韓非子』難四。
60 以下、食器に関しては王仁湘『中国　食の文化誌』（原書房、二〇〇七年、四六～一一七頁）。
61 『太平御覧』巻七〇四服用部六嚢条引『郭文挙別伝』。
62 『韓非子』外儲説左上。
63 『玉台新詠』巻五沈約「六憶詩」。
64 『韓非子』喩老篇。類似の文は『韓非子』説林篇にもみえる。
65 藤野岩友『中国の文学と礼俗』（角川書店、一九七六年、二九五～三〇一頁）。
66 『韓非子』外儲説左上。
67 『史記』巻八高祖本紀、『史記』巻九一黥布列伝。
68 吉川忠夫『六朝精神史研究』（同朋舎、一九八四年、一四七～一六四頁）。
69 『釈名』巻第六釈牀帳。『初学記』巻二五器物部牀第五引服虔「通俗文」。『後漢書』巻六六陳蕃列伝。
70 『太平御覧』巻七〇九服用部十一薦席引謝承『後漢書』。

71 『北堂書鈔』巻三八廉潔篇注引謝承『後漢書』羊茂伝。
72 『捜神記』巻八第九一話。
73 睡虎地秦簡「秦律雑抄」(第四簡)。
74 『釈名』巻第六釈牀帳。林巳奈夫『漢代の文物』(二〇〇~二〇二頁)。
75 劉徳増『秦漢衣食住行』(中華書局、二〇一五年、一七二~一八六頁)。
76 岡安勇「中国古代史料に現われた席次と皇帝西面について」(『史学雑誌』第九二編第九号、一九八三年、一~三二頁)。
77 清・趙翼『陔余叢考』巻二一尚左尚右。
78 睡虎地秦簡「秦律十八種」倉律(第五五~五六簡)。『漢書』巻二四食貨志上。
79 『荘子』外篇馬蹄篇。
80 『漢書』巻十一哀帝紀。
81 『史記』巻九二淮陰侯列伝。
82 『史記』巻五〇楚元王世家。
83 『捜神記』巻八第八七話。
84 『玉台新詠』巻一枚乗雑詩。
85 『荘子』雑篇列禦寇篇。
86 『荘子』雑篇寓言篇。『列子』黄帝篇と関係。
87 『玉台新詠』巻一徐幹「室思」。
88 『玉台新詠』巻二魏明帝楽府詩、『文選』巻二七「傷歌行」に同詩所収。
89 『玉台新詠』巻六徐悱「贈内」。
90 『新序』巻第五雑事篇。春秋時代の宮殿でもクツを脱いだとの伝承が漢代にあった(『列女伝』巻一母儀伝九魯季敬姜篇)。
91 『神仙伝』巻二呂恭条。
92 『礼記』曲礼上。
93 『韓非子』外儲説左上。
94 『韓非子』外儲説左下。
95 『藝文類聚』巻九一鳥部中鴨条引『風俗通』。
96 『捜神記』巻一四第一七二話。
97 『捜神記』巻一四第一五九話。
98 睡虎地秦簡「法律答問」(第一六二簡)。
99 『玉台新詠』巻八庾肩吾「詠得有所思」。

第5章

1 田中淡『田中淡著作集1 中国建築の特質』(中央公論美術出版、二〇一八年、五~一四頁)。
2 睡虎地秦簡「封診式」(第八~一二簡)。
3 林巳奈夫『漢代の文物』(京都大学人文科学研究所、一九七六年、一五六~一七〇頁)。
4 Qinghua Guo, *The Mingqi Pottery Buildings of Han Dynasty China 206BC-AD220: Architectural Representations and Represented Architecture*, (Brighton, Portland, Toronto: Sussex Academic Press, 2010), 1-188.
5 田中淡『田中淡著作集1 中国建築の特質』(中央公論美術出版、二〇一八年、十五~二八頁)。
6 孫機『漢代物質文化資料図説(増訂本)』(上海古籍出版社、二〇一一年、一八九頁)。
7 杜石然等(川原秀城等訳)「古代科学技術体系の形成」(『中国科学技術史』上、東京大学出版会、一九九七年)。
8 『韓非子』外儲説左上。
9 『荘子』外篇達生篇。
10 田中淡『田中淡著作集1 中国建築の特質』(中央公論美術出版、二〇一八年、九一~一〇三頁)、『諸葛亮集』文集巻一「南征表」。
11 『列子』巻第六力命篇。
12 安志敏「〝干闌〟式建築的考古研究」(『考古学報』一九六三年第二期、六五~八三頁)。
13 浅川滋男『住まいの民族建築学――江南漢族と華南少数民族の住居論』建築資料研究社、一九九四年、二四八~二七九頁)。
14 『礼記』檀弓上。
15 『説苑』巻第十六談叢篇。
16 『文選』巻三六傅季友「為宋公修楚元王墓教」。
17 『礼記』檀弓上。
18 『荘子』外篇天地篇。
19 Adam Miklósi et al., "A Simple Reason for a Big Difference: Wolves Do Not Look Back at Humans, but Dogs Do," *Current Biology 13, 9* (April

2003): 763-766.

20 桂小蘭『古代中国の犬文化』（大阪大学出版会、二〇〇五年、三〇頁）。

21 『呂氏春秋』巻二六士容論。

22 『史記』巻六五東方朔伝、顔師古注。

23 睡虎地秦簡「秦律十八種」倉律（第六三簡）。

24 柿沼陽平「鳳凰山」（『地下からの贈り物——新出土資料が語るいにしえの中国』（東方書店、二〇一四年、二四六〜二五一頁）。

25 『捜神記』巻二四第二九四話。

26 『荘子』雑篇徐无鬼篇。

27 『韓非子』外儲説右上。

28 『捜神記』巻十五第一九三話。

29 『韓非子』揚権篇、『呂氏春秋』巻第二四貴当篇、『塩鉄論』巻第一〇詔聖篇。

30 『説苑』巻第十七雑言篇。

31 Jean-Denis Vigne, "Earliest 'Domestic' Cats in China Identified as Leopard Cat (Prionailurus bengalensis)," *PLOS ONE* 11. 1: e0147295 (January 2016).

32 今村与志雄『猫談義 今と昔』（東方書店、一九八六年、一一四〜一二三頁）。

33 『韓非子』外儲説右上。

34 佐原康夫『漢代都市機構の研究』（汲古書院、二〇〇二年、五六〜八七頁）。

35 『玉台新詠』巻一宋子侯「董嬌嬈詩」。

36 『韓非子』外儲説左上。

37 『玉台新詠』巻五何遜「軽薄篇」。

38 中央アジアのキルギスにある唐代砕葉鎮遺跡内には道があり、道沿いにゴミの痕跡もある。唐代砕葉鎮遺跡に関しては柿沼陽平「唐代砕葉鎮史新探」（『帝京大学文化財研究所研究報告』第一八集、二〇一九年、四三〜五九頁）。

39 『荘子』雑篇列禦冠篇。

40 佐川英治『中国古代都城の設計と思想——円丘祭祀の歴史的展開』（勉誠出版、二〇一六年、一〜六九頁）。

41 菊地章太「解説」（E・シャヴァンヌ『古代中国の社——土地神信仰成立史』平凡社、二〇一八年、二〇一〜二八〇頁）。

42 『史記』巻二八封禅書。

43 『続漢書』祭祀志下。

44 『続漢書』祭祀志下、『礼記』郊特牲。

45 『周礼』巻第十大司徒、『史記』巻二八封禅書、『漢書』巻二七・五行志中之下、『通典』巻第四五吉礼四、杜佑注。

46 高木智見「古代中国の庭について」（『名古屋大学東洋史研究報告』第十六号、一九九二年、三一〜六六頁）。

47 『荘子』内篇応帝王篇、成玄英疏。

48 『韓非子』外儲説右上。

49 『史記』巻七項羽本紀『集解』引『皇覧』。

50 『漢書』巻七一于定国伝。

51 孟浩・陳慧・劉来城「河北武安午汲古城発掘記」（『考古通訊』一九五七年第四期、四三〜四七頁）。

52 東北博物館「遼陽三道壕西漢村落遺址」（『考古学報』一九五七年第一期、一一九〜一二六頁）。

53 『論衡』書虚篇。

54 河南省文物考古研究所・内黄県文物保護管理所「河南内黄県三楊荘漢代庭院遺址」（『考古』二〇〇四年第七期、三四〜三七頁）、林源・崔兆瑞「河南内黄三楊荘二号漢代庭院建築遺址研究与復原探討」（『建築史』二〇一四年第二期、一〜十一頁）。

55 Lothar Ledderose, *Ten Thousand Things: Module and Mass Production in Chinese Art* (Princeton: Bollingen Foundation, 2001), 51-73.

56 Anthony J. Barbieri-Low, *Artisans in Early Imperial China* (Seattle & London: University of Washinton Press, 2007), 3-30.

57 『漢書』巻七一于定国伝、『史記』巻一〇三・万石列伝。

58 『漢書』巻八三薛宣伝、『孟子』離婁章句下。

59 甘谷漢簡（第五簡背面）。

60 相田洋『橋と異人——境界の中国中世史』（研文出版、二〇〇九年、一九四〜二五〇頁）。

61 『玉台新詠』巻八庾肩吾「南苑還看人」。

62 『史記』巻八六刺客列伝、『列仙伝』巻下陰生条。

63 睡虎地秦簡「法律答問」（第一二一～一二三簡）。
64 『韓非子』詭使篇。
65 『神仙伝』巻七趙瞿条。
66 『荘子』達生篇。
67 『礼記』曲礼上。
68 『文選』巻二一詩乙郭璞「遊仙詩七首」。
69 関野貞「瓦に就いて」（『書道全集』第三巻、一九三一年、三～六頁）。
70 『太平御覧』巻一八七居処部一五墻壁引『漢官儀』。
71 『漢書』巻六六楊敞伝。
72 『荘子』外篇田子方篇。
73 『玉台新詠』巻三王微「雑詩」。
74 『後漢書』巻七八宦者張譲列伝、李賢注。『後漢書』巻八孝霊帝紀、李賢注。
75 『初学記』巻二四居処部宅条。
76 『後漢書』巻三二樊宏伝。
77 睡虎地秦簡「秦律十八種」倉律（第一二九簡）。
78 陳偉「秦代遷陵県の「庫」に関する初歩的考察」（『多民族社会の軍事統治：出土史料が語る中国古代』京都大学学術出版会、二〇一八年、八七～一〇九頁）。
79 『建康実録』巻第十八梁下功臣。『南史』巻五五吉士瞻列伝に「仗庫防池」に作る。
80 「小府」は郡太守府・都尉府・県の一般財庫で、「少府」（中央に設置）とは区別される。類似の職務を担う「少内」との関係は不明。直井晶子「前漢における郡県財政と少府・小府・少内」（『中国出土資料研究』第四号、二〇〇〇年、二五～五〇頁）。
81 『漢書』巻二三刑法志。
82 池田雄一『中国古代の聚落と地方行政』（汲古書院、二〇〇二年、一二二～一四九頁）、張信通『秦漢里治研究』（中国社会科学出版社、二〇一九年、一二五～一三五頁）。
83 『列子』湯問篇。
84 『新序』巻第七節士篇。
85 『文選』巻二二沈約「宿東園」。

第6章

1 『荘子』外篇秋水篇。
2 『史記』巻三〇平準書。
3 『漢書』巻三八高五王伝論賛。
4 林俊雄「車の起源と発展」（『馬が語る古代東アジア世界史』汲古書院、二〇一八年、三～三八頁）。車馬にかんしては岡村秀典『東アジア古代の車社会史』（臨川書店、二〇二一年、一三三～二七四頁）も参照。
5 『史記』巻三〇平準書、『漢書』巻二四食貨志下。
6 張家山漢簡「二年律令」徭律（第一八四簡）、堀敏一『中国古代の身分制』（汲古書院、一九八七年、一八七～二二三頁）。
7 David Reich, *Who We Are and How We Got Here: Ancient DNA and the New Science of the Human Past* (Oxford: Oxford University Press, 2018), 1-368.
8 Li Wang et al., Genetic Structure of a 2500-Year-Old Human Population in China and Its Spatiotemporal Changes, *Molecular Biology and Evolution* 17-9 (September 2000) pp.1396-1400.
9 『玉台新詠』巻一古楽府詩六首「日出東南隅行」。
10 『世説新語』容止篇。
11 『初学記』巻第十九人部下美丈夫引臧榮緒『晋書』。
12 『後漢書』巻五三周燮列伝、『後漢書』巻三四梁統列伝付梁冀列伝、『呂氏春秋』巻第一四遇合篇。
13 張競『美女とは何か——日中美人の文化史』（角川書店、二〇〇七年、九～二八頁）。
14 『琱玉集』醜人篇引『晋抄』。
15 『荘子』内篇徳充符篇。
16 『九家晋書輯本』引臧榮緒『晋書』巻七王戎伝。
17 『琱玉集』肥人篇引王隠『晋書』。『太平御覧』巻三七八人事部一九肥引『語林』にほぼ同文。
18 『列子』黄帝篇。
19 『三国志』巻四八呉書三嗣主伝孫晧伝注引干宝『晋紀』。
20 『後漢書』巻二六馮勤列伝。
21 渡辺信一郎『天空の玉座——中国古代帝国の朝政と儀礼』（柏書房、

一九九六年、十八～一〇四頁）。

22 『三国志』巻十三魏書王粛列伝。

23 栗原朋信『秦漢史の研究』（吉川弘文館、一九六〇年、四五～九一頁）。

24 『漢書』巻八三朱博伝。

25 『漢書』巻十一哀帝紀元寿元年条。

26 工藤元男『占いと中国古代の社会——発掘された古文献が語る』（東方書店、二〇一一年、一〇六～一四七頁）。

27 礪波護『隋唐都城財政史論考』（法藏館、二〇一六年、五～三二頁）。

28 『晋書』巻二七五行志上火条。

29 『史記』巻一一二平津侯列伝、『東観漢記校注』巻一四呉良伝、『漢官六種』所収衛宏『漢旧儀』。

30 『史記』巻五五留侯世家太史公曰、『史記』巻六七仲尼弟子列伝。

31 『荘子』内篇徳充符篇、『呂氏春秋』巻一四孝行覧遇合篇。

32 『後漢書』巻十皇后紀上。

33 『玉台新詠』巻一古楽府。

34 『漢書』巻七〇甘延寿伝、顔師古注引孟康曰。

35 渡辺信一郎『中国古代の財政と国家』（汲古書院、二〇一〇年、一三一～一六三頁）。

36 楊振紅『出土簡牘与秦漢社会（続編）』（広西師範大学出版社、二〇一五年、二一〇～二二二頁）。

37 大庭脩『秦漢法制史の研究』（創文社、一九八二年、五六七～五九〇頁）。

38 岳麓書院蔵秦簡「秦律令（貳）」（第一九〇三＋一九〇五簡）、張家山漢簡「二年律令」置吏律（第二一七簡）。

39 岳麓書院蔵秦簡「秦律令（貳）」（第一八八二＋一八八一簡）。

40 水間大輔「秦・漢における里の編成と里正・里典・父老——岳麓書院蔵秦簡——「秦律令」を手がかりとして」（『中国の法と社会と歴史』成文堂、二〇一七年、九一～一一八頁）。

41 睡虎地秦簡「法律答問」（第一三三簡）。

42 早稲田大学簡帛研究会（柿沼陽平担当）「尹湾漢墓簡牘訳注（1）東海郡吏員簿（第二号木牘）訳注」（『中国出土資料研究』第一三号、二〇〇九年、二九八～三二四頁）。

43 張家山漢簡「二年律令」置吏律（第二一〇簡）。

44 高村武幸『漢代の地方官吏と地域社会』（汲古書院、二〇〇八年、二一～五六頁）。

45 福井重雅『漢代官吏登用制度の研究』（創文社、一九八八年、三～一二八頁）。

46 渡邉義浩『三国政権の構造と「名士」増補版』（汲古書院、二〇二〇年、三三～五一頁）。

47 『漢書』巻五〇張釈之伝。

48 『史記』巻九八蒯成侯周緤列伝。

49 『漢書』巻四三酈食其伝。

50 池田四郎次郎「拝、揖、拱の解（上）（下）」（『国学院雑誌』第二九巻第八号、一九二三年、一七～二二頁、同九号、一七～二〇頁）。

51 『孟子』離婁章句下。

52 『史記』巻五三蕭相国世家。

53 『文選』巻二四張華「答何劭」。

第7章

1 岳麓書院蔵秦簡「為獄等状四種」案例一〇。

2 『韓非子』外儲説左上。

3 『韓非子』外儲説左上。

4 『新序』節士篇。

5 『論衡』巻第一三別通篇。

6 冨谷至『漢唐法制史研究』（創文社、二〇一六年、一九六～二七一頁）。

7 清・沈家本『歴代刑法考』刑法分考巻二磔条。

8 『旧唐書』巻一八五良吏王方翼列伝。

9 『漢書』巻七七何並伝。

10 『法言』学行巻第一。

11 『列女伝』巻一母儀伝一鄒孟軻母篇。

12 『周礼』地官司徒、『淮南子』説林訓。

13 『戦国策』斉策、『史記』巻六九蘇秦列伝、『淮南子』巻一一斉俗訓、『太平御覧』巻七七六車部五轂引桓譚『新論』。

14 『荘子』庚桑楚篇。

15 柿沼陽平「戦国秦漢時代における王権と非農業民」（『史観』第一六三冊、二〇一〇年、十五～三三頁）。
16 以下、市場や物価の描写に関しては、柿沼陽平『中国古代の貨幣——お金をめぐる人びとと暮らし』（吉川弘文館、二〇一五年、八六～一七一頁）。以下では追加史料のみ引用する。
17 『韓非子』内儲説上。
18 睡虎地秦簡「秦律十八種」金布律（第六八簡）、張家山漢簡「二年律令」□市律（第二六〇～二六二簡）。
19 柿沼陽平「岳麓書院蔵秦簡「秦律令（壹）」金布律訳注」（『史滴』第四二号、二〇二〇年、九二～一三三頁）。
20 『三国志』巻五八呉書陸遜伝。
21 『列仙伝』巻下昌容条。
22 『説苑』巻第一一善説篇。
23 『列仙伝』巻上酒客条、『列仙伝』巻下犢子条。
24 『神仙伝』巻三王遠伝。
25 『呂氏春秋』巻二二慎行論疑似篇、『列仙伝』巻下女丸条。
26 『漢書』巻四八賈誼伝。
27 『韓非子』外儲説右上。
28 『列子』説符篇。
29 早稲田大学簡帛研究会編「銀雀山漢簡『守法守令等十三篇』の研究（三）王兵篇・市法篇・李法篇」（『中国出土資料研究』第八号、二〇〇四年、一六九～二二〇頁）。
30 『孟子』滕文公章句上。
31 『列仙伝』巻上赤将子輿条、『列仙伝』巻上嘯父条、『列仙伝』巻下文賓条、『列仙伝』巻上介子推条、『列仙伝』巻上葛由条、『列仙伝』巻上任光条、『列仙伝』巻下玄俗条、『列仙伝』巻下負局先生条。
32 『列仙伝』巻下陰生条、『神仙伝』巻三李阿条。
33 柿沼陽平『中国古代貨幣経済史研究』（汲古書院、二〇一一年、一三九～一七〇頁）。
34 『漢書』巻七六趙広漢伝。
35 『塩鉄論』巻第一禁耕篇。
36 George. A. Akerlof, "The Market for Lemons: Quality Uncertainty and the Market Mechanism," *Quarterly Journal of Economics* 84-3 (August 1970) : 488-500.
37 Clifford Geertz, "The Bazaar Economy: Information and Searchin Peasant Marketing," *American Economic Review* 68 (May 1978) : 28-32.
38 『太平御覧』巻六六二道部四天仙条引葛洪『神仙伝』。
39 『論衡』巻第一四状留篇。
40 『漢書』巻六六楊敞伝。
41 睡虎地秦簡「秦律十八種」金布律（第六六簡）。
42 宇都宮清吉『漢代社会経済史研究［補訂版］』（弘文堂書房、一九六七年、二五六～三七四頁）。

第8章

1 『太平御覧』巻三八二人事部二三醜丈夫所引崔駰『博徒論』。
2 『列子』力命篇、『文選』巻二六謝朓「在郡臥病呈沈尚書」。
3 『捜神記』巻十二第三〇五話。
4 『漢書』巻二四食貨志上、顔師古注。食貨志上後段に春期の農民が日帰りをしている叙述があり、一般に顔注には疑問が呈されているが、これは日帰り可能な距離に田畑をもつ農民にしぼられる。そう考えれば顔注も成立しうる。
5 『列子』説符篇。
6 張家山漢簡「奏讞書」案例二二。
7 『詩』周頌閔予小子之什「饟」高亨注、『孟子』滕文公章句下。
8 『捜神記』巻七第二一二話。
9 『文選』巻二四張華「答何劭二首其一」。
10 睡虎地秦簡「秦律十八種」司空律（第一四四簡）。
11 原宗子『環境から解く古代中国』（大修館書店、二〇〇九年、五七～七三頁）、原宗子『「農本」主義と「黄土」の発生』（研文出版、二〇〇五年、三～五〇頁）、村松弘一『中国古代環境史の研究』（汲古書院、二〇一六年、三五三～三九四頁）。
12 『荘子』外篇秋水。
13 李令福『中国北方農業歴史地理専題研究』（中国社会科学出版社、二〇一九年、二三七～二四四頁）。
14 佐藤洋一郎「総説」（『焼畑の環境学』思文閣出版、二〇一一年、三～二十四頁）。

15 佐藤洋一郎『稲の日本史』（株式会社ＫＡＤＯＫＡＷＡ、二〇一八年、四二～四四頁）。
16 柿沼陽平『中国古代の貨幣――お金をめぐる人びとと暮らし』（吉川弘文館、二〇一五年、一二五～一五一頁）。
17 柿沼陽平「戦国時代における楚の都市と経済」（『東洋文化研究』第十七号、二〇一五年、一～二九頁）。
18 宇都宮清吉『漢代社会経済史研究［補訂版］』（弘文堂書店、一九六七年、三〇三～三〇八頁）。
19 睡虎地秦簡「秦律十八種」倉律（第三八～三九簡）。
20 睡虎地秦簡「秦律十八種」司空律（第四九～五二簡）。
21 李令福（張樺訳）「華北平原における二年三熟制の成立時期」（『日中文化研究』第十四号、一九九九年、六二～七五頁）。
22 『漢書』巻二四食貨志上引の戦国魏・李悝「尽地力之教」。
23 柿沼陽平『中国古代貨幣経済の持続と転換』（汲古書院、二〇一八年、一〇三～一三六頁）。
24 柿沼陽平『中国古代貨幣経済史研究』（汲古書院、二〇一一年、二八三～三〇七頁）。
25 柿沼陽平『中国古代貨幣経済史研究』、二八三～三〇七頁。
26 Bret Hinsch, "Textiles and Female Virtue in Early Imperial Chinese Historical Writing," *Nan Nü*. 5-2 (January 2003) : 170-202, Tamara T. Chin, *Savage Exchange: Han Imperialism, Chinese Literary Style, and the Economic Imagination* (Cambridge: Harvard University Asia Center, 2014) : 191-227.
27 Bret Hinsch, *Wealth and Work. Women in Early Imperial China* (Lanham, Boulder, New York, and Oxford: Rowman & Littlefield Publishers, 2002) : 59-78、彭衛「漢代女性的工作」（『史学月刊』二〇〇九年第六期、八〇～一〇三頁）。
28 『史記』巻一二九貨殖列伝。
29 『淮南子』斉俗訓。
30 原田淑人『増補漢六朝の服飾』（東洋文庫、一九六七年、一五～一八頁）。
31 『韓非子』説林下。
32 『玉台新詠』巻八劉邈詩。
33 『漢書』巻五九張安世伝。
34 『荘子』譲王篇、『捜神記』巻九第二四二話、『玉台新詠』巻六姚翻「同郭侍郎采桑」。
35 『玉台新詠』巻九「歌辞」。
36 西山武一・熊代幸雄訳『斉民要術［第三版］』（アジア経済出版会、一九七六年、八九頁）。『氾勝之書』に一見矛盾する記載がみえ、その解釈をめぐっては諸説ある。
37 『荘子』内篇逍遥游篇。
38 『史記』巻九二淮陰侯列伝。
39 侯旭東『近観中古史』（中西書局、二〇一五年、三一～六三頁）。
40 『後漢書』巻三九劉般列伝。
41 『荘子』雑篇外物篇。
42 『呂氏春秋』巻一孟春紀。『大戴礼記』夏小正。
43 『荘子』内篇斉物論篇。
44 『荘子』内篇養生主篇。
45 『史記』巻一〇四田叔列伝褚少孫補。
46 『荘子』外篇天地篇。
47 『荘子』内篇人間世篇。
48 宮川尚志「漢代の家畜（下）」（『東洋史研究』第一〇巻第一号、一九四七年、二三～三五頁）。『史記』巻七項羽本紀。
49 『荘子』外篇駢拇篇。
50 吉田順一『モンゴルの歴史と社会』（風間書房、二〇一九年、三四七～四六四頁）、稲村哲也『遊牧・移牧・定牧――モンゴル・チベット・ヒマラヤ・アンデスのフィールドから』（ナカニシヤ出版、二〇一四年、三〇九～三四三頁）。
51 睡虎地秦簡「秦律十八種」田律（第四～七簡）、中国文物研究所・甘粛省文物考古研究所編『敦煌懸泉月令詔条』（中華書局、二〇〇一年、四～三七頁）。
52 『漢書』巻八一匡衡伝。
53 『漢書』巻四〇周勃伝。
54 『荘子』内篇斉物論篇、『荘子』内篇人間世篇。

第9章

1 『文選』巻二四陸機「答張士然」。
2 森和「秦人の夢——岳麓書院蔵秦簡『占夢書』初探」(『日本秦漢史研究』第一三号、二〇一三年、一～三〇頁)。
3 張競『恋の中国文明史』(筑摩書房、一九九七年、一一一～一二五頁)。
4 『玉台新詠』巻四鮑照「採桑詩」。
5 『説苑』巻第九正諫篇。
6 『玉台新詠』巻二傅玄「和班氏詩」、『玉台新詠』巻四顔延之「秋胡詩」。
7 『列子』説符篇、『列女伝』巻五節義伝九魯秋潔婦条。
8 『列女伝』巻六辯通伝六阿谷処女条。
9 『詩』国風邶風新台。
10 『詩経』国風鄘風。
11 『詩経』国風召南、『楽府詩集』巻十六鼓吹曲辞一「漢鐃歌十八首之十二・有所思」。
12 『史記』巻六九蘇秦列伝。『荘子』雑篇盗跖篇にも同文がある。
13 『玉台新詠』巻一繁欽「定情詩」。
14 『玉台新詠』巻七皇太子簡文「北渚」。
15 『捜神記』巻二〇第二六二話。
16 『詩経』斉風甫田。
17 『玉台新詠』巻三楊方「合歓詩」。
18 『詩経』国風鄘風。
19 劉欣寧「秦漢律令中的婚姻与奸」(『中央研究院歴史語言研究所集刊』第九〇本第二分、二〇一九年、一九九～二四九頁)。
20 『礼記』内則。
21 『孟子』離婁章句上。
22 『孟子』滕文公章句下。
23 『白虎通』巻十嫁娶篇。
24 『春秋穀梁伝』文公十二年、『白虎通』巻十嫁娶篇、『孔叢子』嘉言篇、『列女伝』巻三仁智伝十四魏曲沃負条。
25 彭衛『漢代婚姻形態』(中国人民大学出版社、二〇一〇年、六四～八四頁)。
26 『孟子』万章章句上。
27 『周礼』巻二六地官司徒、『管子』入国篇。
28 『漢書』巻二恵帝紀恵帝六年条、顔師古注、『礼記』内則、『国語』越語上。
29 岳麓書院蔵秦簡「秦律令」(第一八八簡)。
30 『史記』巻五六陳丞相世家。
31 『漢書』巻八一張禹伝。
32 工藤元男『占いと中国古代の社会——発掘された古文献が語る』(東方書店、二〇一一年、二～二八頁)。
33 海老根量介「秦漢の社会と「日書」をとりまく人々」(『東洋史研究』第七六巻第二号、二〇一七年、一九七～二三二頁)。
34 『論衡』巻第二〇佚文篇。
35 『孟子』滕文公章句下。婚姻のプロセスに関しては楊樹達『漢代婚喪礼俗考』(上海古籍出版社、二〇一三年、一～五八頁)。
36 彭衛前掲書、一一〇頁。
37 『礼記』礼運。
38 『玉台新詠』巻一古詩八首。『文選』巻二九古詩十九首其十七に同詩所収。
39 『玉台新詠』巻一蘇武「留別妻」。
40 『玉台新詠』巻一秦嘉「贈婦詩」。
41 『文選』巻二九詩己雑詩上「古詩十九首」。
42 大形徹訳注『馬王堆出土文献訳注叢書 胎産書・雑禁方・天下至道談・合陰陽方・十問』(東方書店、二〇一五年、八五～一五〇頁)。
43 『史記』巻五九・五宗世家長沙定王発条、『史記索隠』所引『釈名』。
44 『論衡』巻第二三・四諱篇。
45 『列女伝』巻一母儀伝六周室三母。
46 『韓非子』六反篇、『漢書』巻七二王吉伝。
47 『顔氏家訓』巻第一治家篇。
48 『風俗通』巻二正失篇。
49 『史記』巻七五孟嘗君列伝。
50 睡虎地秦簡「法律答問」(第六九～七〇簡)。
51 フィリップ・アリエス(杉山光信・杉山恵美子訳)『〈子供〉の誕生——アンシァン・レジーム期の子供と家族生活』(みすず書房、一九八〇年、一～三八八頁)。

52 柏木恵子『子どもという価値』（中公新書、二〇〇一年、二～二六頁）。
53 『荘子』外篇山木篇。
54 『列子』力命篇。
55 『史記』巻九三盧綰列伝。
56 『顔氏家訓』巻第一兄弟篇。
57 『後漢書』巻八二方術列伝下。
58 敦煌文書「不知名類書甲」。
59 『顔氏家訓』巻第一教子篇。
60 『韓非子』難四篇。
61 『淮南子』脩務訓。
62 『荘子』外篇達生篇。『列子』黄帝篇に同文。
63 瀬川千秋『中国 虫の奇聞録』（大修館書店、二〇一六年、二～四〇頁）。
64 『淮南子』説山訓。
65 『荀子』致士篇、『呂氏春秋』巻二一開春論期賢篇、『淮南子』説山訓。
66 『史記』巻一一八淮南王列伝、『史記』巻一二九貨殖列伝。
67 『論衡』巻第三〇自紀篇、『呂氏春秋』巻一八審応覧精諭篇。
68 『西京雑記』巻上。
69 『列子』黄帝篇。
70 『韓非子』難勢篇。
71 『列女伝』仁智篇、『新序』雑事一。
72 『韓非子』難勢篇。
73 『呂氏春秋』巻一五慎大覧察今篇。
74 『列子』湯問篇。
75 『韓非子』外儲説左下。
76 『韓非子』外儲説左上。
77 『玉台新詠』巻二左思「嬌女詩」。
78 ベルトルト・ラウファー（杉本剛訳）『飛行の古代史』（博品社、一九九四年、十三～四二頁）。

第10章

1 『荘子』内篇逍遥遊篇。だが実際は二食が基本。
2 『三国志』巻五五呉書甘寧伝。
3 『文選』巻第二〇詩甲公讌・謝瞻「九日従宋公戯馬台集送孔令詩」。
4 『玉台新詠』巻五范靖婦「詠燈」。
5 『玉台新詠』巻五何遜「日夕望江贈魚司馬」。
6 『漢書』巻五二灌夫伝、『漢書』巻五七司馬相如伝上、『説苑』巻第十敬慎篇。
7 『韓非子』外儲説左上。
8 『玉台新詠』巻一古楽府詩「隴西行」、『文選』巻二一詩乙遊仙応璩「百一詩」。
9 『文選』巻二一詩乙詠史左思「詠史八首」。
10 『史記』巻五四曹相国世家。
11 角谷常子「漢・魏晋時代の謁と刺」（『東アジア出土資料と情報伝達』汲古書院、二〇一一年、五三～七六頁）。
12 邢義田『治国安邦』（中華書局、二〇一一年、五九五～六五四頁）、廣瀬薫雄『秦漢律令研究』（汲古書院、二〇一〇年、二六九～三三一頁）、宮宅潔『ある地方官吏の生涯――木簡が語る中国古代人の日常生活』（臨川書店、二〇二一年、七八～九八頁）。
13 『史記』巻八高祖本紀。
14 『太平御覧』巻六九七服章部一四舃条引『典論』。
15 『漢書』巻一高帝紀。
16 『続漢書』五行志一劉昭注。
17 『続漢書』五行志一。
18 『後漢書』巻八六南蛮西南夷列伝。
19 『太平御覧』巻四九七人事部一三八酣酔引『史典論』。
20 『北堂書鈔』巻第七八県令条「陶潜常酔」本注引『晋陽秋』。
21 『太平御覧』巻八四三飲食部一酒上引『漢書』、『玉台新詠』巻七皇太子簡文「執筆戯書」。
22 『太平御覧』巻七六五器物部十斛引崔鴻『十六国春秋』後涼録。
23 『太平御覧』巻八四四飲食部二酒中引『晋書』、『琱玉集』巻第一四嗜酒篇引『晋抄』、『三国志』巻四七呉書呉主伝裴松之注引『呉書』、『世説新語』任誕篇。

24 『三国志』巻二九魏書方技伝注引『輅別伝』。
25 『琱玉集』巻第一四嗜酒篇引桓譚『新論』、『世説新語』任誕篇。
26 彭衛「漢酒事小考二則」（『宜賓学院学報』二〇一一年第九期、七～八、一二頁）。
27 『漢書』巻九二游俠伝。
28 『太平御覧』巻八四五飲食部三酒下引『典論』。
29 『太平御覧』巻四九七人事部一三八酣酔引『史典論』。
30 『太平御覧』巻四九七人事部一三八酣酔引『諸葛亮集』。
31 『三国志』巻六五呉書王蕃伝、『三国志』巻六五呉書賀邵伝。
32 『韓非子』説疑篇。
33 『漢書』巻五二灌夫伝。
34 『列子』力命篇。
35 『漢書』巻三六楚元王伝。
36 『礼記』曲礼上。
37 『韓非子』外儲説左上。
38 『史記』巻七項羽本紀。
39 『史記』巻五二斉悼恵王世家。
40 『呂氏春秋』巻二〇恃君覧達鬱篇。
41 武威県博物館「武威新出土王杖詔令冊」（『漢簡研究文集』甘粛人民出版社、一九八四年、三四～六一頁）。
42 岳麓書院臧秦簡「秦律令（壹）」（第一一五簡）。
43 『漢書』巻五四李広伝。
44 『太平御覧』巻四九七人事部一三八酣酔引崔鴻『前秦録』。
45 『玉台新詠』巻四鮑照「翫月城西門」。
46 『新序』巻第六刺奢篇。
47 『玉台新詠』巻六張率「対酒」。
48 『玉台新詠』巻三陶潜「擬古詩」。
49 『説苑』巻第六復恩篇。
50 『新序』巻第六刺奢篇。
51 『韓非子』外儲説左上。
52 Shoji Harada, "Genetic Polymorhism of Alchol Metabolyzing Enzyimes and its Implication to Human Ecology," *Journal of the Anthropological Society of Nippon 99-2* (February 1991)：123-139.
53 『世説新語』任誕篇。
54 『玉台新詠』巻一徐幹「情詩」。
55 『韓非子』十過篇。『韓非子』飾邪篇に類似文あり。
56 『太平御覧』巻七四三疾病部六歐吐引謝承『後漢書』、『太平御覧』巻九三三鱗介部五虵上引『晋書』、『晋書』巻七六王舒列伝付王允之列伝。王允之列伝については畏友峰雪幸人氏に御示教いただいた。
57 『太平御覧』巻七四三疾病部六歐吐条引謝承『後漢書』。
58 『韓非子』内儲説下六徴、『漢書』巻五九張湯伝付張安世伝、『漢書』巻六五東方朔伝。
59 河南省文物考古研究所『永城西漢梁国王陵与寝園』（中州古籍出版社、一九九六年、一二四～一二九頁）。
60 閻愛民・趙璐「〝踞厠〟視衛青与漢代貴族的〝登溷〟習慣」（『南開学報（哲学社会科学版）』二〇一九年第六期、一三九～一四七頁）。
61 龔良「漢更衣之室形象及建築技術考辨」（『南京大学学報（哲学・人文・社会科学）』一九九五年第一期、一二九～一三五頁、一四七頁）。
62 張建林・范培松「浅談漢代的厠」（『文博』一九八七年第四期、五三～五八頁）。
63 『史記』巻九呂太后本紀。
64 『世説新語』紕漏篇、『世説新語』汰侈篇。
65 陝西省考古研究所「西安南郊繆家寨漢代厠所遺址発掘簡報」（『考古与文物』二〇〇七年第二期、一五～二〇頁）。
66 徐州博物館・南京大学歴史系考古専業「徐州北洞山西漢墓発掘簡報」（『文物』一九八八年第二期、二～一八頁、六八頁）。
67 林巳奈夫『漢代の文物』（京都大学人文科学研究所、一九七六年、一六五～一六六頁）。
68 『史記』巻九呂太后本紀。
69 『三国志』巻一武帝紀注引『世語』。
70 趙璐・閻愛民「〝如厠潜遁〟与漢代溷厠」（『天津師範大学学報（社会科学版）』二〇一八年第五期、七七～八〇頁）。
71 『後漢書』巻二七張湛列伝。
72 『荘子』雑篇列禦寇篇。
73 『荘子』内篇人間世篇。
74 『史記』巻一〇五太倉公列伝。

75 『韓非子』詭使篇。
76 『荘子』外篇達生篇。

第11章

1 『玉台新詠』巻五沈約「擬青河邊草」。
2 『世説新語』汰侈篇。
3 『玉台新詠』巻十高爽「詠酌酒人」。
4 『玉台新詠』巻一辛延年「羽林郎詩」。
5 『列子』楊朱篇。
6 『玉台新詠』巻六徐悱妻劉令嫺「答外詩」。
7 『後漢書』巻十皇后紀上和熹鄧皇后条。
8 『玉台新詠』巻四施栄泰「雑詩」。
9 柿沼陽平「秦漢時期的贈予与賄賂」（『簡帛研究二〇二〇（秋冬巻）』広西師範大学出版社、二〇二一年、三二六～三五〇頁）。
10 『太平御覧』巻二一二職官部十総叙尚書引謝承『後漢書』。
11 『漢書』巻七二両龔伝。
12 『玉台新詠』巻八庾信「仰和何僕射還宅懐故」、『文選』巻二七詩戊軍戎王粲「従軍詩」。
13 『文選』巻三〇詩己雑詩下沈約「和謝宣城」。
14 『文選』巻二四詩丙贈答二陸機「贈尚書郎顧彦先」。
15 『漢官六種』所収衛宏『漢旧儀』。
16 『詩経』国風鄭風。
17 李敖（土屋英明訳）『中国文化とエロス』（東方書店、一九九三年、二一四～三一一頁）。
18 柿沼陽平「岳麓書院蔵秦簡訳注――「為獄等状四種」案例七識却婉案」（『帝京史学』第三〇号、二〇一五年、一九三～二三八頁）。
19 『後漢書』巻六三李固列伝。
20 『越絶書』外伝記越地伝。
21 『漢書』巻五四李広伝付李陵伝。
22 『説文』女部。
23 『後漢書』巻四二光武十王列伝済南安王康条
24 『漢書』巻二二礼楽志。
25 『玉台新詠』巻一枚乗「雑詩」。
26 『玉台新詠』巻五何遜「嘲劉諮議孝綽」。
27 『玉台新詠』巻八劉孝綽「賦詠得照棋燭刻五分成」。
28 張家山漢簡「二年律令」襍律（第一八六簡）。
29 ファン・フーリック（松平いを子訳）『古代中国の性生活――先史から明代まで』（せりか書房、一九八八年、八一～一二五頁）。
30 『玉台新詠』巻一張衡「同聲歌」。
31 『玉台新詠』巻九皇太子簡文「鳥棲曲」。
32 馬王堆帛書「天下至道談」。
33 『長沙馬王堆一号漢墓古尸研究』（文物出版社、一九八〇年、二七～三四頁）。
34 馬王堆帛書「十問」、『医心方』和志引『玉房秘訣』。大形徹訳注『胎産書・雑禁方・天下至道談・合陰陽方・十問』（東方書店、二〇一五年、二六三～二六四頁）。
35 アルベルト・アンジェラ（関口英子訳）『古代ローマ人の24時間』（河出書房新社、二〇一二年、五一九頁）。
36 李敖（土屋英明訳）『中国文化とエロス』（東方書店、一九九三年、一〇頁）。
37 『琱玉集』肥人篇引『魏志（笑林の誤）』。
38 陳海「G点与西漢女用性玩具考」（『考古与文物』二〇〇四年三月、六二～六七頁）。
39 『魯迅『古小説鉤沈』校本』所収『幽明録』第二三〇条。
40 王書奴『中国娼妓史』（上海生活書店、一九三四年）、史楠『中国男娼秘史』（上海華僑出版社、一九九四年）、斉藤茂『妓女と中国文人』（東方書店、二〇〇〇年）。
41 『韓非子』説難篇。
42 『戦国策』魏策四。
43 『玉台新詠』巻二阮籍「詠懐詩」。
44 『玉台新詠』巻七皇太子簡文「孌童」。
45 『呂氏春秋』巻第一四孝行覧遇合。
46 『漢書』巻九七外戚伝下孝成趙皇后条顔師古注引応劭注。
47 Bret Hinsch, *Passions of the Cut Sleeve: The Male Homosexual Tradition in China* (California: University of California Press, 1990), 1-53.
48 『漢書』巻三八高五王伝燕霊王建条。

49 岳麓書院蔵秦簡「為獄等状四種」案例一二。
50 『漢書』巻五三景十三王伝江都易王非条。
51 『漢書』巻五三景十三王伝廣川惠王越条。

第12章

1 『文選』巻二五詩丁贈答三謝霊運「登臨海嶠初発彊中作與従弟恵連見羊何共和之」、『文選』巻二六詩丁贈答四謝朓「郡内高齋閑坐答呂法曹」、『文選』巻二六詩丁贈答四任昉「贈郭桐廬出渓口見候余既未至郭仍進村維舟久之郭生之至」。
2 『史記』巻一〇九李将軍列伝。
3 『孟子』尽心上篇。
4 『法言』巻第一学行篇。
5 『礼記』曲礼上。
6 『韓非子』八説篇。
7 睡虎地秦簡「封診式」(第九一～九四簡)。
8 『漢書』巻八六王嘉伝。
9 『漢書』巻五九張湯伝、『漢書』巻六四上吾丘寿王伝。
10 『史記』巻一〇八韓長孺列伝。
11 『史記』巻九四田儋列伝。
12 『旧唐書』巻一八八孝友張公藝列伝。
13 『玉台新詠』巻一「古詩爲焦仲卿妻作」。
14 『漢書』巻七一于定国伝。
15 『列女伝』巻四貞順伝陳寡孝婦条。
16 『後漢書』巻八四列女伝楽羊子妻条。
17 『列女伝』巻一母儀伝魯之母師篇。
18 張家山漢簡「二年律令」賊律(第四〇簡)、張家山漢簡「二年律令」告律(第一三三簡)。
19 『世説新語』惑溺篇。
20 『説苑』巻第十敬慎篇。
21 『史記』巻八高祖本紀、『漢書』巻一高帝紀上、『漢書』巻四〇王陵伝。
22 『荘子』雑篇譲王篇、『呂氏春秋』巻一六先識覧観世篇、『列子』説符篇。
23 『漢書』巻六四上朱買臣伝。
24 『詩』国風鄘風鶉之奔奔、『玉台新詠』巻二傅玄「苦相篇・豫章行」。
25 『玉台新詠』巻七皇太子簡文「紫騮馬」。
26 『玉台新詠』巻七湘東王繹「詠晩棲鳥」。
27 『韓非子』内儲説下。
28 睡虎地秦簡「法律答問」(第一七三簡)。
29 『漢書』巻八三朱博伝。
30 『魯迅『古小説鉤沈』校本』所収『幽明録』第一九八条。
31 張家山漢簡「奏讞書」案例二一、岳麓書院蔵秦簡「為獄等状四種」案例一二、張家山漢簡「二年律令」襍律(第一九二簡)。
32 中野信子『不倫』(文藝春秋、二〇一八年、三～八三頁)。
33 『玉台新詠』巻一古楽府「艶歌行」。
34 『淮南子』説林訓。
35 『韓非子』内儲説下。
36 張家山漢簡「二年律令」賊律(第三二簡)。
37 張家山漢簡「二年律令」賊律(第三三簡)。
38 睡虎地秦簡「法律答問」(第一六九簡)。
39 岳麓書院蔵秦簡「為獄等状四種」案例一一。
40 『韓非子』説林上篇、『呂氏春秋』巻一四孝行覧遇合。
41 『大戴礼記』本命。
42 『列女伝』巻一母儀伝一五魯師春姜条。
43 『玉台新詠』巻一「古詩」。
44 『玉台新詠』巻二曹植「棄婦詩」。
45 『孟子』離婁章句下。
46 『後漢書』巻四八応奉伝李賢注引『汝南記』。
47 『史記』巻一一八淮南王列伝。
48 『玉台新詠』巻一古楽府詩「皚如山上雪」。
49 『玉台新詠』巻一徐淑詩。
50 『玉台新詠』巻一陳琳「飲馬長城窟行」。
51 『詩経』鄭風。『詩経』国風王風、『礼記』郊特牲、『白虎通』巻十一崩薨篇。
52 『史記』巻五六陳丞相世家。

第13章

1 『捜神記』巻九第九九話。
2 Patricia Hirsch et al., "Putting a Stereotype to the Test: The Case of Gender Differences in Multitasking Costs in Task-switching and Dual-task Situations," *PLOS ONE* 14-8 (August 2019) :1-16.
3 『韓非子』外儲説左上、柿沼陽平『中国古代貨幣経済史研究』(汲古書院、二〇一一年)。
4 『玉台新詠』巻四鮑照「擬古」、『玉台新詠』巻五沈約「夜夜曲」。
5 Anthony J. Barbieri-Low, *Artisans in Early Imperial China* (Seattle & London: University of Washington Press, 2007) : 3-30。
6 『文選』巻二九詩己雑詩上張華「雑詩」、『玉台新詠』巻七梁武帝「七夕」。
7 『玉台新詠』序、『顔氏家訓』巻第三勉学篇。孫建君(岡田陽一訳)「中国伝統のろうそく文化」(『自然と文化』第七二号、二〇〇三年、一四～二三頁)。ほかに『淮南子』説林訓。
8 『玉台新詠』巻九費昶「行路難」。
9 『漢書』巻二四食貨志上。
10 『列女伝』巻六辯通伝十四斉女徐吾条。
11 『玉台新詠』巻一「古詩爲焦仲卿妻作」。
12 柿沼陽平「中国古代郷里社会の「きずな」と「しがらみ」」(『つながりの歴史学』北樹出版、二〇一五年、一〇八～一三二頁)。
13 『韓非子』外儲説左上。
14 『顔氏家訓』巻第三勉学篇。
15 『後漢書』巻十皇后紀上和熹鄧皇后紀条。
16 柿沼陽平「書評 高村武幸著『秦漢簡牘史料研究』」(『東洋史研究』第七五巻第四号、二〇一七年、一四七～一六〇頁)。
17 『開元天宝遺事』巻上開元伝書鳩条。
18 『文選』巻三一詩庚雑擬下陶潜「陶徴君」。
19 『文選』巻二八詩戊楽府下鮑照「東門行」。
20 『史記』巻一〇五太倉公列伝、『列女伝』巻五節義伝一五京師節女条。
21 『韓非子』内儲説下。『礼記』玉藻篇、『礼記』内則篇。沐浴については彭衛・楊振紅『秦漢風俗』(上海文芸出版社、二〇一八年)も参照。
22 大庭脩『秦漢法制史の研究』(創文社、一九八二年、五六七～五九〇頁)。
23 岳麓書院蔵秦簡「秦律令(貳)」(第一九〇三＋一九〇五簡)、張家山漢簡「二年律令」置吏律(第二一七簡)。
24 『漢書』巻六六楊敞伝、『漢書』巻七九馮奉世伝付野王伝。
25 『淮南子』説山訓。
26 『列女伝』巻二賢明伝一周宣姜后条。
27 『文選』巻二二詩乙遊覧魏文帝「芙蓉池作」。
28 『玉台新詠』巻五何子朗「學謝體」。
29 『孟子』尽心章句下。
30 『玉台新詠』巻六王僧孺「月夜詠陳南康新有所納」。
31 『玉台新詠』巻七皇太子簡文「賦得當壚」。
32 『玉台新詠』巻三陸雲「爲顧彦先贈婦往返」。
33 中野美代子「青い鳥」(『中国の青い鳥』平凡社、一九九四年)。
34 『論衡』巻第一五順鼓篇。
35 『論衡』巻第一一説日篇。
36 『捜神記』巻八第二三五話。
37 『荀子』解蔽。
38 『顔氏家訓』巻第三勉学篇、『入唐求法巡礼行記』開成三年七月一三日条、同年七月二一日条。
39 『顔氏家訓』巻第三勉学篇。
40 Francesca Siclari, et al., The Neural Correlates of Dreaming, "*Nature Neuroscience* 20 (April 2017) : 872-878.
41 森和「秦人の夢――岳麓書院蔵秦簡『占夢書』初探」(『日本秦漢史研究』第一三号、二〇一三年、一～三〇頁)。劉園英「『黄帝内経』における"夢"診断」(『北陸大学紀要』第二一号、一九九七年)。
42 工藤元男『中国古代文明の謎』(光文社、一九八八年、一四四～一四七頁)。

エピローグ

1 Michael Loewe, *Everyday Life in Early Imperial China during the Han Period, 202 BC-AD 220* (London: Carousel, 1973 [originally printed in Putnam, 1968]) : 17-201.

2 Mu-chou Poo, *Daily Life in Ancient China* (Cambridge: Cambridge University Press, 2018) : 1-243.

3 林巳奈夫『漢代の文物』(京都大学人文科学研究所、一九七六年、一～五四八頁)、林巳奈夫『中国古代の生活史』(吉川弘文館、一九九二年、一～二〇八頁)。

4 孫機『漢代物質文化資料図説(増訂本)』(上海古籍出版社、二〇一一年、一～六三七頁)。

5 彭衛・楊振紅『秦漢風俗』(上海文芸出版社、二〇一七年)。

6 王力主編『中国古代文化常識』(四川人民出版社、二〇一八年、一～一四〇頁)。

7 渡部武『画像が語る中国の古代』(平凡社、一九九一年、八～二八二頁)。

8 侯旭東『什么是日常統治史』(生活・読書・新知三聯書店、二〇二〇年、一～三五二頁)。

9 張不参編著『秦朝穿越指南』(陝西師範大学出版総社、二〇一六年、一～三六一頁)、宮宅潔『ある地方官吏の生涯——木簡が語る中国古代人の日常生活』(臨川書店、二〇二一年、一～二五六頁)。

10 閆愛民・梁軒「秦漢日常生活史的研究歴程与展望」(『中国日常生活史研究的回顧与展望』科学出版社、二〇二〇年、四二～六一頁)。

11 アルベルト・アンジェラ(関口英子訳)『古代ローマ人の24時間——よみがえる帝都ローマの民衆生活』(河出書房新社、二〇一二年)。

12 柿沼陽平『中国古代貨幣経済史研究』(汲古書院、二〇一一年)、柿沼陽平『中国古代貨幣経済の持続と転換』(汲古書院、二〇一八年)。

13 Yohei Kakinuma, "Monetary System in Ancient China," In. Stefano Battilossi, Youssef Cassis, and Kazuhiko Yago eds, *Handbook of the History of Money and Currency* (Johor Bahru, Springer Singapore, 2020) : 525-547.

14 王子今『秦漢児童的世界』(中華書局、二〇一八年、一～六四九頁)。

15 王仁湘(鈴木博訳)『図説 中国 食の文化誌』(原書房、二〇〇七年、六～四一八頁)。

16 工藤元男『占いと中国古代の社会——発掘された古文献が語る』(東方書店、二〇一一年)。

17 Bret Hinsch, *Women in Early Imperial China [2nd Edition]* (Lanham: Rowman & Littlefield Publishers, 2010).

18 リュシアン・フェーブル(長谷川輝夫訳)『歴史のための闘い』平凡社、一九九五年、三七～六六頁)。

19 柿沼陽平「中国古代禿頭攷」(『中国文化の統一性と多様性』汲古書院、二〇二二年刊行予定)。

20 安丸良夫『安丸良夫集5 戦後知と歴史学』(岩波書店、二〇一三年、七一～一〇六頁)、リュシアン・フェーブル前掲書(九～二〇七頁)、ユルゲン・コッカ(仲内英三・土井美徳訳)『社会史とは何か——その方法と軌跡』(日本経済評論社、二〇〇〇年、六五～二八五頁)、

21 柿沼陽平「中国古代の人びととその「つながり」」(『つながりの歴史学』北樹出版、二〇一五年、二～二九頁)。

22 費孝通(西澤治彦訳)『郷土中国』(風響社、二〇一九年、二七～二一七頁)。

23 陶立瑶『民俗学概論』(中央民族学院出版社、一九八七年、一～一九頁)。

24 王曉葵「人類学化と『非物質文化遺産保護』——現代中国民俗学研究について」(『日本民俗学』第二五九号、二〇〇九年、一一一～一三七頁)、施愛東「中国における非物質文化遺産保護運動の民俗学への負の影響」(『現代民俗学』第三号、二〇一一年、一五～二七頁)。

25 柿沼陽平「中国古代史研究の可能性——欧米の学説史動向を中心に」(『史滴』第四一号、二〇一九年、九二～一二二頁)。

26 柿沼陽平「日本的中国出土簡帛研究論著目録(一九一〇—二〇一一年)」(『簡帛研究二〇一一』広西師範大学出版社、二〇一三年、二三二～二五七頁)、柿沼陽平「日本的中国出土簡帛研究論著目録(二)(一九一〇—二〇一一年)」(『簡帛研究二〇一二』広西師範大学出版社、二〇一三年、二三三～三一四頁)。

27 クリフォード・ギアーツ(吉田禎吾他訳)『文化の解釈学[I]』(岩波書店、一九八七年、三～五六頁)。

28 柳田国男『柳田国男全集』第八巻(筑摩書房、一九九八年、五〇～五二頁)。

柿沼陽平（かきぬま・ようへい）

1980年，東京都生まれ．早稲田大学卒業．University of Birminghamに留学．早稲田大学大学院文学研究科に進学し，2009年に博士（文学）学位取得．中国社会科学院歴史研究所訪問学者，早稲田大学助教，帝京大学専任講師，同准教授などを経て，早稲田大学文学学術院教授・長江流域文化研究所所長．専門は中国古代史・経済史・貨幣史．2006年に小野梓記念学術賞，16年に櫻井徳太郎賞大賞，17年に冲永荘一学術文化奨励賞を受賞．

著書『中国古代貨幣経済史研究』（汲古書院，2011年）
『中国古代の貨幣』（吉川弘文館，2015年）
『劉備と諸葛亮』（文春新書，2018年）
『中国古代貨幣経済の持続と転換』（汲古書院，2018年）
監修『キッズペディア　世界の国ぐに』（小学館，2017年）
など．

古《こ》代《だい》中《ちゅう》国《ごく》の24時《じ》間《かん》
中公新書 *2669*

2021年11月25日初版
2022年２月10日４版

著　者　柿沼陽平
発行者　松田陽三

本文印刷　暁印刷
カバー印刷　大熊整美堂
製　本　小泉製本

発行所　中央公論新社
〒100-8152
東京都千代田区大手町1-7-1
電話　販売 03-5299-1730
　　　編集 03-5299-1830
URL https://www.chuko.co.jp/

Published by CHUOKORON-SHINSHA, INC.
Printed in Japan　ISBN978-4-12-102669-9 C1222

中公新書刊行のことば

いまからちょうど五世紀まえ、グーテンベルクが近代印刷術を発明したとき、書物の大量生産は潜在的可能性を獲得し、いまからちょうど一世紀まえ、世界のおもな文明国で義務教育制度が採用されたとき、書物の大量需要の潜在性が形成された。この二つの潜在性がはげしく現実化したのが現代である。

いまや、書物によって視野を拡大し、変りゆく世界に豊かに対応しようとする強い要求を私たちは抑えることができない。この要求にこたえる義務を、今日の書物は背負っている。だが、その義務は、たんに専門的知識の通俗化をはかることによって果たされるものでもなく、通俗的好奇心にうったえて、いたずらに発行部数の巨大さを誇ることによって果たされるものでもない。現代を真摯に生きようとする読者に、真に知るに価いする知識だけを選びだして提供すること、これが中公新書の最大の目標である。

私たちは、知識として錯覚しているものによってしばしば動かされ、裏切られる。私たちは、作為によってあたえられた知識のうえに生きることがあまりに多く、ゆるぎない事実を通して思索することがあまりにすくない。中公新書が、その一貫した特色として自らに課すものは、この事実のみの持つ無条件の説得力を発揮させることである。現代にあらたな意味を投げかけるべく待機している過去の歴史的事実もまた、中公新書によって数多く発掘されるであろう。

中公新書は、現代を自らの眼で見つめようとする、逞しい知的な読者の活力となることを欲している。

一九六二年一一月

地域・文化・紀行

t2